Methoden der Sprachwissenschaft

Von Hermann Paul bis Noam Chomsky

von
Brigitte Bartschat

ERICH SCHMIDT VERLAG

Die Deutsche Bibliothek – CIP-Einheitsaufnahme

Bartschat, Brigitte:
Methoden der Sprachwissenschaft : von Hermann Paul bis
Noam Chomsky / Brigitte Bartschat. – Berlin : Erich Schmidt,
1996
ISBN 3-503-03740-3

ISBN 3 503 03740 3

Dieses Buch ist aus säurefreiem Papier hergestellt
und entspricht den Frankfurter Forderungen zur Verwendung
alterungsbeständiger Papiere für die Buchherstellung.

Druck: Danuvia Druckhaus Neuburg GmbH, Neuburg/Do.
Printed in Germany · Nachdruck verboten

Inhalt

Vorwort

> „In der Tat aber, was wir sind, sind wir
> zugleich geschichtlich, oder genauer, wie –
> [...] – das Vergangene nur eine Seite ist:
> so ist – in dem, was wir sind – das gemein-
> schaftliche Unvergängliche unzertrennt
> mit dem, daß wir geschichtlich sind, ver-
> knüpft ...
>
> Was so jede Generation an Wissenschaft,
> an geistiger Produktion vor sich gebracht
> hat, ist ein Erbstück, woran die ganze Vor-
> welt zusammengespart hat ..."
>
> G.W.F. Hegel, Vorlesungen
> über die Geschichte der Philosophie
> Band I[1]

Ohne Kenntnis der Wissenschaftsgeschichte können weder gegenwärtige Prozesse verstanden noch zukünftige Entwicklungslinien prognostisch erfaßt werden; dieser aktuelle Bezug der Wissenschaftsgeschichte gilt für jede Wissenschaft
und für jeden wissenschaftlich Tätigen. Er verlangt, in der Wissenschaftsgeschichte einen Teil der Ideengeschichte der Menschheit zu sehen, aufzuzeigen,
welche Aufgaben sich die Wissenschaft zu verschiedenen Zeiten gestellt hat und
welche Methoden sie jeweils für angemessen hielt, diese Aufgaben zu lösen. Für
uns bedeutet das, die Entwicklung der Linguistik im Zusammenhang mit dem
Gesamtdenken der Zeit zu verfolgen, unter dem Aspekt von Kontinuität und
Diskontinuität die wechselnden Gegenstände und Methoden in ihrer Beziehung
untereinander und zu den Nachbarwissenschaften zu erforschen.

Diesen Anforderungen an die Wissenschaftsgeschichte stellt sich das vorliegende Buch. Es ist entstanden aus einer Anthologie „Kommentierte Texte zur neueren Geschichte der Sprachwissenschaft", deren Vorgeschichte nicht unerwähnt
bleiben soll:

Die Verfasserin liest seit vielen Jahren „Geschichte der Sprachwissenschaft des
19./20. Jahrhunderts" an der Universität Leipzig, konzipiert insbesondere für die
Graduiertenförderung. *Allgemeine Sprachwissenschaft* gab es in der DDR nicht

---

[1] Leipzig 1971, 86-88.

als Studiengang, in den Studiengängen der Einzelphilologien wurde Wissenschaftsgeschichte nicht gelehrt, aber spätestens in Vorbereitung auf die Promotion erwies sich diese Vernachlässigung als bedenkliches Defizit, das unter Hinzuziehung wenigstens der verfügbaren Quellen ausgeglichen werden mußte. So entstand zunächst eine Vorlesungsreihe; eine seminaristische Arbeit war durch die in der DDR herrschende, für Außenstehende nur schwer nachvollziehbare Literatursituation nicht möglich – man konnte von seinen Hörern nicht erwarten, daß sie alle wichtigen Publikationen ausfindig machten und durcharbeiteten. Deshalb hat die Verfasserin zunächst selbst die Originaltexte – z. T. sehr mühevoll – zusammengetragen und in einigen wenigen Kopien kursieren lassen. Mitte der 80er Jahre ergab sich die Gelegenheit, ein Lehrmaterial im Offset-Verfahren als hauseigenen Universitätsdruck zu publizieren. Den Originaltexten (in Auszügen) konnten nun Kommentare angefügt werden, in denen der jeweilige Verfasser vorgestellt, seine Position in der Wissenschaftsgeschichte markiert und seine Bezüge zu Nachbarwissenschaften erläutert wurden, weiterhin der Inhalt der ausgelassenen Teile des Textes resümiert und bibliographische Angaben zu weiterführender Literatur angefügt wurden. Die Themen reichten von der junggrammatischen Schule bis zur deskriptiven Linguistik, die Texte selbst wurden in der Originalsprache abgedruckt. Die entstandenen 435 Seiten wurden in zwei Teilen veröffentlicht (Teil I 1985, Teil II 1988); an anderen Hochschulen der DDR sprach es sich schnell herum, daß hier eine – wenn auch nur halboffizielle – Publikation zu einem Lehrgebiet erschienen war, für das es sonst kein Material gab, entsprechend groß war die Nachfrage.

Für die nun hier vorgelegte Veröffentlichung konnte also über Jahre hin erprobtes Lehrmaterial genutzt werden, andererseits ist ein gänzlich überarbeitetes Konzept verfolgt worden:

– Der Aufbau entspricht nicht mehr einer Anthologie, sondern es wird ein fortlaufender Text vorgelegt, in den Originalzitate eingefügt werden;

– mit diesen Zitaten wurde sprachlich in folgender Weise verfahren: Sofern die Publikationen in deutscher Fassung vorlagen, ist diese benutzt worden; nicht übersetzte englische Texte wurden im Original belassen; für nicht übersetzte französische und russische Texte lege ich eigene Übersetzungen vor;

– neu aufgenommen wurde ein Kapitel über die frühe generative Grammatik der fünfziger und sechziger Jahre, die Anthologie hatte die US-amerikanische Linguistik nur bis zur deskriptiven Linguistik verfolgt;

– die den Umständen geschuldeten anzahlmäßig geringen Literaturangaben sind entsprechend ergänzt worden, wohl eine der am stärksten ins Auge fallenden Veränderungen. Die Literatur ist dem jeweiligen Kapitel angefügt. Nach Primär- und Sekundärliteratur wurde nicht geordnet; vor die Wahl gestellt, ob die Publikationen chronologisch nach dem Erscheinungsjahr oder alphabetisch nach dem Namen des Verfassers angegeben werden sollten, habe ich mich für letzteres entschieden.

– Mit Fettdruck werden wichtige Namen und Begriffe hervorgehoben, die eine Art Leitfaden durch das jeweilige Kapitel bilden; mit Kursivdruck werden vor allem Hervorhebungen in den Originaltexten wiedergegeben.

Beibehalten wurde die konsequente Orientierung auf den auch vorher angesprochenen Leserkreis. Das Buch will insbesondere Studenten sprachwissenschaftlicher und benachbarter Disziplinen, natürlich aber auch interessierte Leser aus allen Bereichen in die wichtigsten linguistischen Strömungen der jüngeren Geschichte einführen. Es will nicht das Studium der Originaltexte überflüssig machen, im Gegenteil, die Verfasserin hofft, mit ihren Informationen und Zitaten das Interesse am Studium der vollständigen Originaltexte zu wecken. Für mit dem Gegenstand Vertraute ist dieses Buch nicht konzipiert.

Der Titel „Methoden der Sprachwissenschaft. Von Hermann Paul bis Noam Chomsky" ist zugleich Programm. Er signalisiert zum einen, daß der Zeitraum von (annähernd) 1870 bis (annähernd) 1960 ins Auge gefaßt wird, zum anderen, daß eine Schwerpunktsetzung verfolgt wurde, die andere Strömungen und Methoden dieser Zeit bewußt ausklammert. Die junggrammatische Schule als Ausgangspunkt gesetzt, werden Richtungen herangezogen, die als bewußte Reaktion auf diese äußerst einflußreiche Lehrmeinung entstanden, also die strukturelle Linguistik in ihren verschiedenen Ausprägungen.

Im ersten Kapitel werden die Junggrammatiker mit Karl Brugmann und Hermann Paul an der Spitze behandelt, ihre Einordnung in die Sprachwissenschaft seit der ersten Hälfte des 19. Jahrhunderts und in die Wissenschaftslandschaft des Jahrhunderts generell, insbesondere ihre Bezüge zum Positivismus und zur Individualpsychologie.[2] Eine Würdigung dieser Schule und die Kritik an ihr von innen und von außen leiten über zu Kapitel 2, in dem einer der herausragenden Linguisten des 19./20. Jahrhunderts, der Pole Jan I.N. Baudouin de Courtenay, mit seinen Ideen zur Sprachwissenschaft, aber auch mit seinen richtungweisenden Arbeiten zur Phonetik/Phonologie und zur Typologie vorgestellt wird. Nach einem Abriß der Sprachtheorie Ferdinand de Saussures (Kapitel 3) folgen der Prager Linguistenkreis (Kapitel 4), die Glossematik, d. h. der dänische Strukturalismus (Kapitel 5) und die deskriptive Linguistik (Kapitel 6). Kapitel 7 resümiert Gemeinsamkeiten und Unterschiede zwischen den in Kapitel 4 bis Kapitel 6 abgehandelten „klassischen Schulen der strukturellen Linguistik". In Kapitel 8 wird dann ein Ausblick auf die generative Grammatik gegeben.

---

[2] Ausführlichere Zitate als in den folgenden Kapiteln sollen hier deutlich machen, wieso diese Schule eine so herausragende Position einnehmen konnte.

Hermann Paul als der Theoretiker der Junggrammatiker und Noam Chomsky als Begründer und spiritus rector der generativen Grammatik sind folglich die Grenzmarken, zwischen denen sich die Texte dieses Buches einordnen. Damit ist jedoch nicht nur eine zeitliche, sondern auch eine inhaltliche Beschränkung vorgegeben: Nicht behandelt wird die Sprachphilosophie des 19./20. Jahrhunderts (W. v. Humboldt – H. Steinthal – A.A. Potebnja – A. Marty – H. Bühler, um nur die wichtigsten Vertreter zu nennen), nicht behandelt werden die Sprachinhaltsforschung, die Areallinguistik und andere Richtungen; denn dies sollte kein enzyklopädisches Nachschlagewerk werden, sondern eine überschaubare Einführung.

Selbstverständlich zieht dieses Anliegen auch Forderungen an Stil und Vokabular der Darlegung nach sich; bewußt wurde auf eine Überfrachtung mit termini technici und auf dozierenden Stil verzichtet. Die Verfasserin hofft, daß auf diese Weise ein leserfreundliches Buch entstanden ist.

Literatur zur Thematik dieses Buches insgesamt:

T.A. Amirova, B.A. Ol'chovikov, Ju.V. Roždestvenskij (1980): Abriß der Geschichte der Linguistik. Leipzig.

Ju.D. Apresjan (1971): Ideen und Methoden der modernen Linguistik. Berlin.

H. Arens (²1969): Sprachwissenschaft. Der Gang ihrer Entwicklung von der Antike bis zur Gegenwart. Freiburg/München (Taschenbuchausgabe in 2 Bänden: Frankfurt 1974).

H.E. Brekle (1987): Was heißt und zu welchem Ende studiert man Sprachwissenschaftsgeschichte?. In: Zur Theorie und Methode der Geschichtsschreibung der Linguistik. Analysen und Reflexionen (Hrsg. P. Schmitter). Tübingen.

G. Helbig (⁸1989): Geschichte der neueren Sprachwissenschaft. Opladen.

R.H. Robins (1973): Ideen- und Problemgeschichte der Sprachwissenschaft. Mit besonderer Berücksichtigung des 19. und 20. Jahrhunderts. Frankfurt/M.

September 1995   B. Bartschat

1. Die junggrammatische Schule

1.1 Hauptvertreter der junggrammatischen Schule

In den siebziger Jahren des 19. Jahrhunderts schloß sich in Leipzig eine Gruppe junger Wissenschaftler aus unterschiedlichen Philologien zusammen, die eine neue Etappe der historisch-vergleichenden Sprachwissenschaft einleiteten und unter der Bezeichnung „Junggrammatiker" weltweit und über Jahrzehnte hinweg großen Einfluß auf die Linguistik ausübten. Dazu gehörten der Altphilologe und Indogermanist Karl Brugmann (1849-1919), die Germanisten und Indogermanisten Hermann Paul (1846-1921) und Hermann Osthoff (1847-1909) sowie der Slavist August Leskien (1840-1916). Von den nichtdeutschen Mitgliedern dieser Gruppe müssen der Däne Karl Verner (1846-1896), der Pole Jan Baudouin de Courtenay (1845-1929) und der Schweizer Ferdinand de Saussure (1857-1913) genannt werden – den beiden letzteren wird wegen ihrer Bedeutung für die weitere Entwicklung der allgemeinen Sprachwissenschaft je ein spezielles Kapitel in diesem Buch gewidmet.

Karl Brugmann habilitierte sich 1877 bei dem Gräzisten Georg Curtius in Leipzig, war danach zunächst Privatdozent, folgte für 3 Jahre einem Ruf als Ordinarius für Klassische Philologie an die Universität Freiburg i.Br. und kam 1887 nach Leipzig zurück, als nach dem Tode von Georg Curtius dessen Lehrstuhl für (klassische) Philologie eigens für ihn in einen Lehrstuhl für Indogermanische Sprachwissenschaft umgewandelt worden war. Bis zu seinem Tode 1919 wirkte Brugmann folglich insgesamt etwa 40 Jahre in Leipzig und erwarb sich als Indogermanist eine beispiellose Reputation in Forschung und Lehre der historisch-vergleichenden Sprachwissenschaft. Er ist es auch, der den Namen „Junggrammatiker" für diese Gruppe aufgriff und durchsetzte, nach seinen Worten eigentlich eine Verlegenheitslösung, da ihm kein passenderer Name einfiel – eigentlich war „Junggrammatiker" die wohlwollend spöttische Bezeichnung des damaligen Dekans Friedrich Zarncke für diese Gruppe damals etwa Dreißigjähriger (vgl. die Lebensdaten der oben angeführten Vertreter der Gruppe). Aus dem umfangreichen Gesamtwerk Karl Brugmanns sind besonders hervorzuheben die mehrbändigen „Morphologischen Untersuchungen auf dem Gebiete der indogermanischen Sprachen" (ab 1878, zusammen mit Hermann Osthoff) und die „Griechische Grammatik" (1900), die, von Eduard Schwyzer später weitergeführt und überarbeitet, bis in die Gegenwart ein bedeutendes Lehrbuch geblieben ist.

Hermann Paul habilitierte sich 1872, ebenfalls in Leipzig, im selben Jahr begann er auch – gemeinsam mit Wilhelm Braune – die Herausgabe der „Beiträge zur Geschichte der deutschen Sprache und Literatur". 1874 wurde er nach Freiburg i. Br. berufen, zunächst als Extraordinarius, 1877 als Ordinarius für deutsche Sprache und Literatur. 1893 folgte er einem Ruf an die Münchner Universität, an der er bis 1916, d. h. bis zu seinem 70. Geburtstag, die Germanistik vertrat. Sein bereits im Schulalter aufgetretenes Augenleiden behinderte ihn zeit seines Lebens. 1914 begann er aufgrund einer Netzhautablösung völlig zu erblinden, deshalb erfolgte wohl auch 1916 seine Emeritierung. Seine letzten Werke konnte er nur noch mit Hilfe anderer, die nach seinem Diktat arbeiteten, fertigstellen.

Als Germanist beschäftigte sich Hermann Paul mit deutscher Sprachgeschichte, Metrik, Textgeschichte und Geschichte der Sprachwissenschaft. Zu seinen bekanntesten Werken aus diesen Gebieten gehören die „Mittelhochdeutsche Grammatik" (1881) , die „Deutsche Grammatik" (5 Bände 1916-1920) und das „Deutsche Wörterbuch" (1897). Diese Werke haben eine Vielzahl von (z. T. auch von ihm selbst noch überarbeiteten) Auflagen erfahren, so erschien 1989 die 23. Auflage (!) der Mittelhochdeutschen Grammatik, 1992 die 9. Auflage des Deutschen Wörterbuches.

Als Indogermanist behandelte Hermann Paul insbesondere methodologische Fragen; er brachte ein starkes sprachphilosophisches Interesse in die Diskussion der junggrammatischen Themen ein – entstanden während seiner Studienzeit in Berlin unter Einfluß des dort lehrenden Hajim Steinthal – und gilt als der Theoretiker und Systematiker der junggrammatischen Schule. Sein Hauptwerk zu dieser Thematik sind die „Prinzipien der Sprachgeschichte" (1. Auflage 1880), vgl. dazu unter **1.2.2.**

Auch **Hermann Osthoff** habilitierte sich 1875 in Leipzig, mit „Forschungen im Gebiete der indogermanischen nominalen Stammbildung"; er wurde 1877 nach Heidelberg berufen und wirkte dort ab 1878 als Ordinarius. Mit Leipzig blieb er in Briefkontakt – 1993 wurden z.B. Osthoffs Briefe an Karl Brugmann 1875-1904 veröffentlicht (Herausgeberin E. Einhauser). Gemeinsam mit Brugmann gab Osthoff ab 1878 die „Morphologischen Untersuchungen auf dem Gebiete der indogermanischen Sprachen" heraus; das Vorwort zum ersten Band dieser vielbändigen Ausgabe wird wegen seiner herausragenden Bedeutung unter **1.2.2** gesondert behandelt.

Eine besondere Stellung innerhalb der junggrammatischen Schule nimmt **August Leskien** ein. Zum Teil wegen seiner wissenschaftlichen Beziehung zu August Schleicher (vgl. **1.2.1**), zum Teil wegen des Altersunterschiedes wird er gelegentlich als Lehrer der Junggrammatiker, nicht als Mitglied dieser Schule betrachtet; andererseits sehen slavische Wissenschaftshistoriker gerade in ihm den führenden Kopf dieser Schule. Der Altersunterschied ist allerdings gering, eher fällt schon ins Gewicht, daß Leskien erheblich früher als die anderen eine

Professur erhielt (1870 a.o. Professor, 1876 Ordinarius für Slavistik in Leipzig). Von 1870 bis zu seinem Tode 1916 wirkte er an dieser Universität, die letzten Jahrzehnte neben Karl Brugmann – beide begründeten den internationalen Ruf der Leipziger historisch-vergleichenden Sprachwissenschaft und sollten auch im Zusammenhang dargestellt werden. Zu den bedeutenden Werken August Leskiens zählen das „Handbuch der altbulgarischen (altkirchenslavischen) Sprache" (1871), die „Grammatik der altbulgarischen (altkirchenslavischen) Sprache" (1909) – beide erschienen in mehreren Auflagen – und die Preisschrift der Jablonowskischen Gesellschaft (Societas Jablonoviana; 1876) „Die Deklination im Slavisch-Litauischen und Germanischen".

1.2 Tradition und Erneuerung im sprachwissenschaftlichen Denken der Junggrammatiker

1.2.1 Unmittelbare Denkanstöße für die Junggrammatiker

Zu Beginn des 19. Jahrhunderts hatten Franz Bopp (1791-1867), Jacob Grimm (1785-1863), Rasmus Rask (1787-1832) und Aleksandr Vostokov (1781-1864) historisch-vergleichende Studien begründet, in denen sich der Zeitgeist der Romantik mit Rückbesinnung auf die Geschichte und Sprachgeschichte der Völker und die Identifizierung des Sanskrit als indoeuropäische Sprache[1] widerspiegelt. Bereits Jacob Grimm setzte wissenschaftliche Grammatik gleich mit historischer Grammatik, und seine „Deutsche Grammatik" (1819 ff.) war in Wirklichkeit eine vergleichende Grammatik der germanischen Sprachen. Bedeutend waren daneben Franz Bopps „Vergleichende Grammatik des Sanskrit, Zend, Armenischen, Griechischen, Lateinischen, Litauischen, Altslavischen, Gothischen und Deutschen" (ab 1833), aber auch die aus sprachlichen Gründen weniger bekannten „Untersuchungen auf dem Gebiete des Altnordischen, oder der Ursprung der isländischen Sprache" (1818 in dänisch erschienen, Originaltitel „Undersögelse om det gamle Nordiske eller islandske Sprogs Oprindelse") von Rasmus Rask sowie die „Darlegungen über die slavische Sprache, als Einführung in die Grammatik dieser Sprache dienend, zusammengestellt nach ihren ältesten Schriftdenkmälern" (1820, russischer Originaltitel „Rassuždenie o slavjanskom jazyke, služašče vvedeniem k grammatike sego jazyka, sostavljaemoj po drevnejšim onogo pis'mennym pamjatnikam") von Aleksandr Christoforovič Vostokov.

---

[1] In einem Vortrag des englischen Orientalisten, des in Bengalen als Oberrichter tätigen William Jones vor der Asiatischen Gesellschaft in Kalkutta 1786, gedruckt 1788 in den Asiatic Researches.

Ohne diese Etappe in der Wissenschaftsentwicklung wären die Forschungen der Junggrammatiker nicht möglich gewesen, jedoch waren nicht nur Korrekturen im einzelnen nötig, sondern das Gesamtkonzept mußte methodisch neu durchdacht und auf eine exaktere Basis gestellt werden.

Es ist **August Schleicher** (1821-1868), der auf besondere Weise ein Bindeglied zwischen der frühen historisch-vergleichenden Sprachwissenschaft des 19. Jahrhunderts und den Junggrammatikern darstellt. Als Professor für vergleichende Sprachkunde und Sanskrit in Jena bezog er in seine Sprachstudien das Slavische und Baltische ein; während seiner vorausgegangenen Professur in Prag sagte man ihm ausgezeichnete Tschechischkenntnisse nach, er veröffentlichte 1852 eine „Formenlehre der kirchenslavischen Sprache" und 1856 als ersten Band seines „Handbuches der litauischen Sprache" eine „Litauische Grammatik". Sein Hauptwerk ist jedoch das „Compendium der vergleichenden Grammatik der indogermanischen Sprachen" (1861/62).

Bei seinem Bemühen um exaktere sprachhistorische Forschungen verwendete er den Terminus „Lautgesetz", der bei ihm jedoch noch nicht in ein System von Begriffen eingearbeitet wurde und erst in der Methodenlehre der Junggrammatiker – August Leskien war sein Schüler und kurzzeitiger Nachfolger in Jena, ehe er nach Leipzig berufen wurde – zu einem Zentralbegriff wurde (siehe unter 1.2.2).

Exaktheit der Forschung entsprang bei Schleicher seinen naturwissenschaftlichen Neigungen. Wie Darwin, aber unabhängig von diesem, vertrat er den Evolutionsgedanken. Aufschlußreich dafür ist seine Schrift „Die Darwinsche Theorie und die Sprachwissenschaft" (1863), publiziert als „Offenes Sendschreiben an Herrn Dr. Ernst Haeckel, ord. Professor der Zoologie und Direktor des Zoologischen Museums an der Universität Jena" (wieder abgedruckt in Koerner (1983) und Christmann (1977)). – Für Schleicher ist Sprache ein Organismus[2], der wie jeder Organismus wächst, blüht und verfällt. Die Sprachentwicklung vollzieht sich nach ihm reziprok zur Entwicklung der Menschheit und der menschlichen Kultur, die Blütezeit der Sprachen habe in vorgeschichtlicher Zeit stattgefunden, die modernen Sprachen spiegeln die Verfallsperiode wider. Daraus ergab sich folgerichtig die Forderung, die allerfrühesten Sprachzustände zu erforschen – wie schon Jacob Grimm das Ziel der sprachhistorischen Untersuchungen darin gesehen hatte, alle gegenwärtigen Sprachformen auf ihre ältesten Stufen zurückzuführen. Bei Schleicher gipfelte dieses Arbeitsprogramm in der Niederschrift einer Fabel in indogermanischer Ursprache („Das Schaf und die Rosse"). Das Ergebnis, oft belächelt, aber wegen

---

[2] Vgl. das Organismuskonzept des 18. Jahrhunderts.

der Konsequenz der Rekonstruktion dennoch bewundernswert, enthielt jedoch einen wesentlichen Denkfehler: Die rekonstruierten Formen wurden zu einer einheitlichen Sprachschicht vereinigt, obwohl nicht nachgewiesen werden kann, daß diese Formen – angenommen, sie seien korrekt rekonstruiert – zeitgleich, d. h. von derselben Sprechergeneration, verwendet worden sind.

Ausdruck der biologistischen Organismus-Auffassung ist auch Schleichers bekannte „Stammbaumtheorie", die Darstellung der indogermanischen (international wird statt dessen der Terminus „indoeuropäisch" verwendet) Sprachverwandtschaft in der Form eines Baumes mit Wurzeln, Stamm und Verzweigungen. Er hat sie 1850 in „Die Sprachen Europas in systematischer Übersicht" dargelegt. Diese Theorie blieb bis weit in unser Jahrhundert hinein als anschauliche Popularisierung linguistischer Fachkenntnisse beliebt, auch wenn sie bereits kurz nach ihrem Erscheinen attackiert und korrigiert wurde.[3]

In Vereinfachung der sprachwissenschaftlichen Strömungen des 19. Jahrhunderts, insbesondere unter Ausklammerung der äußerst weitreichenden sprachphilosophischen Forschungen Wilhelm von Humboldts, Hajim Steinthals u. a., sollen die beiden auf Grimm und Schleicher beruhenden Richtungen als entscheidender Denkanstoß für die Generation der Junggrammatiker betrachtet werden.

1.2.2 Hauptthemen und Hauptmethoden der Junggrammatiker

Die Themen der Junggrammatiker und die Methoden, die in dieser Schule entwickelt wurden, werden anhand zweier bedeutender Veröffentlichungen erörtert, des Vorwortes zu Band I der „Morphologischen Untersuchungen auf dem Gebiete der indogermanischen Sprachen" von K. Brugmann und H. Osthoff und der „Prinzipien der Sprachgeschichte" von H. Paul.

1878 erschien der erste Band der „Morphologischen Untersuchungen auf dem Gebiete der indogermanischen Sprachen". Die Herausgeber Brugmann und Osthoff stellten ihm ein **Vorwort** voran[4], das sie wie folgt einleiteten:

> Seit dem erscheinen von Scherer's buch ‚Zur geschichte der deutschen sprache' (Berlin 1868) und wesentlich durch die von diesem buch ausgegangenen impulse hat sich die physiognomie der vergleichenden sprachwissenschaft nicht unbeträchtlich verändert. Eine forschungsmethode hat sich seitdem bahn gebrochen und gewinnt immer mehr anhänger, die sich von der methode, nach welcher die vergleichende grammatik im ersten halbjahrhundert ihres bestehens verfuhr, in wesentlichen stücken unterscheidet. (1878, III)

---

[3] So vor allem durch Johannes Schmidts „Wellentheorie".

[4] Brugmann erwähnte später, der Text des „Vorwortes" sei von ihm allein verfaßt, aber von Osthoff mitunterschrieben worden.

Brugmann kritisiert an der bisherigen Sprachforschung, sie sei an ihr Untersuchungsobjekt, die indogermanischen Sprachen, herangegangen, ohne prinzipielle Fragen vorab zu klären, wie z. B.: Wie lebt und entwickelt sich menschliche Sprache überhaupt?, Welche Faktoren wirken beim Sprechen, wie wirken sie bei der Sprachveränderung zusammen?

Karl Brugmann resümiert:

> Man erforschte zwar eifrigst *die sprachen*, aber viel zu wenig *den sprechenden menschen*. (1878, III; Hervorhebungen hier und in den folgenden Zitaten sind dem Original entnommen.)

Das „Vorwort" wurde sehr bald schon als das **Kredo**, das Glaubensbekenntnis, dieser Schule bezeichnet. Es ist eine Grundsatzerklärung, die den Anhängern eine Richtschnur sein, gleichzeitig aber auch Argumente liefern sollte für die damals knapp zehn Jahre während Diskussion um das methodische Herangehen an historisch-vergleichende Forschungen:

> Wir dürfen aber wol auch an dieser stelle unsere etwaigen kritiker bitten jedesmal im auge behalten zu wollen, *von welchen principien aus* wir uns für diese oder jene annahme entschieden haben. Leider hat man in den letzten jahren mehrfach ganz allgemein gehaltene absprechende urteile über unsere richtung oder einzelne von dieser richtung aufgestellte ansichten gefällt, die nur das beweisen, dass die betreffenden urteilfäller noch gar nicht darüber nachgedacht haben, welche motive uns dazu führten, gerade *diese* methode zu befolgen und keine andere. (1878, XIX)

In den folgenden Abschnitten werden die wichtigsten Thesen aus diesem Vorwort vorgestellt.

1. Für die Junggrammatiker ist Sprache kein Organismus, sondern eine **psychophysische Tätigkeit.** Nicht Lebewesen außerhalb und neben den Menschen, sondern Tätigkeit sei sie, abhängig von den Menschen, die sich ihrer bedienen:

> Der menschliche sprechmechanismus hat eine doppelte Seite, eine psychische und eine leibliche. Ueber die art seiner thätigkeit ins klare zu kommen muss ein hauptziel des vergleichenden sprachforschers sein. Denn nur auf grund einer genaueren kenntnis der einrichtung und der wirkungsweise dieses seelisch-leiblichen mechanismus kann er sich eine vorstellung davon machen, was sprachlich überhaupt möglich ist [...]. (1878, III)

Nur so könne der Forscher auch erkennen, wie sprachliche Neuerungen in die Sprachgemeinschaft eindringen, und zwar von den Einzelsprechern ausgehend. Denn: Real ist für die Junggrammatiker ausschließlich die Sprache des Individuums, die psychologische Grundlage dieser Schule ist die Individualpsychologie von Herbart.[5] Alle Veränderungen der Sprache können nur von den

---

[5] Johann Friedrich Herbart (1776-1841), einflußreicher Königsberger Philosoph, Psychologe und Pädagoge.

sprechenden Individuen her verstanden und erklärt werden. Diese psychophysische Tätigkeit des Menschen beim Umgang mit Sprache sei zu allen Zeiten gleich gewesen, also könne man Sprachprozesse der ältesten Zeiten durch dieselben Gesetze erklären wie die der Gegenwart.

2. Daraus, daß der sprechende Mensch in den Mittelpunkt gestellt wurde, erklärt sich auch die neue Bewertung der allerfrühesten Sprachzustände einschließlich der Ursprache:

Für die junggrammatische Schule ist „die Ursprache" eine Fiktion. Die Bewertung der ältesten Sprachzustände als Blütezeit und die Abwertung der neueren Perioden als Ausdruck des Verfalls – so wie es August Schleicher gesehen hatte – ist für sie ein Trugschluß. Wie die Sprachen leben und sich entwickeln, kann man nur an der durch Sprachdenkmäler belegten Sprachgeschichte erforschen, besser noch an der Gegenwartssprache und an den Dialekten. Nach dem Grundsatz, von Bekanntem zu Unbekanntem voranzuschreiten, müsse man deshalb von der heutigen Sprache ausgehen und anhand der so gewonnenen Erkenntnisse zu älteren Sprachzuständen vordringen. Als Mittel zur Erkenntnis ist die Rekonstruktion einzelner ursprachlicher Formen erlaubt, ein Gesamtsprachzustand kann jedoch nicht rekonstruiert werden. Man könne nie beweisen, daß es eine Sprechergeneration gegeben hat, die alle – z. B. alle von August Schleicher – rekonstruierten Formen gleichzeitig gekannt und gesprochen hat.

Da diese These zentral ist für die junggrammatische Methodenlehre, soll sie durch ein längeres Zitat belegt werden:

Die reconstruction der indogermanischen grundsprache war bisher immer hauptziel und mittelpunkt der gesammten vergleichenden sprachforschung. Die folge davon war, dass man bei aller forschung das gesicht stets nach dieser ursprache hin gewandt hatte. Innerhalb der durch schriftdenkmäler uns bekannten einzelsprachen [...] interessierten fast ausschließlich die ältesten, der ursprache am nächsten liegenden perioden [...]. Aus den formen der ältesten historisch zugänglichen sprachperioden construierte man die indogermanischen *grundformen*. Und diese letzteren wurden nun in *dem* grade zum gemeingiltigen maassstab der beurtheilung der historischen sprachformationen gemacht, *dass die vergleichende sprachwissenschaft wesentlich an der hand der indogermanischen grundformen ihre allgemeinen vorstellungen von der art und weise, wie sprachen leben und sich fort- und umbilden, gewann.* (1878, V/VI)

Es sei aber nötig, den Standpunkt zu wechseln. Der Forscher brauche eine Materialsammlung, die möglichst lückenlos Sprachveränderungen durch die Jahrhunderte belegt; je näher die Texte an die Gegenwart heranreichen, desto günstiger sei die Ausgangslage; denn: der Sprachforscher

[...] muß endlich einmal von dem gedanken *gänzlich* sich frei machen, man brauche sich als vergleichender indogermanist um die jüngeren phasen der indogermanischen sprachen nur dann zu kümmern, wenn sie sprachmaterial darbieten, das für die reconstruction der indogermanischen grundsprache in betracht kommt. (1878, VII)

Oft zitiert worden ist die folgende Zusammenfassung der Aufgaben des Linguisten:

> Also: nur derjenige vergleichende sprachforscher, welcher aus dem hypothesentrüben dunstkreis der werkstätte, in der man die indogermanischen grundformen schmiedet, einmal heraustritt in die klare luft der greifbaren wirklichkeit und gegenwart, um sich hier belehrung zu holen über das, was die graue theorie nimmer erkennen lässt [...], nur der kann zu einer richtigen vorstellung von der lebens- und umbildungsweise der sprachformen gelangen und diejenigen methodischen principien gewinnen, ohne welche man überhaupt bei sprachgeschichtlichen forschungen keine glaubwürdigen resultate erreichen kann [...]. (1878, IX/X)

Und insbesondere dürfe man sich nicht auf die Sprache „auf dem Papier" beschränken, man müsse über grammatische Beschreibungen und Klassifizierungen hinausgelangen, denn nichts sei gewonnen, wenn man einer Sache einen Namen geben könne, ohne aber ihr Wesen ergründet zu haben. Die „Ergründung des Wesens der Sprache" wurde zur zentralen Thematik der Junggrammatiker.

3. Ein Schlüsselbegriff der junggrammatischen Schule ist der Begriff **Lautgesetz**. Angelegt bereits bei Jacob Grimm, als Terminus eingeführt von August Schleicher, wurde dieser Begriff von den Junggrammatikern benutzt, um die Sprachwissenschaft zur Gesetzeswissenschaft zu erheben. Philosophisch vom Positivismus beeinflußt, angespornt durch die Erfolge der Phonetik, insbesondere der Lautphysiologie, konzentrierten sie ihre Arbeit auf beobachtbare Fakten und betrieben deshalb vor allem historisch-vergleichende Forschungen zur Lautentwicklung und zur Morphologie. Hier fühlten sie „festen Boden unter den Füßen" und sahen sich den Naturwissenschaften am nächsten. Aus diesen entlehnten sie auch den Gesetzesbegriff und behandelten zunächst die Lautgesetze wie Naturgesetze, d. h. sie unterstrichen deren zwingenden Charakter, die „Ausnahmslosigkeit der Lautgesetze", die „mit der blinden Notwendigkeit der Natur" wirken:

> Aller lautwandel, so weit er mechanisch vor sich geht, vollzieht sich nach ausnahmslosen gesetzen, d. h. die richtung der lautbewegung ist bei allen angehörigen einer sprachgenossenschaft, ausser dem fall, dass dialektspaltung eintritt, stets dieselbe, und alle wörter, in denen der der lautbewegung unterworfene laut unter gleichen verhältnissen erscheint, werden ohne ausnahme von der änderung ergriffen. (1878, XIII)

Dennoch vorhandene Ausnahmen versuchte man zunächst als Ergebnis noch nicht erkannter Gesetze anzusehen.

4. Die zentrale Rolle des sprechenden Menschen und damit der auch psychisch bedingten Sprechtätigkeit führte die Junggrammatiker aber bald dazu, als Ergänzung des Begriffs „Lautgesetz" das Wirkungsprinzip der **Analogie** einzuführen. Spätere Aussagen zeigen, daß die Vertreter dieser Schule immer weniger

auf die Ausnahmslosigkeit im naturwissenschaftlichen Sinne pochten und somit der Gesetzesbegriff immer weniger motiviert erschien. So schränkte Delbrück[6] in späteren Jahren ein, daß Lautgesetze nichts anderes seien als Gleichmäßigkeiten, welche in einer bestimmten Sprache und Zeit auftreten und nur für diese Gültigkeit haben.

Analogiebeeinflussungen (d. h. Formassoziationen) zwischen Sprachformen der Gegenwart galten seit langem als selbstverständlich. Wie das folgende Zitat darlegt, sollte deshalb auch für die älteren und ältesten Perioden das Funktionieren von Analogiebildungen „unbedenklich anerkannt" werden.

> Da sich klar herausstellt, dass die formassociation, d. h. die neubildung von sprachformen auf dem wege der analogie, im leben der *neueren* sprachen eine sehr bedeutende rolle spielt, so ist diese art sprachneuerung unbedenklich auch für die *älteren* und *ältesten* perioden anzuerkennen, [...] es ist dieses erklärungsprincip auch in derselben weise zu verwerten, wie zur erklärung von spracherscheinungen späterer perioden, und es darf nicht im mindesten auffallen, wenn analogiebildungen in den älteren sprachperioden *in demselben Umfange* oder gar *in noch grösserem umfange* uns entgegentreten wie in den jüngeren und jüngsten. (1878, XIII/XIV)

Jedoch sei die Formassoziation ein letzter Ausweg, zu dem man erst dann greifen dürfe, wenn die Lautgesetze keine Erklärung bereitstellen, uns gewissermaßen zum Griff nach der Erklärung durch Analogiewirkung zwingen:

> Auch für *uns* ist die formassociation immer noch ein 'ultimum refugium', der unterschied ist nur der, dass wir uns viel *früher* und *viel öfter* vor dieses gestellt sehen als die andern, eben weil wir es mit den lautgesetzen genau nehmen und weil wir der überzeugung sind, dass die kühnste annahme von analogiewirkung, wenn sie im bereich des möglichen liegt, immer noch mehr anspruch darauf hat, 'geglaubt' zu werden, als willkürliche umgehungen der mechanischen lautgesetze. (1878, XVII/XVIII)

Auch die psychisch bedingte Analogie sei also nichts Willkürliches, sondern wirke nach festen Mechanismen, die es zu erkennen gelte.

Schließlich formuliert Brugmann folgende nüchterne und doch weitreichende Zusammenfassung der Diskussion um Lautgesetz und Analogiewirkung:

> Die hauptsache ist vorläufig die, dass man den guten willen hat sich von den thatsachen der modernen sprachentwicklungen belehren zu lassen und dann das gelernte gewissenhaft für die älteren sprachperioden verwertet. (1878, XVIII)

---

[6] Bertold Delbrück (1842-1922) war ab 1870 – als Nachfolger von Schleicher und Leskien – Professor für vergleichende Sprachwissenschaft und Sanskrit in Jena.

Zwei Jahre nach dem „Vorwort" erschienen die „**Prinzipien der Sprach-geschichte**" von Hermann Paul, also 1880.[7] Das Buch spielte in der Diskussion der Junggrammatiker um Gegenstand und Methoden der Sprachwissenschaft eine dem „Vorwort" vergleichbare Rolle, gelegentlich wird deshalb auch von den „Prinzipien der Sprachgeschichte" als von der „Bibel der Junggrammatiker" gesprochen. Hermann Paul unternahm es hier, eine Einordnung der historisch-vergleichenden sprachwissenschaftlichen Studien in das System der Wissenschaften vorzunehmen, der junggrammatischen Schule einen theoretischen Rahmen zu geben und ihr – letztlich wohl die wichtigste Absicht – den führenden Platz unter den sprachwissenschaftlichen Richtungen ihrer Zeit zuzuweisen. Er begründete in der Einleitung zu den „Prinzipien" sein Buch mit folgenden Überlegungen:

> Besonders seit dem Ende der siebziger Jahre des 19. Jahrhunderts suchte sich eine Richtung Bahn zu brechen, die auf eine tiefgreifende Umgestaltung der Methode hindrängte. Bei dem Streite, der sich darüber entspann, trat deutlich zu Tage, wie groß noch bei vielen Sprachforschern die Unklarheit über die Elemente ihrer Wissenschaft war. Eben dieser Streit hat auch die nächste Veranlassung zur Entstehung dieser Abhandlung gegeben. Sie wollte ihr möglichstes dazu beitragen eine Klärung der Anschauungen herbeizuführen und eine Verständigung wenigstens unter allen denjenigen zu erzielen, welche einen offenen Sinn für die Wahrheit mitbringen. (1970, 6)

Hermann Paul hielt es deshalb für wichtig, möglichst alle Themen zu behandeln, die für eine Theorie der Sprachentwicklung von Belang sein könnten. Hier soll jedoch nicht auf diese umfassende Darstellung aller Gebiete der historisch-vergleichenden Sprachwissenschaft in den „Prinzipien der Sprachgeschichte" eingegangen werden, sondern auf Thesen mit dem gerade erwähnten theoretischen Hintergrund, wie sie sich in der Einleitung, in Teilen des ersten Kapitels „Allgemeines über das Wesen der Sprachentwicklung" und auch in den Vorworten zur zweiten und vierten Auflage finden:

1. H. Paul betrachtete die Sprache als **Kulturwissenschaft**. Die Wissenschaften insgesamt gliederte er in Natur- und Kulturwissenschaften. Die Naturwissenschaften können historische Naturwissenschaften oder reine Gesetzeswissenschaften sein, zu letzteren zählte er Mathematik, Physik, Chemie und Psychologie (sic!). Die Sprachwissenschaft sei eine Kulturwissenschaft, aber eine von besonderer Art, denn:

---

[7] Bis jetzt liegen 8 Auflagen vor – von denen die ersten noch von Paul selbst korrigiert und erweitert wurden –, die letzte erschien 1968 (als Studienausgabe 1970, nach dieser wird hier zitiert).

> Es gibt keinen Zweig der Kultur, bei dem sich die Bedingungen der Entwicklung mit solcher Exaktheit erkennen lassen als bei der Sprache, und daher keine Kulturwissenschaft, deren Methode zu solchem Grade der Vollkommenheit gebracht werden kann wie die der Sprachwissenschaft. (1970, 5)

Das nähere sie den Naturwissenschaften an, ohne daß sie aber zu diesen gehöre. Charakteristikum jeder Kulturwissenschaft ist die Beeinflussung durch psychische Faktoren. Hermann Paul unterstrich diesen Gedanken mit folgenden Worten:

> Das psychische Element ist der wesentliche Faktor in aller Kulturbewegung, um den sich alles dreht, und die Psychologie ist daher die vornehmste Basis aller in einem höheren Sinne gefaßten Kulturwissenschaft. Das Psychische ist darum aber nicht der einzige Faktor; es gibt keine Kultur auf rein psychischer Unterlage [...]. (1970, 6, Sperrung des Gesamttextes im Original)

Gerade bei der Sprache dürfen nach H. Paul auch die physischen Faktoren nicht außer acht gelassen werden, sie müssen in ihrem Zusammenwirken mit den psychischen erforscht werden:

> Es bedarf daher neben der Psychologie auch einer Kenntnis der Gesetze, nach denen sich die physischen Faktoren der Kultur bewegen. (1970, 6/7)

(vgl. „Sprache als psychophysische Tätigkeit" im Vorwort zu den „Morphologischen Untersuchungen").

Jede Kulturwissenschaft ist Gesellschaftswissenschaft, denn erst die Gesellschaft ermöglicht Kultur und macht den Menschen zu einem geschichtlichen Wesen. Und Paul ergänzt:

> Gewiß hat auch eine isolierte Menschenseele ihre Entwicklungsgeschichte, auch rücksichtlich des Verhältnisses zu ihrem Leibe und ihrer Umgebung, aber selbst die begabteste vermöchte es nur zu einer sehr primitiven Ausbildung zu bringen, die mit dem Tode abgeschnitten wäre. Erst durch die Übertragung dessen, was ein Individuum gewonnen hat, auf andere Individuen und durch das Zusammenwirken mehrerer Individuen zu dem gleichen Zwecke wird ein Wachstum über diese engen Schranken hinaus ermöglicht. (1970, 7)

Ausschlaggebend ist also die Wechselwirkung der Individuen aufeinander. – Im übrigen bevorzugt H. Paul den Begriff „Kulturwissenschaft" statt „Geisteswissenschaft" deshalb, weil man so auch materielle Gegenstände, die sogenannte „materielle Kultur", mitberücksichtigen kann.

Beachtet werden muß, daß Kulturwissenschaften grundsätzlich historisch ausgerichtet sind. Weiter unten wird auf die Konsequenzen dieser These für die Sprachwissenschaft gesondert eingegangen.

2. Die Sprachwissenschaft ist als Kulturwissenschaft eine Geschichtswissenschaft, dazu hat sie als Gesetzeswissenschaft[8] Bezüge zu den Naturwissenschaften. H. Paul entwirft nun noch die „**Prinzipienwissenschaft**" als Mittlerin zwischen diesen Klassen von Wissenschaften, eine Wissenschaft, die sich „mit den allgemeinen Lebensbedingungen des geschichtlich sich entwickelnden Objekts" beschäftigt und die folgendes Problem behandelt:

> Wie ist unter der Voraussetzung konstanter Kräfte und Verhältnisse doch eine geschichtliche Entwicklung möglich, ein Fortgang von den einfachsten und primitivsten zu den kompliziertesten Gebilden? (1970, 2)

Die Prinzipienwissenschaft enthält des weiteren Vorschriften für die Forschung, erfaßt also zugleich auch methodische Fragen und ist damit nicht reine Theorie, wenn auch natürlich theoretische Überlegungen hinter ihr stehen. Grundlage für eine Methodenlehre bildet die Darlegung der Prinzipienwissenschaft insofern, als H. Paul die Übertragung der für die Naturwissenschaften üblichen Betrachtungsweise auf die Kulturwissenschaft Sprachwissenschaft fordert.

Zusammenfassend gesagt: Die Prinzipienwissenschaft erklärt die Zusammenhänge, die den geschichtlichen Entwicklungsprozessen zugrundeliegen, und sie greift auf die Resultate der Gesetzeswissenschaften (auch auf die Psychologie) zurück, ohne ihre Selbständigkeit als eigene Wissenschaft zu verlieren.

Gerade bei der Interpretation der Lautgesetze fand Paul jedoch sehr vorsichtige Formulierungen. Da er sich des Standortes der Sprachwissenschaft innerhalb der Kulturwissenschaften, nicht der Naturwissenschaften, vollauf bewußt war, erkannte er auch den unterschiedlichen Status von Gesetzen in beiden Wissenschaftsabteilungen als für die Sprachwissenschaft gravierend an.

3. Für Hermann Paul spielt **das Individuum** die entscheidende Rolle bei der Sprachschöpfung und Sprachentwicklung. Die sprachliche Schöpfung – auch die alltäglich stattfindende nichtkünstlerische – ist nach H. Paul immer die eines einzelnen Individuums, niemals arbeiten dabei mehrere Personen zusammen wie in Wirtschaft und Politik üblich. Jedoch verlaufen die sprachlichen Vorgänge bei den verschiedenen Individuen mit großer Gleichmäßigkeit, was wesentlich ist für die Möglichkeit exakter wissenschaftlicher Erkenntnisse.

Auch die Sprachentwicklung muß aus der Wechselwirkung der Individuen aufeinander erklärt werden. Die sprachlichen Gebilde werden im allgemeinen ohne bewußte Absicht geschaffen; alles, was auf künstlichem Wege in die Sprache gelangt, verfällt nach seinen Worten „dem Spiel ihrer Kräfte". Damit meint H. Paul, daß Entlehnungen, Neuschöpfungen u. ä. den in der jeweiligen Sprache

---

[8] Vgl. die „Lautgesetze".

geltenden Regeln unterworfen werden, also eine Anpassung in Aussprache, Flexion usw. erfahren.

Paul stellt sich auf den Standpunkt der Individualpsychologie, wenn er schreibt:

> Vielmehr ist es eine Tatsache von fundamentaler Bedeutung, die wir niemals aus den Augen verlieren dürfen, daß alle rein psychische Wechselwirkung sich nur innerhalb der Einzelseele vollzieht. Aller Verkehr der Seelen untereinander ist nur ein indirekter auf physischem Wege vermittelter. (1970, 12) (Der Absatz ist bei H. Paul insgesamt gesperrt gedruckt.)

Dieser letzte Passus, zunächst als Abgrenzung zur Völkerpsychologie von Moritz Lazarus und Hajim Steinthal[9] formuliert, bekam mit der Veröffentlichung von Wilhelm Wundts „Völkerpsychologie" (ab 1900 zehn Bände) eine besondere Aktualität. Seine „Vorrede zur vierten Auflage" 1909 nutzte H. Paul deshalb vorwiegend zur Auseinandersetzung mit Wundts Auffassungen:

> Von der neuen Auflage wird man wohl vor allem eine Auseinandersetzung mit dem ersten Bande von Wundts Völkerpsychologie (Leipzig 1900, [2]1904) erwarten. Leider kann ich mich diesem Werke gegenüber, so viel Anregungen es auch im einzelnen bringt, doch in den Hauptpunkten nur ablehnend verhalten. [...]
>
> Wundt stellt, wie schon der Gesamttitel seines großen Werkes zeigt, die Völkerpsychologie neben die Individualpsychologie, und zwar allen Ernstes in einem Sinne, wie ich ihn in der Einleitung meines Buches bekämpft habe. [...] Die Veränderungen der Sprache erfolgen nach ihm durch Veränderungen in der Volksseele, nicht durch solche in den Einzelseelen. Das Problem, welches für mich im Mittelpunkt der Untersuchung steht, die Frage, wie sich die Wechselwirkung der Individuen unter einander vollzieht, ist für Wundt überhaupt kein Problem. (1970, V/VI)

Paul schließt seine Kontroverse mit Wundts Versuch, über Sprache zu befinden, mit den Worten:

> In manchen Besprechungen des Wundtschen Werkes ist die Zuversicht ausgesprochen, daß von demselben eine fundamentale Umgestaltung der Sprachwissenschaft ausgehen würde. Ich kann diese Erwartung nicht teilen. (1970, VI)

4. Für Hermann Paul ist **wissenschaftliche Betrachtung** der Sprache immer **geschichtliche Betrachtung**. Nur eine solche Vorgehensweise könne dem „geschichtlich sich entwickelnden Objekt" (1970, 1) gerecht werden. Diese These ist die weitreichendste in den „Prinzipien der Sprachgeschichte", sie fixierte die gewünschte Monopolstellung der historisch-vergleichenden Sprachwissenschaft

---

[9] Beide gaben ab 1860 die „Zeitschrift für Völkerpsychologie und Sprachwissenschaft" heraus.

und wurde – als Reaktion auf eine kritische Rezension des Schweizers Franz Misteli – seit der zweiten Auflage noch pointierter formuliert:

> Ich habe es noch kurz zu rechtfertigen, dass ich den Titel Prinzipien der Sprach-*geschichte* gewählt habe. Es ist eingewendet, dass es noch eine andere wissenschaftliche Betrachtung der Sprache gäbe, als die geschichtliche.[10] Ich muß das in Abrede stellen. Was man für eine nichtgeschichtliche und doch wissenschaftliche Betrachtung der Sprache erklärt, ist im Grunde nichts als eine unvollkommen geschichtliche, unvollkommen teils durch Schuld des Betrachters, teils durch Schuld des Beobachtungsmaterials. Sobald man über das blosse Konstatieren von Einzelheiten hinausgeht, sobald man versucht den Zusammenhang zu erfassen, die Erscheinungen zu begreifen, so betritt man auch den geschichtlichen Boden, wenn auch vielleicht ohne sich klar darüber zu sein. (1970, 20)

An dieser These entzündete sich der Meinungsstreit, in Auseinandersetzung mit ihr entwickelten die Verteidiger synchronen Herangehens (z.B. J. Baudouin de Courtenay und F. de Saussure, vergleiche die folgenden Kapitel) ihre Positionen.

Auf den ersten Blick steht diese sehr scharf formulierte These in offensichtlichem Widerspruch zu der im Vorwort zu den „Morphologischen Untersuchungen" niedergelegten Forderung der junggrammatischen Schule, jüngere und jüngste Sprachzustände zu erforschen. Doch haben sich – genau besehen – die Vertreter dieser Schule in ihren eigenen Arbeiten dieser Aufgabe nie gestellt. Einerseits war also der heftige Angriff auf diese Formulierung von H. Paul – wohl die am häufigsten zitierte Stelle aus den „Prinzipien der Sprachwissenschaft" überhaupt – insofern gerechtfertigt, als Paul in der Tat *historisch*-vergleichende Studien forderte, andererseits braucht eine historische Perspektive nicht per se zu bedeuten, daß nur in der Vergangenheit liegende Sprachzustände Gegenstand sprachwissenschaftlicher Untersuchung sein dürfen. Doch diese methodologische Überlegung spielte in der zeitgenössischen Diskussion um Hermann Pauls Werk keine Rolle.

1.3 Bezüge zu den benachbarten Geisteswissenschaften Philosophie und Psychologie

Die unter 1.2 an mehreren Stellen erwähnten Kontakte zu Nachbarwissenschaften sollen nun noch einmal zusammengefaßt werden.

Erstens: Die Vertreter der junggrammatischen Schule haben keine Aussagen über ihre philosophischen Präferenzen getroffen; das Erscheinungsbild ihrer wissenschaftlichen Arbeiten weist jedoch objektiv deutlich auf den Positivis-

---

[10] Paul bezieht sich in einer Fußnote an dieser Stelle auf Misteli.

mus. Diese von Auguste Comte[11] begründete philosophische Richtung betont die Rolle der „positiven Fakten" gegenüber spekulativer Philosophie. Von seinem Programm fühlten sich insbesondere Wissenschaftler aus den in der zweiten Hälfte des 19. Jahrhunderts stark aufstrebenden Naturwissenschaften angezogen, der Positivismus war der philosophische Sammelpunkt der exakten Wissenschaften. Die Junggrammatiker orientierten sich an diesen Forschungen, zudem kannten sie die Erfolge exakter Untersuchungen auch aus unmittelbarer Nachbarschaft, nämlich aus der Phonetik, genauer gesagt aus der Lautphysiologie. Von der Naturwissenschaft Biologie hatten sie sich in Reaktion auf das ihnen in August Schleichers Interpretation bekannte Organismuskonzept abgewandt, doch war gerade die Physik zur Leitwissenschaft der positiven Wissenschaften aufgestiegen. Physikalische Gesetze wie das vom „idealen Gas" dienten den Junggrammatikern als Modell für die Aufstellung sprachlicher Gesetze, in ihrem Fall der Lautgesetze. In der ersten Euphorie junggrammatischer Forschung wurde allen Ernstes von den „mit der blinden Notwendigkeit der Natur wirkenden Lautgesetzen" gesprochen, ein Wunschbild, das freilich nicht Bestand haben konnte (vergleiche weiter unten bei den Bezügen zur Psychologie).

Positivistisch war auch, daß die *Methoden* der Erforschung des Materials in den Mittelpunkt gerückt wurden – nicht Theoriebildung, sondern die Fakten selbst waren Ziel der wissenschaftlichen Arbeit. Weitestgehender Verzicht auf Theoriebildung hatte zur Folge, daß die Fakten gewissermaßen unvermittelt, atomistisch, nebeneinander standen, nicht oder selten zu Systemen verknüpft wurden. Möglicherweise sahen die Junggrammatiker durchaus, daß sich Fakten zu Systemen anordnen, aber sie ließen diese Tatsache außer acht, sie zu berücksichtigen gehörte nicht zu den selbst gestellten bzw. durch ihre philosophische Grundhaltung vorgegebenen Aufgaben. – Unbestritten haben die Vertreter dieser Schule aber mit ihrem Forschungsprogramm großartige Erfolge erzielt, worüber im weiteren noch zu schreiben sein wird (insbesondere unter **1.4**).

Zweitens: Alle Versuche, Sprachwissenschaft als exakte Wissenschaft zu betreiben, stießen sehr schnell auf unüberbrückbare Schranken, nämlich die, die das sprechende (und hörende) Individuum durch seine bloße Existenz aufrichtet. Die Junggrammatiker trugen dem Rechnung, indem sie in der Sprache (genauer: im Sprechen) eine „psychophysische Tätigkeit" erkannten, eine Aktivität, der neben der „leiblichen" auch eine „seelische" Seite zugeordnet ist. Sie akzeptier-

---

[11] Auguste Comte (1798-1857), Hauptwerk „Cours de philosophie positive" (dt. „Positive Philosophie"), 6 Bände 1830-1842.

ten in der Psychologie die unumstrittene Grundwissenschaft, ihre „vornehmste Basis", verstanden darunter aber eine empirische exakte Psychologie, die sie deshalb auch zu den „reinen Gesetzeswissenschaften" zählten. In ihrem Verständnis – am deutlichsten hat es Hermann Paul formuliert – konnte dies nur eine Individualpsychologie sein, nur das Individuum erschien real, nur der Einzelsprecher, nicht eine Sprachgemeinschaft mit (für sie) nichtdefinierbarem Eigenleben. Paul war es auch, der die psychologische Quelle der Junggrammatiker beim Namen nannte: Johann Friedrich Herbart (vgl. Anm. 5), der mit den psychologischen Gesetzen der „Apperzeption" und „Assoziation" arbeitete. Dagegen konnte H. Paul nichts anfangen mit der Völkerpsychologie, die er im Laufe seines Wissenschaftlerlebens in zwei Spielarten kennengelernt hat: derjenigen von M. Lazarus und H. Steinthal (vgl. Anm. 9) und später der von Wilhelm Wundt, auf die bereits weiter oben eingegangen wurde.

1.4 Ausstrahlung der junggrammatischen Schule auf die Sprachwissenschaft ihrer Zeit

Genau genommen müßte diese Überschrift den einzigartigen Einfluß der Junggrammatiker über Zeit und Raum hinweg thematisieren, denn diese Schule ergriff – ohne Übertreibung gesagt – die Linguistik ganz Europas (und darüber hinaus), und zwar über mehrere Jahrzehnte. (Daß sich dies nicht nur positiv auswirkte, wird unter **1.5** zu zeigen sein.) Von ihrem Ausgangspunkt Leipzig sicherten die Junggrammatiker sowohl die unumschränkte Hegemonie ihrer Forschungsmethoden innerhalb der Indogermanistik als auch – durch die große Autorität, die sich ihre Hauptvertreter erwarben – die Hegemonie gegenüber Vertretern anderer Philologien. Letzteres soll hier nur am Rande erwähnt werden, das folgende Beispiel wirft aber ein bezeichnendes Licht auf das wissenschaftliche Klima dieser Zeit: In Leipzig wirkte zur gleichen Zeit – mit starkem Interesse für die allgemeine Sprachwissenschaft – der Sinologe Hans Georg Conon von der Gabelentz (1840-1893), der, ohne Ordinariat und damit ohne Sitz und Stimme in der Fakultät, von den Indogermanisten nicht als Diskussionspartner akzeptiert wurde, obwohl er äußerst wertvolle Gedanken in die allgemeinsprachwissenschaftliche Diskussion einzubringen hatte (vgl. Gabelentz (1891/1969)). Doch wurden lediglich seine Überlegungen zur Funktion der Syntax – von H. Paul – aufgegriffen, und sie sind insbesondere durch diese Vermittlung für die Sprachwissenschaft des 20. Jahrhunderts fruchtbar geworden, nicht eigentlich auf direktem Wege durch Gabelentz' Veröffentlichungen selbst; als Sinologe dagegen genoß er große Autorität. Im übrigen folgte Gabelentz 1890 einem Ruf nach Berlin, was im allgemeinen als Zeichen der Resignation gegenüber der Leipziger philologischen Situation gedeutet wird.

Doch zurück zu dem Einfluß der Junggrammatiker auf die vergleichend-historische Forschung innerhalb der Indogermanistik. Wie erwähnt, waren es Karl

Brugmann und August Leskien, die beide je etwa vier Jahrzehnte an der Leipziger Universität wirkten und so den ruhenden Pol in der sprachwissenschaftlichen Diskussion darstellten. Sie bildeten Generationen von Linguisten nach ihrem Wissenschaftsverständnis heran, die später selbst Lehrstühle innehatten und ihrerseits den Einfluß der junggrammatischen Schule weitertrugen. Leipzig galt zu dieser Zeit als „Weltzentrum der Linguistik", einige Semester Studium an dieser Universität gehörten gewissermaßen zum Pflichtprogramm, und Zeugnisse Leipziger Linguisten waren eine hervorragende Empfehlung bei der Besetzung universitärer Stellen. Das Universitätsarchiv Leipzig dieser Jahrzehnte liest sich wie ein Linguistenlexikon: Jan Baudouin de Courtenay (Polen), Ferdinand de Saussure (Schweiz), Leonard Bloomfield (USA), Lucien Tesnière (Frankreich), Nikolaj Sergeevič Trubetzkoy (Rußland), Rudolf Thurneysen (Schweiz) – um nur einige Namen zu nennen – studierten in Leipzig; z. T. hatten sie bereits ein philologisches Studium absolviert und wollten in Leipzig ihre Kenntnisse vertiefen. Sie alle wurden später zu führenden Linguisten in ihren Ländern.

Auch auf andere Weise wurde die Internationalität der junggrammatischen Forschungen deutlich. 1912 gründete sich insbesondere durch Brugmanns Engagement die „Indogermanische Gesellschaft" als internationale Vereinigung der Indogermanisten; sie gab das „Indogermanische Jahrbuch" als eine Art Referatedienst heraus.

Zusammenfassend muß man sagen, daß niemand das einzigartige Verdienst dieser Forscher für die Grundlegung eines wissenschaftlichen Verständnisses von Laut- und Formenlehre bestreiten kann. Es entstanden in dieser Zeit so einzigartige Werke wie Karl Brugmanns „Grundriß der vergleichenden Grammatik der indogermanischen Sprachen" (1886 ff.), in dem er fast siebzig indogermanische Sprachen und Dialekte behandelte und der durch die Mitarbeit von Berthold Delbrück auch um 3 Bände Syntax erweitert wurde, August Leskiens „Handbuch der altbulgarischen (altkirchenslavischen) Sprache" (1871) und Hermann Pauls „Mittelhochdeutsche Grammatik" (1881), um nur drei der bekanntesten zu nennen. (Weitere Arbeiten siehe unter **1.1.**)

1.5 Kritik von Anhängern und Gegnern

Mit „Kritik von Anhängern" sind Ansätze gemeint, die innerhalb dieser Schule selbst entstanden und die junggrammatische Richtung nicht an sich in Frage stellten, wohl aber offensichtliche Fehlmeinungen zu korrigieren suchten. Berthold Delbrücks Kritik an der Ausnahmslosigkeit der Lautgesetze gehört hierher. Nur teilweise übernahm junggrammatisches Gedankengut der Pole Jan Baudouin de Courtenay, dem das nächste Kapitel gewidmet ist, weshalb an dieser Stelle nicht ausführlich auf ihn eingegangen werden soll. Ferdinand de

Saussure (Kapitel 3) gab seine ursprünglich junggrammatischen Ansichten noch weitgehender auf. Andere Forscher setzten sich mit dieser Schule auseinander, ohne sich je mit ihr verbunden gefühlt zu haben. Bezeichnend jedoch ist, daß in diesen Jahrzehnten die Diskussion um Gegenstand und Methoden der Sprachwissenschaft nicht an der junggrammatischen Schule vorbeigehen konnte.

Grundsätzliche Kritik an den Junggrammatikern setzte über Jahrzehnte während vor allem an folgenden Punkten an:

- am Prinzip der Ausnahmslosigkeit der Lautgesetze (insbesondere durch Hugo Schuchardt – Romanist und Kreolist – und durch Ferdinand Wrede – Mundartforscher);

- an der Trennung von Sprachgeschichte und Volksgeschichte und an der Isolierung der Sprache vom Sprachträger, die trotz anderslautender Deklarationen z. B. im Vorwort zu den „Morphologischen Untersuchungen" in der Forschungsarbeit praktiziert wurde (insbesondere durch Jan Baudouin de Courtenay und Wilhelm Wundt);

- an der Beschränkung auf Laute und Formen ohne Berücksichtigung der Sprachinhalte (insbesondere durch Karl Vossler, Romanist, Vertreter der „ästhetischen Sprachphilosophie");

- vor allem aber an der Identifizierung von Sprachwissenschaft und Sprachgeschichte und an der Darstellung der Sprache als Summe von Einzelfakten (durch Jan Baudouin de Courtenay, Ferdinand de Saussure).

1.6 Literaturangaben

B. Bartschat (1979): Der Beitrag H.G.C. von der Gabelentz' zur Entwicklung der allgemeinen Sprachwissenschaft. In: Linguistische Studien Reihe A 59. Berlin.

B. Bartschat (1992): August Leskiens Syntaxbild. In: Slavistische Beiträge Band 292 (Slavistische Linguistik 1991). München.

F. Bopp (1833-1852): Vergleichende Grammatik des Sanskrit, Zend, Armenischen, Griechischen, Lateinischen, Litauischen, Altslavischen, Gothischen und Deutschen (3 Bände). Berlin.

K. Brugmann (1878ff.) s. u. H. Osthoff.

K. Brugmann (1885): Zum heutigen Stand der Sprachwissenschaft. Straßburg.

K. Brugmann (und B. Delbrück, 1886-1900): Grundriß der vergleichenden Grammatik der indogermanischen Sprachen. Kurzgefaßte Darstellung der Geschichte des Altindischen, Altiranischen (Avestischen und Altpersischen), Altarmenischen, Altgriechischen, Lateinischen, Umbrisch-Samnitischen, Altirischen, Gotischen, Althochdeutschen, Litauischen und Altkirchenslavischen. Straßburg [unveränderter Nachdruck der 2.Auflage 1897-1916: de Gruyter Berlin 1967].

K. Brugmann (1900): Griechische Grammatik. München (siehe auch unter E. Schwyzer).

H. H. Christmann (Hrsg., 1977): Sprachwissenschaft des 19. Jahrhunderts [Wege der Forschung CDLXXIV]. Darmstadt.

E. Coseriu (1969): G. v. d. Gabelentz et la linguistique synchronique. In: H. G. C. von der Gabelentz. Die Sprachwissenschaft. Nachdruck. Tübingen.

E. Coseriu (1980): Vom Primat der Geschichte. In: Sprachwissenschaft 5, 2.

J. Dietze (1966): August Schleicher als Slawist. Berlin.

E. Einhauser (1989): Die Junggrammatiker: Ein Problem für die Sprachwissenschafts-geschichtsschreibung. Trier.

E. Einhauser (Hrsg., 1992): Lieber freund ... Die Briefe Hermann Osthoffs an Karl Brugmann 1875-1904. Trier.

H.G.C. von der Gabelentz (1891/1969): Die Sprachwissenschaft. Ihre Aufgaben, Methoden und bisherigen Ergebnisse. Leipzig. 1969: Nachdruck der 2. Auflage von 1901 (Hrsg. G. Narr und U. Petersen). Tübingen.

J. Grimm (1819-1837): Deutsche Grammatik Bd. 1-4. Göttingen.

K. R. Jankowsky (1972): The Neogrammarians. The Hague.

E.F.K. Koerner (Hrsg., 1983): August Schleicher. Linguistics and evolutionary theory: three essays / by August Schleicher, Ernst Haeckel, and Wilhelm Bleek; with an introduction by J. Peter Maher; edited by Konrad Koerner. Amsterdam.

A. Leskien (1876): Die Declination im Slavisch-Litauischen und Germanischen. Preisschrift der Societas Jablonoviana. Leipzig.

A. Leskien (1871/[10]1990): Handbuch der altbulgarischen (altkirchenslavischen) Sprache. Heidelberg.

A. Leskien (1909): Grammatik der altbulgarischen (altkirchenslavischen) Sprache. Heidelberg.

A. Leskien (1919): Litauisches Lesebuch mit Grammatik und Wörterbuch (= Idg. Bibliothek, hrsg. v. H. Hirt und W. Streitberg. 1. Abt., 1. Reihe: Grammatiken 12). Heidelberg.

H. Osthoff, K. Brugmann (1878 ff.): Morphologische Untersuchungen auf dem Gebiete der indogermanischen Sprachen. Leipzig [Photomechanischer Nachdruck als „Documenta Semiotica, Serie I Linguistik" bei Georg Olms Verlag Hildesheim/New York 1974/75].

H. Osthoff (1879): Das physiologische und psychologische Moment in der sprachlichen Formenbildung. Berlin.

H. Paul (1880/[8]1970): Prinzipien der Sprachgeschichte. Halle [8. Aufl. 1968; Studienausgabe dieser Auflage als „Konzepte der Sprach- und Literaturwissenschaft 6". Tübingen 1970].

H. Paul (1881/[23]1989): Mittelhochdeutsche Grammatik. Niemeyer: Halle/Tübingen.

H. Paul (1897/[9]1992): Deutsches Wörterbuch. Niemeyer: Halle/Tübingen.

H. Paul (1916-1920): Deutsche Grammatik (5 Bände). Halle.

R. Rask (1818): Untersuchungen auf dem Gebiete des Altnordischen, oder der Ursprung der isländischen Sprache [dänischer Originaltitel: Undersögelse om det gamle Nordiske eller islandske Sprogs Oprindelse]

M. Reis (1978): Hermann Paul. In: Beiträge zur Geschichte der deutschen Sprache und Literatur 100.

R. Růžička (1977): Historie und Historizität der Junggrammatiker. Sitzungsberichte der Sächsischen Akademie der Wissenschaften, Philologisch-historische Klasse, 119/3. Berlin.

A. Schleicher (1848-1850): Sprachvergleichende Untersuchungen. Band 1, 1848: Zur vergleichenden Sprachgeschichte; Band 2, 1850: Linguistische Untersuchungen: Die Sprachen Europas in systematischer Übersicht. Bonn.

A. Schleicher (1852): Die Formenlehre der kirchenslavischen Sprache, erklärend und vergleichend dargestellt. Bonn.

A. Schleicher (1856/57): Handbuch der litauischen Sprache. Band 1, 1856: Litauische Grammatik; Band 2, 1857: Lesebuch und Glossar. Prag.

A. Schleicher (1861/62): Compendium der vergleichenden Grammatik der indogermanischen Sprachen. Kurzer Abriß einer Laut- und Formenlehre der indogermanischen Ursprache, des altindischen (sanskrit), alteranischen (altbaktrischen), altgriechischen, altitalischen (lateinisch, umbrisch, oskisch), altkeltischen (altirischen), altslavischen (altbulgarischen), litauischen und altdeutschen (gotischen). 2 Bände. Weimar.

A. Schleicher (1863): Die Darwinsche Theorie und die Sprachwissenschaft. Offenes Sendschreiben an Herrn Dr. Ernst Haeckel, ord. Professor der Zoologie und Direktor des Zoologischen Museums an der Universität Jena. Weimar [Wiederabdruck in H. H. Christmann (1977) und in E.F.K. Koerner (Hrsg., (1983)].

A. Schleicher (1868): Eine Fabel in indogermanischer Ursprache. In: Beiträge zur vergleichenden Sprachforschung 5.

H. Schuchardt (1885): Über die Lautgesetze. Gegen die Junggrammatiker. Berlin [Auch in: Hugo Schuchardt-Brevier. Ein Vademecum der allgemeinen Sprachwissenschaft, zusammengestellt und eingeleitet von Leo Spitzer. Halle 1922; reprographischer Nachdruck der 2. Aufl. 1928: Darmstadt 1976].

E. Schwyzer (1990[6]): Griechische Grammatik: auf der Grundlage von Karl Brugmanns Griechischer Grammatik. München.

L. Seppänen (1984): Hermann Paul. In: Sprache und Literatur in Wissenschaft und Unterricht 54, 15. Jg., 2. Halbjahr.

A. Ch. Vostokov (1820): Darlegungen über die slavische Sprache, als Einführung in die Grammatik dieser Sprache dienend, zusammengestellt nach ihren ältesten Schriftdenkmälern [russischer Originaltitel: Rassuždenie o slavjanskom jazyke, služašče vvedeniem k grammatike sego jazyka, sostavljaemoj po drevnejšim onogo pis'mennym pamjatnikam; Handschrift, erst 1856 veröffentlicht]

W. Wundt (1900-1920): Völkerpsychologie. Eine Untersuchung der Entwicklungsgesetze von Sprache, Mythus und Sitte (10 Bde., Band I: Die Sprache). Leipzig.

2. Jan Baudouin de Courtenay (1845-1929)

2.1 Baudouins wissenschaftliche Biographie

Jan Ignacy Niecisław Baudouin de Courtenay[1] gehört zu den bedeutendsten Persönlichkeiten innerhalb der Sprachwissenschaft des 19./20. Jahrhunderts. Er entstammt einer polnischen Familie von ursprünglich französischer Herkunft (eingewandert 1717 aus Avesnes). Geboren wurde er 1845 in der Nähe von Warschau, das damals – in der Zeit nach der dritten Teilung Polens – zum russischen Zarenreich gehörte. Er studierte an der Universität Warschau, promovierte in Leipzig, lehrte an russischen (St. Petersburg und Kasan), russisch-deutschen (Dorpat) und österreichischen (Krakau) Universitäten und kehrte hochbetagt 1918 an die nunmehr polnische Universität Warschau zurück. Baudouin fühlte sich immer als Pole und damit den größten Teil seines Lebens als Vertreter einer nationalen Minderheit, womit sich viele Züge seiner Wissenschaftlerpersönlichkeit erklären lassen.

Baudouin war Slavist, Indogermanist und Sprachtheoretiker. Seine zu einem großen Teil polnisch und russisch geschriebenen Arbeiten sind sehr verstreut und in zum Teil schwer zugänglichen Periodica veröffentlicht; bis auf einige deutsch und französisch geschriebene Publikationen waren vor allem auch seine sprachtheoretischen Ansichten deshalb im Ausland weniger bekannt, als ihrer Bedeutung angemessen ist. Roman Jakobson forderte aus diesem Grunde schon 1929 in seinem Nekrolog ein „Baudouin-Brevier" nach dem Vorbild des von Leo Spitzer herausgegebenen „Hugo Schuchardt-Breviers". Erst 1963 jedoch erschien eine russische Werkausgabe in zwei Bänden, 1972 eine englische, erst 1974 eine polnische Ausgabe; 1984 publizierte J. Mugdan einige der deutsch geschriebenen Artikel Baudouins[2]. Baudouins dennoch beträchtlicher Einfluß auf die Wissenschaftsentwicklung ist damit zu erklären, daß er in Leipzig durch Studium und Promotion in die junggrammatische Tradition hineinwuchs, ja diese mitbegründete, daß er mit Hermann Paul, Ferdinand de Saussure, Hugo Schuchardt, Jooseppi Mikkola (Finnland), Antoine Meillet (Frankreich), Otto Jespersen (Dänemark) und anderen eine wissenschaftliche Korrespondenz führ-

---

[1] In russischen Veröffentlichungen Ivan Aleksandrovič Boduėn de Kurtenė.
[2] Vgl. die genaueren bibliographischen Angaben unter **2.4** am Kapitelende.

te und daß schließlich die Mitinitiatoren des Prager Linguistenkreises Roman Jakobson, Serge Karcevski und Nikolaj Trubetzkoy an russischen Universitäten von Schülern Baudouins ausgebildet worden sind.

Doch zunächst ein kurzer Abriß seiner wissenschaftlichen Biographie. Sein Studium in Warschau (an der „Szkoła Główna", der polnischen Hochschule, die sich im russischen Reich nicht Universität nennen durfte) ergänzte Baudouin de Courtenay durch einen Studienaufenthalt in Deutschland 1867/1868, und zwar in Jena bei August Schleicher. 1870 war er in Leipzig August Leskiens erster Promovend mit der Dissertation „Die Wirkung der Analogie in der polnischen Deklination" (vgl. auch Baudouin (1870/1868). Mit dieser Arbeit trug Baudouin entscheidend zur Schaffung des junggrammatischen Paradigmas mit seinen Eckpfeilern Lautgesetz und Analogie (vgl. Kap. 1) bei. In den folgenden Abschnitten wird erörtert, inwieweit er dieser Richtung auch späterhin verpflichtet blieb. – Zurückgekehrt nach Rußland, war Baudouin ab 1871 zunächst Privatdozent für allgemeine und vergleichende Sprachwissenschaft in St. Petersburg und folgte dann 1875 einem Ruf nach Kasan, zunächst als Dozent, ab 1876 hatte er eine ordentliche Professur. Die folgenden acht Jahre an der Kasaner Universität können – auch wegen der hervorragenden Studenten und Mitarbeiter – als die möglicherweise bedeutendsten für sein wissenschaftliches Schaffen angesehen werden. Die Kasaner Zeit wird im Abschnitt über Baudouins Beitrag zur Phonetik/Phonologie gewürdigt. – 1883 wurde Baudouin nach Dorpat berufen, eine estnische Stadt innerhalb des russischen Reiches, an deren Universität Russisch und Deutsch Lehrsprachen waren. Gerade in diesen achtziger Jahren setzte in Dorpat eine verstärkte Russifizierungskampagne ein (die Stadt selbst wurde in „Jur'ev" umbenannt), Baudouin hat auf seine Weise dazu Stellung genommen, siehe unter **2.2.3**. Jetzt ist die Stadt wieder estnisch und trägt ihren alten Namen Tartu, ihre Universität hat bis heute einen sehr guten Ruf.

1893 ging Baudouin an die Universität von Kraków/Krakau, eine Stadt, die damals zur österreichischen Monarchie gehörte. Auch hier hatte er Schüler, die später bedeutende Wissenschaftler wurden (z. B. Henryk Ułaszyn und Kazimierz Nitsch). Krakau mußte er 1901 verlassen, seine Professur, die er als Pole nur befristet erhalten hatte, wurde nicht verlängert. Er ging nach Petersburg zurück und übernahm den Lehrstuhl für vergleichende Sprachwissenschaft und Sanskrit. Neben der „Kasaner Schule" ist die Begründung der „Petersburger Schule" mit später so bekannten Linguisten wie Max Vasmer, L.V. Ščerba und E.D.Polivanov der zweite wichtige Zeitabschnitt in Baudouins wissenschaftlichem Leben. – Als 1918 in der Folge des Ersten Weltkrieges der polnische Staat (wieder)gegründet wurde, ging Baudouin in seine Heimat zurück und übernahm mit nun schon 73 Jahren eine Honorarprofessur für Sprachwissenschaft an der Universität Warschau. – Am Rande vermerkt: Sein Engagement für nationale Minderheiten würdigte die Vereinigung dieser Minderheiten innerhalb der Republik Polen (Ukrainer, Weißrussen, Deutsche, Juden, Litauer), indem sie ihn als Kandidaten für das Amt des Staatspräsidenten aufstellte. – 1929 starb Jan Baudouin de Courtenay.

2.2 Die wichtigsten Forschungsgebiete Baudouin de Courtenays

Baudouin de Courtenay hat ein breites Spektrum sprachwissenschaftlicher Fragestellungen bearbeitet, er hat neben allgemeintheoretischen Themen auch zur Phonetik, Morphologie, Syntax, Lexikologie, Etymologie, Dialektologie, Sprachtypologie u. a. geforscht und über diese Gebiete gelehrt. Die Literaturangaben am Ende des Kapitels zeigen nur eine sehr kleine Auswahl aus der Liste seiner etwa 400 Publikationen. Im folgenden werden kurz vorgestellt: Baudouins Ansichten zu Gegenstand und Methoden der Sprachwissenschaft (**2.2.1**), seine Arbeiten zur Phonetik/Phonologie (**2.2.2**), seine Neuerungen im Bereich der Sprachtypologie (**2.2.3**), seine sprachsoziologischen Arbeiten, insbesondere zur Dialektforschung (**2.2.4**), dazu unter „Weitere Forschungsgebiete" (**2.2.5**) die Kindersprache und die Welthilfssprachenproblematik.

2.2.1 Gegenstand und Methoden der Sprachwissenschaft

Baudouin hat seine Ansichten über die Wissenschaft von der Sprache niemals zusammenhängend niedergeschrieben. Es werden deshalb im folgenden 10 Thesen formuliert, die sich aus seinen Einzelarbeiten zusammenstellen lassen. Einige von ihnen sind in seiner Antrittsvorlesung in St. Petersburg im Jahre 1870 (veröffentlicht 1871) berührt, die angeführten Zitate sind diesem Text entnommen. Diese Vorlesung mit dem Titel (übersetzt) „Einige allgemeine Bemerkungen über Sprachwissenschaft und Sprache", unmittelbar nach seiner Leipziger Promotion und seiner Rückkehr aus Deutschland gehalten, ist deshalb bemerkenswert, weil in ihr der Bezug auf die junggrammatischen Ansichten noch ganz frisch ist:

1. Weder eine beschreibende noch eine apriorische Betrachtung der Sprache ist wissenschaftlich, sondern wahrhaft wissenschaftlich ist nur die historische Sprachbetrachtung mit Verallgemeinerung der Fakten und Aufsuchen der Kräfte und Gesetze, die in der Sprache wirken, ihr Leben und ihre Entwicklung bestimmen.

Baudouin schließt sich hier der junggrammatischen Auffassung an (die insbesondere H. Paul später so pointiert formulieren sollte, vgl. **1.2.2**):

> Die wahrhaft wissenschaftliche, *historische,* genetische Richtung betrachtet die Sprache als Summe realer Erscheinungen, realer Fakten, und muß folglich die Wissenschaft, die sich mit der Auswahl dieser Fakten beschäftigt, zu den induktiven Wissenschaften zählen. Die Aufgabe der induktiven Wissenschaften besteht 1. in der Erklärung der Erscheinungen durch Vergleichung und 2. im Aufsuchen der Kräfte und Gesetze, d. h.

der grundlegenden Kategorien oder Begriffe, die die Erscheinungen verknüpfen und sie als ununterbrochene Kette von Ursache und Folge darstellen. (1963, 55)

Zum junggrammatischen Begriff des „Lautgesetzes" nahm Baudouin später eine etwas distanzierte Haltung ein. 1910 lehnte er in einem polnischen Artikel[3] das Mechanische in ihrem Wirken ab und betonte, daß ein ganzes Netz beeinflussender Faktoren, die sich ergänzen, aber auch widersprechen können, zu beachten sei; man solle deshalb den Begriff „Gesetz" vermeiden.

Zur Methode der Sprachwissenschaft merkt er an, die Bezeichnungen „vergleichende Sprachwissenschaft", „vergleichende Sprachforschung" (er gibt in Klammern auch die deutschen Termini) seien Tautologien,

> denn der Vergleich ist eine der unabdingbaren Operationen aller Wissenschaften – auf ihm beruht überhaupt der Denkprozeß: vergleicht doch der Mathematiker Größen und erhält so die Daten für seine synthetischen und deduktiven Überlegungen, kann doch der Historiker nur durch Vergleich unterschiedlicher Entwicklungsstufen einer bestimmten Erscheinungsform der Menschheit irgendwelche Schlußfolgerungen ziehen. [...] Die Rolle, die der Vergleich in der Sprachwissenschaft spielt, spielt er in allen induktiven Wissenschaften. [...] Im übrigen kann man eine Wissenschaft nennen, wie man will, und insbesondere kann man sie als 'vergleichende' titulieren, wenn man nur weiß, daß der Vergleich hier nicht Ziel, sondern nur eines der Mittel ist, und daß er nicht ausschließliches Privileg der Sprachwissenschaft ist, sondern gemeinsames Gut ausnahmslos aller Wissenschaften. (1963, 56/57)

2. Die Sprache ist kein Organismus, sondern Werkzeug und Tätigkeit, sie lebt einzig und allein in ihren Trägern.

Dies ist die junggrammatische Abwendung von August Schleicher. Später, im Vorwort zu den „Morphologischen Untersuchungen" 1878 (vgl. Kap. **1.2.2**), wird die Sprache als „psychophysische Tätigkeit" bezeichnet werden. Baudouin schreibt:

> Wer die Sprache für einen Organismus hält, personifiziert sie, betrachtet sie losgelöst von ihrem Träger, dem Menschen und muß auch die Erzählung eines Franzosen für wahrscheinlich halten, nach der 1812 [beim Rußlandfeldzug, B.B.] die Worte nicht ans Ohr des Hörers gelangten, weil sie auf halbem Wege festfroren. (1963, 75/76)

3. Ursprachliche Formen sollen rekonstruiert werden, aber der Forscher muß sich darüber im klaren sein, daß diese Rekonstruktion zu Konstrukten führt, nicht zu realen Sprachformen.

Auch dies ist eine der Grundannahmen der Junggrammatiker. Baudouin schrieb schon 1871:

---

[3] „O prawach głosowych" (Über die Lautgesetze) – mit französischem Resümee – erschienen im Rocznik slawistyczny 3, Kraków, 9/10.

Besonders wichtig und für die Wissenschaft unabdingbar ist es, die sogenannten „Ursprachen" und „Grundsprachen"[4] zu rekonstruieren, d. h. Sprachen, deren unterschiedliche Abwandlungen je eine Gruppe real gegebener Sprachen darstellen. Dabei muß man beachten, daß diese Ur- und Grundsprachen, wie sie von der Wissenschaft rekonstruiert worden sind, keinen Komplex realer Erscheinungen darstellen, sondern nur einen Komplex wissenschaftlicher Fakten, die auf deduktivem Wege gefunden wurden. (1963, 70, Anm. 35)

4. Entscheidend ist die psychologische Betrachtungsweise: Die Analogie ist der psychische Faktor bei der Lautentwicklung; psychisch real ist nur die Sprache des Individuums.

Wie die Junggrammatiker hat Baudouin eine individualpsychologische Grundhaltung eingenommen und auch später immer beibehalten. Eine besondere Rolle hat dies für seine Phonemauffassung gespielt, vgl. weiter unten unter **2.2.2.**

Bereits in dieser frühen Schrift 1871 beginnend, löste sich Baudouin jedoch bei bestimmten Themen von den Thesen der Junggrammatiker. Dazu gehören:

5. Er akzeptiert einen Teilbereich der reinen Sprachwissenschaft (Gegensatz: angewandte Sprachwissenschaft), der nicht historische Sprachwissenschaft ist, sondern die Beziehungen zwischen Sprache und Sprachträger erforscht, also (in der Humboldtschen Tradition) den Einfluß der Weltsicht des Volkes auf die Entwicklung der Sprache und umgekehrt sowie verwandte Themenstellungen:

Im zweiten Komplex der reinen Sprachwissenschaft werden Fragen behandelt, die außerhalb der Grenzen der historischen Fakten liegen: der Anfang der menschlichen Sprache [...], die psychisch-physiologischen Bedingungen ihrer ununterbrochenen Existenz, der Einfluß der Weltsicht des Volkes auf eine spezifische Entwicklung der Sprache und umgekehrt der Einfluß der Sprache auf die Weltsicht ihrer Träger [...]. Viele Sprachforscher rechnen diese Fragen zur Anthropologie und Psychologie; mir aber scheint, daß sie, da sie auf die Sprache Bezug nehmen, auch von Seiten der Sprachwisssenschaft betrachtet werden müssen, um so mehr, als zu ihrer Lösung Fakten aus [...] der Sprachgeschichte herangezogen werden müssen. (1963, 74)

6. Baudouin betonte nicht nur die Bedeutung der lebenden Sprache für die Sprachwissenschaft – das taten auch die Junggrammatiker –, sondern er arbeitete selbst an lebenden Sprachen. Das belegen seine über Jahrzehnte hin betriebenen Feldstudien auf dem Gebiet der Dialektologie (vgl. unter **2.2.4**) ebenso wie Arbeiten zur Lautphysiologie (**2.2.2**), zur Kindersprache (**2.2.5**) u. a. Das folgende Zitat charakterisiert seine Haltung zur Erforschung lebender Sprachen:

---

[4] Baudouin gibt im russischen Text diese Termini in Klammern deutsch an.

(Erstens:) das unmittelbar gegebene Material, die *lebenden Sprachen* der Völker in all ihrer Vielfalt. Ein solches Material stellen die Sprachen dar, die gegenwärtig leben und dem Forscher zugänglich sind. Hierzu muß man die Volkssprache rechnen, die Umgangssprache aller Gesellschaftsschichten dieses Volkes, nicht nur derer, die in Kaftan und Bauernrock gehen, sondern auch der im Gehrock, nicht nur die Sprache des sogenannten einfachen Volkes, sondern auch die Umgangssprache der sogenannten gebildeten Klasse. (1963, 62, Fn. 27)

7. Trotz alleiniger Akzeptierung der Sprache des Individuums schließt Baudouins Psychologismus soziale Faktoren nicht aus. Die Sprache ist für ihn eine psychisch-gesellschaftliche Erscheinung; die Individuen, die über Sprachfähigkeit verfügen, müssen auch unter sozialem Aspekt betrachtet werden.

8. In der Phonetik muß eine strikte Trennung zwischen Laut und Buchstaben durchgeführt werden, die auch Konsequenzen für die Morphologie hat. Vom Laut muß das Phonem unterschieden werden. In späteren Jahren, insbesondere in der zweiten Petersburger Zeit, bekam das Phonem bei Baudouin eine zu stark psychologische Ausdeutung, vgl. dazu unter **2.2.2.** Im vorliegenden Text der Vorlesung von 1870 kommt das noch nicht zum Ausdruck, wohl aber folgende Überlegung:

9. Laut und Bedeutung sind untrennbar verbunden, nicht nur die Form, sondern auch deren Funktion muß erforscht werden.

Baudouin trennt zwischen Lautphysiologie und dem „morphologischen Standpunkt", d. h. der Rolle der Laute im Mechanismus der Sprache, womit eine funktionale Analyse im Sinne der Phonologie (und sogar Morphonologie, siehe im Kapitel über den Prager Linguistenkreis) angedeutet wird.

10. Es gibt für Baudouin zwei Dichotomien, die für die Sprachtheorie grundlegend sind, erstens die zwischen der menschlichen Sprechfähigkeit und den Einzelsprachen, zweitens die zwischen der Sprache „in potentia" und der Sprache als sich ständig wiederholendem Prozeß in der Verständigung zwischen den Menschen. Dazu kommt die Unterscheidung in Statik und Dynamik der Sprache; es gibt für ihn keine Unbeweglichkeit in der Sprache, die Statik ist nur ein Sonderfall der Dynamik. Folglich muß es gleichberechtigt statische und dynamische Methoden der Sprachforschung geben (vgl. These 5 und 6).

2.2.2 Phonetik/Phonologie

Baudouin hat sich mit der Untersuchung des Lautes unter den verschiedensten Aspekten beschäftigt. Er interessierte sich für akustische Untersuchungen – so waren es Schüler von ihm, die die ersten phonetischen Laboratorien in Rußland gründeten (Bogorodickij in Kasan, Bulič in St. Petersburg); ihn fesselte die mechanische Aufzeichnung von Lauten (1883 hielt er in Kasan einen Vortrag „Über Fabers sprechende Maschine"); bemerkenswert sind seine Abgrenzung des Lautes vom Buchstaben, die Forderung nach statistischen Arbeiten zur Buchstabenhäufigkeit und die Vorarbeit zu einer Orthographiereform für das Russische (die später von seinem Schüler Lev Ščerba und anderen weitergeführt und nach der Revolution 1917 realisiert wurde) u. a. m.

Den größten Einfluß auf die Weiterentwicklung der Linguistik in diesem Bereich hat aber Baudouins Trennung von Laut und Phonem gehabt. Oft wird in der Literatur seine phonologische Forschung mit der Kasaner Zeit identifiziert, doch hat ihn seit ersten Äußerungen dazu in seiner Antrittsvorlesung in Petersburg 1870 dieses Thema sein ganzes Leben hindurch beschäftigt. Die „Kasaner Schule" ist allerdings eine feste Größe in der Wissenschaftsgeschichte geworden, nicht zuletzt wohl auch wegen Roman Jakobsons viel beachtetem Aufsatz 1960 (1971)[5]. Jakobson nennt sie die „Kasaner Schule der polnischen Linguistik", in Anbetracht der beiden Polen Baudouin de Courtenay und Kruszewski; die heutigen Linguisten in Kasan möchten lieber von einer „internationalen Kasaner Schule" sprechen, da auch Russen (V.A. Bogorodickij), Deutsche (W. Radloff), Tataren (N.S. Kukuranov) und andere zu dieser Zeit hier wirkten (so formuliert auf einer Konferenz zu Ehren Baudouins 1989). Mittelpunkt war auf jeden Fall Baudouin de Courtenay, auch die Bezeichnung „Schule" ist angemessen. Geforscht wurde vor allem zu Phonetik, Morphologie und Lexikologie slavischer und anderer Sprachen.

Im folgenden soll kurz auf Baudouins Auffassungen zum Phonem eingegangen werden, bei denen sich drei Aspekte unterscheiden lassen, die teilweise zeitlich nacheinander ausgearbeitet wurden. Es sind dies:

1. Das Phonem ist das psychische Äquivalent des Lautes.

Laute sind Bestandteile von Silben, ihre Untersuchung ist eng mit Akustik und Physiologie verbunden, sie sind objektiv meßbar.

Phoneme sind Verallgemeinerungen, subjektive Vorstellungen, ihre Untersuchung ist mit Psychologie und Soziologie verbunden. Baudouin ordnete beide Einheiten unterschiedlichen Disziplinen zu, 1870 sprach er von „Lautphysio-

---

[5] Zu Jakobson siehe Kapitel 4.

logie" und „funktionaler Analyse", später von „Anthropophonik" und „Psychophonetik". Im „Versuch einer Theorie phonetischer Alternationen. Ein Kapitel aus der Psychophonetik" (1895) sind die bis in die achtziger Jahre vorhandenen Bezüge des Phonems zu seiner Lautgestalt aufgegeben, es wird ausschließlich psychologisch definiert:

> Erklärung und Definition einiger Termini: Phonem = eine einheitliche, der phonetischen Welt angehörende Vorstellung, welche mittelst psychischer Verschmelzung der durch die Aussprache eines und desselben Lautes erhaltenen Eindrücke in der Seele entsteht = der psychische Äquivalent des Sprachlautes. (1895, 9)

2. Das Phonem läßt sich in kleinere Bestandteile zerlegen.

Beginnend in „Einige Abschnitte der vergleichenden Grammatik der slavischen Sprachen" (1881), arbeitete Baudouin diesen zweiten Aspekt heraus. Er unterschied dann – in „Über die Lautgesetze" (1910, 10, in polnischer Sprache) – (a) Ausspracheelemente („Kineme") und (b) auditive Elemente („Akusmen") als „Doppeleinheiten", also gleichzeitig auftretende, unzertrennbare Paare.

3. Phoneme sind Bestandteile von Morphemen.

Der „morphologische Standpunkt" besagt, man müsse „die Rolle der Laute im Mechanismus der Sprache untersuchen" (1870/71). Phoneme haben selbst keine Bedeutung, können aber (a) semantisiert werden, d. h. zur Bedeutungsunterscheidung dienen wie g : k im Anlaut von Garten : Karten, und (b) morphologisiert werden, d.h. morphologische Funktionen erfüllen wie der Umlaut zum Ausdruck von Numerus (*Mutter : Mütter*) oder Diminutivum (*Kuß : Küßchen*).

Die Aspekte 1.-3. wurden in der Baudouin-Nachfolge aufgegriffen und weiterentwickelt. Der psychologische (1.) und der differentielle (2.) Aspekt ging in die Theorie der Phonologie ein, in Rußland in den unterschiedlichen Schulen von Petersburg und Moskau, in Westeuropa insbesondere im Prager Linguistenkreis (N.S. Trubetzkoy und R. Jakobson); Baudouins morphologischer Standpunkt (3.) wurde zur Grundlage der Morpho(pho)nologie Trubetzkoys und – unausgesprochen, aber deutlich durch Jakobson vermittelt – der generativen Phonologie der USA.

Aus Platzgründen muß hier auf eine Behandlung von Mikołaj Kruszewski (1851-1887) verzichtet werden, einem Schüler und wissenschaftlichen Partner Baudouins in seiner Kasaner Zeit, der maßgeblichen Anteil an der Entwicklung der phonologischen und morphologischen Gedanken hatte. Interessenten seien auf die in den Literaturangaben zu diesem Kapitel angeführten Originalarbeiten und auf die Sekundärliteratur verwiesen.

2.2.3 Sprachtypologie

Baudouins insgesamt beeindruckende Neuerungen im Bereich der Sprachtypologie sind dargelegt insbesondere in folgenden Arbeiten: den Lehrkonzeptionen für die Studienjahre 1876/77 (publiziert 1877) und 1877/78 (1879), dem 1. Dorpater Vortrag 1888 („Über die Aufgaben der Sprachwissenschaft") und dem (im Original russischsprachigen) Aufsatz „Über den Mischcharakter aller Sprachen", ursprünglich die Einführungsvorlesung zum Zyklus „Vergleichende Grammatik der slavischen Sprachen im Zusammenhang mit den anderen indoeuropäischen Sprachen" aus dem Jahre 1900. – Die morphologische Typologie des 19. Jh.'s ist in der Humboldt-Nachfolge vor allem mit dem Namen H. Steinthals verbunden, die vorgeschlagenen Typen werden meist als isolierender – agglutinierender – flektierender – inkorporierender Sprachtyp bezeichnet. Die Junggrammatiker hatten in die Diskussion um diese Typen zwei Überlegungen eingebracht: Für sie war nur die Sprache des Individuums real, die Gesamtsprache eine Fiktion, folglich sei auch die Typenzuordnung für Gesamtsprachen eine Fiktion; die Akzeptierung nur der Individualsprachen bedinge darüber hinaus, daß „in einem fort Sprachmischung stattfinde", der Sprechende beeinflusse bei jeder Äußerung „die auf die Sprache bezüglichen Vorstellungsmassen der Hörenden" (H. Paul).

Baudouin machte sich in seiner Grundhaltung zur Typologie genau diese Argumente zu eigen und entwickelte auf ihrer Basis eine neuartige Sprachtypologie.

1877 notierte er in seiner Konzeption unter „Klassifikation der Sprachen" als Themen: Fällt die genetische Verwandtschaft der Sprachen notwendig zusammen mit Übereinstimmung im morphologischen Typ?; Prinzipien der morphologischen Klassifikation; Kritik der Graduierung der Vollkommenheit; Ist eine morphologische Klassifikation überhaupt möglich?; Frage der Mischsprachen. 1879 ergänzt er: Welche morphologischen und syntaktischen Momente müssen für die morphologische (strukturelle) Klassifikation der Sprachen herangezogen werden? – Mit dieser Themensetzung für seine Kasaner Vorlesungsreihen umriß Baudouin bereits Ende der siebziger Jahre sein typologisches Programm:

1. Genealogische Klassifikation (in Sprachfamilien) allein bedeutet Verzicht auf den Vergleich moderner Sprachen hinsichtlich ihres grammatischen Baues unabhängig von Vorhandensein oder Grad der Sprachverwandtschaft. Eine deshalb nötige typologische Forschung könne außerdem auch zur Auffindung universeller sprachlicher Kategorien auf allen Ebenen genutzt werden.

2. Genetisch verwandte Sprachen sind nicht notwendig einheitlich in ihrem grammatischen Bau, vgl. Französisch, das gegenüber Latein vom flektierenden Typ weg zur Agglutination tendiert, Englisch gegenüber anderen germanischen Sprachen, das der Isolierung wie im (nichtverwandten) Chinesischen nahekommt usw. Das heißt, genealogische und typologische Forschung müssen beide und unabhängig voneinander betrieben werden.

3. Eine wichtige Schlußfolgerung, die in der Kritik bisheriger typologischer Forschung mündet, lautet: **Sprachtypen sind nicht ewig und unveränderlich.**

Zu dem temporären Aspekt, daß zur Zeit eine morphologische Typologie kaum möglich sei, da es noch zu viele nicht erforschte Sprachen gibt, tritt also auch ein prinzipieller Aspekt, der Baudouin generell an der Möglichkeit und am Sinn einer starren Typenzuordnung zweifeln läßt; selbst die als Beispiel eines geschlossenen flektierenden Typs betrachteten ide. Sprachen bröckeln ja auseinander.

4. Als Kernstück seiner Sprachtypologie entwickelte Baudouin die Theorie von den **Mischsprachen** (vor allem 1888 und 1900), für die Hermann Pauls These von der immerwährenden Sprachmischung den Ausgangspunkt bildet. Baudouin formulierte: Alle existierenden und jemals existiert habenden Sprachen entstanden auf dem Wege der Mischung! „Mischsprachen" sind erstens die gegenwärtig zu beobachtenden tatsächlich durch Mischung entstandenen natürlichen Kommunikationsmittel wie Pidgins (z.B. aus Chinesisch und Englisch im Süden Chinas), kreolische Sprachen u.a., zweitens künstlich geschaffene Sprachen wie Esperanto u. a. (vgl. **2.2.5**). Darüber hinaus zweifelte Baudouin aber auch die Reinheit jeder beliebigen Sprache an, in jeder Sprache gäbe es fremde Elemente, jede Sprache sei demnach gemischt. Die Mischung kann in zwei Dimensionen erfolgen: geographisch-territorial und chronologisch. Letzteres liegt vor bei der gegenseitigen Beeinflussung einer alten religiösen bzw. rituellen Sprache und einer modernen, ersteres ist die Voraussetzung für jede auf natürlichem Wege verlaufende Mischung. Mit seinen Worten:

> Völker und Stämme lebten und leben in unmittelbarer Nachbarschaft oder auch durcheinander. An den Völker- und Stammesgrenzen entsteht notwendig Mehrsprachigkeit, die zur Sprachmischung führt.
>
> Das Nomadenleben, Kriegszüge und Kriegsdienst überhaupt, der Raub von Frauen und Sklaven bei feindlichen Stämmen, später der Handel und wissenschaftlicher Austausch usw. – all das sind Faktoren, die der Sprachmischung förderlich sind. (1963, 364)

Baudouin diskutiert dann an einigen Sprachen die an der Mischung beteiligten Elemente; so zeigt er, daß die slovenischen Resia-Dialekte (vgl. **2.2.4**) nur durch romanischen Einfluß erklärbar sind, daß andererseits deutsche Siedler in diesem Gebiet „sloveniskert" werden; er verfolgt die für das Lettische, Armenische und andere Sprachen erkennbaren Mischungspartner. Armenier in Nachbarschaft zu Kaukasiern, Letten neben den ostseefinnischen Esten, slavische Bulgaren neben Griechen, Albanern, Rumänen und Türken – mit diesem Vergleich genetisch unterschiedlicher, aber territorial benachbarter Sprachgebiete gab Baudouin den

Anstoß zur späteren Theorie der Sprachbünde, wie sie im Prager Kreis entwickelt wurde (vgl. Kap. 4).

5. Wichtig ist Baudouins sozusagen **strukturelle Interpretation der Mischung.** Sie wirkt sich in zweierlei Hinsicht aus: Zunächst heißt Mischung natürlich Aufnahme fremder Elemente, weiterhin äußere sich Mischung aber auch darin, daß Formen schneller vereinfacht werden u. a. m., vgl.:

> Der Einfluß der Sprachmischung zeigt sich in zwei Richtungen: Einerseits führt sie in die gegebene Sprache Elemente einer fremden Sprache ein (Wörter, syntaktische Wendungen, Formen, Aussprache); andererseits ist sie schuld an der Abschwächung von Grad und Stärke der Differenzierung einzelner Teile der gegebenen Sprache selbst. Durch ihren Einfluß gehen Vereinfachung und Vermischung von Formen sehr viel schneller vor sich, desgleichen der Fortfall nichtnotweniger Unterscheidungen, die Analogiewirkung, der Verlust flektierender Deklination und Ersatz durch Formen mit Präposition [...], der Verlust der morphologisierten beweglichen Betonung usw. (1963, 366)

6. Mit dem Konzept der Sprachmischung höhlte Baudouin die bisherige Typologie gewissermaßen von innen her aus. Die Mischung erfaßt für ihn sowohl lexikalische Elemente als auch Strukturprinzipien, sie erklärt, wieso die Typenzugehörigkeit einer Sprache sich verändern kann. Baudouins Kritik an der schematischen Zuordnung zu starren Sprachtypen führte ihn zu eigenen Vorschlägen für eine neue Typologie, die den Sprachsystemen adäquater sein könnte. Er strebte keine **Klassifikation** an, sondern vergleichende **Charakterisierung** unter Berücksichtigung vieler Einzelmomente aus unterschiedlichen sprachlichen Ebenen.

Aus den Punkten 1.-6. ergibt sich folgerichtig Baudouins Einstellung zu einer Bewertung von Sprachen in bessere und schlechtere, mehr entwickelte und weniger entwickelte. Er nimmt jeder solchen Wertung die Grundlage, z. B. der Annahme, die flektierenden ide. Sprachen seien der Gipfel der Vollkommenheit. Er bezeichnete es als vorgefaßte Idee und als „indogermanischen Dünkel", z. B. das isolierende Chinesische als etwas relativ Primitives hinzustellen, wo doch das ständige Ineinanderfließen der Typen überall beobachtet werden kann (vgl. den Weg des Englischen hin zur Isolierung).

2.2.4 Sprachsoziologie

Erst mit dem Anwachsen des Interesses an sprachsoziologischen (soziolinguistischen) Themen bemerkten die Linguisten, daß Baudouin auch in diesem Bereich wichtige Vorarbeiten geleistet hat. Er forschte zu sozialen Varietäten, zu Sprachkontakten und Minderheitensprachen, wozu ihm seine Lebensstationen reichlich Gelegenheit boten. Selbst Pole im russischen Reich, traf er dann z. B. in Kasan auf indoeuropäische, türkische und finnougrische Nationalitäten – Lehrsprache an dieser östlichsten Universität Rußlands war per Dekret

Russisch; in Tartu/Dorpat/Jur'ev lebten neben Esten auch Deutsche und Russen, in Krakau Österreicher, Polen, Ukrainer, Juden u.a. Der Humanist Baudouin de Courtenay beließ es nie bei Sprachstudien hierzu, er kämpfte auch publizistisch gegen Chauvinismus und nationale und sprachliche Unterdrückung an (vgl. dazu auch Calvet (1978) und Glück (1986)).

Doch nicht hierauf soll im folgenden eingegangen werden, sondern auf Baudouins Studien zur territorialen Varianz anhand von Beobachtungen an den slovenischen Dialekten um Resia in Norditalien. 1872 war er zum ersten Mal, mit einem Stipendium, im Friaul, 1875 entstand als Ergebnis der „Versuch einer Phonetik der resianischen Dialekte", mit dem er sich habilitierte. Er war dann mehrmals im Gebiet von Resia und studierte die Weiterentwicklung der in diesem Raum gesprochenen Dialekte, ihre Beeinflussung durch die italienische Umgebung und ihre aktive Assimilierung deutschsprachiger Siedler. In Detailfragen sind ihm dabei auch Ungenauigkeiten unterlaufen, z.B. ist sein Beharren auf einem finnougrischen Substrat nicht zu rechtfertigen, aber insgesamt sind diese über Jahrzehnte betriebenen Studien zur Dialektologie beispielhaft.

In diesem Zusammenhang muß auch erwähnt werden, daß Baudouin 1912 die wissenschaftlichen Akademien der slavischen Staaten zur Koordination ihrer Dialektforschungen aufforderte, um auf dieser Grundlage Sprachkarten erstellen zu können. Später wurde diese Anregung aufgegriffen, der slavische Sprachatlas ist in Arbeit.

Baudouins Dialektstudien waren auch Anstoß und Materialgrundlage für seine typologischen Forschungen mit dem Konzept der „Mischsprachen" (vgl. 2.2.3), sie wurden somit über reine Dokumentierung der sprachlichen Situation in einem geographischen Raum hinaus auch Bestandteil der Theoriebildung.

2.2.5 Weitere Forschungsgebiete

Aus der Vielzahl der übrigen Bereiche, zu denen Baudouin gearbeitet und publiziert hat, sollen nun noch die **Kindersprache** und die **Welthilfssprachenproblematik** erwähnt werden.

Bereits eine der frühesten Publikationen Baudouin de Courtenays befaßte sich mit dem Erstspracherwerb bei Kindern (siehe Baudouin (1869)); dieses Thema hat ihn auch später immer interessiert (siehe z.B. Baudouin (1885/1886)). Es war dies kein nur theoretisches Interesse, Baudouins Fähigkeit zu genauer Beobachtung fand hier ein ausgezeichnetes Betätigungsfeld: seine eigenen Kinder. Baudouin führte akribisch Buch über ihren Spracherwerb, insbesondere den seiner Tochter Ewelina (geb. 1892; Beobachtungen bis ins Erwachsenenalter!), weil sie – in der Krakauer Zeit geboren – die für die Spracherlernung wichtigen Jahre in überwiegend polnischsprachiger Umgebung verbrachte. Baudouin soll insgesamt 473 Hefte, über 13000 Seiten, mit 11452 Sprachaufzeichnungen hinterlassen haben (lt. Mugdan 1984).

Nach der Erfindung des Esperanto 1887 durch den polnischen Augenarzt Ludwig Zamenhof und weiterer künstlicher Sprachen, insbesondere des Ido (1907 durch den französischen Logiker L. Couturat)[6], begann auch unter Linguisten die Diskussion um Vorzüge und Nutzen künstlich geschaffener Sprachen. Öffentlich ausgetragen wurde diese Kontroverse zwischen Karl Brugmann und August Leskien einerseits (vgl. Brugmann/Leskien (1907)) und Baudouin de Courtenay (1907), auch (1909), sowie Häusler (1981)) andererseits. Während Brugmann/Leskien im Esperanto „Konstruktionsfehler" auflisteten, Inkonsequenzen in der Formen- und Wortbildung, die ja erklärtermaßen frei von allen Ausnahmen und besonders leicht zu erlernen sein sollten, setzte Baudouin dem ein humanistisches Grundanliegen entgegen: Seiner Ansicht nach war jeder Versuch, auch ein nicht völlig gelungener, zu begrüßen, der der Verständigung zwischen den Völkern dienen könnte. Baudouin war neben Otto Jespersen Vizepräsident der ständigen Kommission der „Delegation zur Annahme einer internationalen Hilfssprache". Als zukünftige Anwendungsbereiche einer Welthilfssprache sah er internationale Kongresse und den internationalen Verkehr mit kleineren, weniger verbreitete Sprachen redenden Völkern an (vgl. Baudouin (1907); wieder: (1976)). Hier zeigt sich erneut Baudouins lebenslanges Bemühen – auch außerhalb seines Wirkens als Linguist – um Hilfe und Förderung von Minderheiten und um ein friedliches Miteinanderleben unterschiedlicher Sprachgemeinschaften. Es stellt ein weiteres Mosaiksteinchen für das Bild des Wissenschaftlers und Menschen J. Baudouin de Courtenay dar.

2.3 Baudouins Einfluß auf die Sprachwissenschaft des 20. Jahrhunderts

A. A. Leont'ev, der auch Mitherausgeber der russischen Werkausgabe 1963 war, schrieb 1960:

> Jede nachfolgende Generation von Sprachwissenschaftlern entdeckt in ihm etwas Neues, das gerade für diese Etappe in der Entwicklung der Linguistik wesentlich ist. Auch in unserer Zeit hat Baudouin de Courtenay etwas zu geben. (zitiert nach Mugdan 1984, 190)

---

[6] „ido" bedeutet im Esperanto „Sprößling, Nachkomme", es ist also eine aus dem Esperanto abgeleitete Sprache damit bezeichnet.

Schon 1929 hatte Roman Jakobson in seinem Nekrolog die einzigartige Stellung Baudouins in der Linguistik seiner Zeit unterstrichen: Er war Mitbegründer der junggrammatischen Schule durch seine Leipziger Dissertation über die Rolle der grammatischen Analogie, zugleich nahm er aber das junggrammatische Kredo auch in seiner Forderung nach Untersuchung der lebenden Sprachen ernst, erforschte Dialekte, die Umgangssprachen einzelner Gesellschaftsschichten, berufliche Sondersprachen und die Pathologie der Sprache (Kindersprache und Sprachstörungen); er betrachtete Sprache als Tätigkeit und untersuchte ihre Funktionen, dies also nicht in der Nachfolge der Junggrammatiker; kurz: Er ist nicht in Schulen einzuordnen. Doch gerade seine Originalität im Denken, die in einer sicheren Kenntnis der historisch-vergleichenden Forschungen wurzelte, machte ihn zu einem der Wegbereiter der Linguistik des 20. Jahrhunderts. Seine Phonemauffassung, seine Auffassung von Form und Funktion der Sprache insgesamt, seine Dichotomien, die Sprache betreffend, die auch schon ihren Systemcharakter berühren, und nicht zuletzt seine strukturelle Interpretation der Sprachmischung wurde außer in Rußland/der Sowjetunion insbesondere in den Forschungen des Prager Kreises (vgl. Kap. 4) aufgegriffen.

Viele Ansichten Baudouins gehen parallel mit denen Ferdinand de Saussures (vgl. Kap. 3), der ebenfalls in der Leipziger junggrammatischen Tradition geschult war. Beide kannten einander und ihre jeweiligen Arbeiten: 1881/82 war Baudouin, mit einem Auslandsstipendium versehen, in Venedig und Paris; dabei hatte de Saussure Einfluß auf die anläßlich des Pariser Aufenthalts erfolgte Aufnahme Baudouins in die Société de Linguistique. – Im Gegensatz zu F. de Saussures „Cours de linguistique générale" hat Baudouin de Courtenay jedoch keine geschlossene Darstellung seiner Sprachtheorie vorgelegt, seine Ansichten sind in Einzelarbeiten verstreut – auch die Publikationssprachen spielen eine Rolle –, so daß letztlich nicht er, sondern de Saussure den entscheidenden Denkanstoß für die strukturelle Linguistik des 20. Jahrhunderts gegeben hat.

2.4 Literaturangaben

B. Bartschat (1989): Die kritische Weiterentwicklung der morphologischen Typologie des 19. Jahrhunderts durch Jan Baudouin de Courtenay und H.G.C. von der Gabelentz. In: Jan Baudouin de Courtenay a lingwistyka światowa, siehe dort.

J. Baudouin de Courtenay (1869): Einige Beobachtungen an Kindern. In: Beiträge zur vergleichenden Sprachforschung.

J. Baudouin de Courtenay (1870): Die Wirkung der Analogie in der polnischen Deklination (Dissertation Leipzig; Teilveröffentlichung 1868 in „Beiträge zur vergleichenden Sprachforschung" Berlin).

I. A. Boduèn de Kurtenè (1871): Nekotorye obščie zamečanija o jazykovedenii i jazyke (Einige allgemeine Bemerkungen über Sprachwissenschaft und Sprache). Antrittsvorlesung am Lehrstuhl für vergleichende Grammatik der ide. Sprachen am 17./29. Dezember 1870 an der Universität St. Petersburg [Wiederabdruck in Boduėn de Kurtenė 1963].

J. Baudouin de Courtenay (1875): Opyt fonetiki rez'janskich govorov (Versuch einer Phonetik der Dialekte von Resia). Varšava/Peterburg.

J. Baudouin de Courtenay (1876): Rez'ja i Rez'jane (Resia und seine Bewohner). In: Slavjanskij Sbornik (Peterburg) t. 3, otd. 1.

J. Baudouin de Courtenay (1884): Übersicht der slavischen Sprachenwelt im Zusammenhang mit den andern arioeuropäischen (indogermanischen) Sprachen. Antrittsvorlesung, gehalten an der Universität Dorpat am 6./18. September 1883. Leipzig.

J. Baudouin de Courtenay (1888): Über die Aufgaben der Sprachwissenschaft. Erster Dorpater Vortrag [Wiederabdruck in J.I.N. Baudouin de Courtenay 1974: „O zadaniach językoznawstwa"].

J. Baudouin de Courtenay (1895): Versuch einer Theorie phonetischer Alternationen [Wiederabdruck in J. Baudouin de Courtenay 1984].

J. Baudouin de Courtenay (1895a): Materialien zur südslavischen Dialektologie und Ethnographie I. Resianische Texte, gesammelt in den JJ. 1872, 1873 und 1877. St. Petersburg.

I.A. Boduėn de Kurtenė (1901): O smešannom charaktere vsech jazykov (Über den Mischcharakter aller Sprachen), Vorlesung St. Petersburg 1900 [Wiederabdruck in Boduėn de Kurtenė 1963].

J. Baudouin de Courtenay (1907): Zur Kritik der künstlichen Weltsprachen. In: Annalen der Naturphilosophie (Leipzig) 6 [Wiederabdruck in R. Haupenthal (Hrsg.) 1976: Plansprachen. Darmstadt].

J. Baudouin de Courtenay (1909): „Deklaro" (von der Redaktion aus dem Deutschen ins Ido übersetzt). In: Progreso (Paris), Yaro 1, No. 7.

J. Baudouin de Courtenay (1910): Klassifikation der Sprachen. Vortrag auf der Grazer 50. Versammlung deutscher Philologen und Schulmänner. In: Anzeiger für idg. Sprach- und Altertumskunde (Beiblatt zu Indogermanische Forschungen XXVI, 1-3) [Wiederabdruck in Baudouin de Courtenay 1984].

I.A. Boduėn de Kurtenė (1963): Izbrannye trudy po obščemu jazykoznaniju (Ausgewählte Werke zur allgemeinen Sprachwissenschaft) I-II (Hrsg. V.P. Grigor'ev, A.A. Leont'ev). Moskva.

A Baudouin de Courtenay Anthology. The Beginnings of Structural Linguistics (Übers. u. Hrsg.: Edward Stankiewicz). Bloomington/London 1972.

J.I.N. Baudouin de Courtenay (1974ff.): Dzieła wybrane (Ausgewählte Werke), Redaktionskomitee unter Vorsitz von Witold Doroszewski. Warszawa.

J. Baudouin de Courtenay (1984): Ausgewählte Werke in deutscher Sprache, mit einem Vorwort von Ewelina Małachowska (hrsg. von J. Mugdan). München.

Jan Niecisław Baudouin de Courtenay a lingwistyka światowa (J.N. Baudouin de Courtenay and the world linguistics). Materialien der internationalen Konferenz Warschau 4.-7.9.1979. Ossolineum 1989. Bodun de Kurten i sovremennaja lingvistika. K 140-letiju so dnja roždenija I. A. Boduèna de Kurtenè (Baudouin de Courtenay und die gegenwärtige Linguistik. Zum 140. Geburtstag von I. A. Baudouin de Courtenay). Kasan 1989.

K. Brugmann/A. Leskien (1907): Zur Kritik der künstlichen Weltsprachen. Straßburg.

M. di Salvo (1979): J. Baudouin de Courtenay and Linguistic Contacts in the Eastern Alpine Area. Report of an international conference held at Prato de Resia (Udine) 23-24 September 1979. In: Historiographia Linguistica 6.

G. Feudel (1976): J. Baudouin de Courtenay und F. de Saussure – zwei Traditionslinien in der Entwicklung der Sprachwissenschaft. In: Zeitschrift für Phonetik, Sprachwissenschaft und Kommunikationsforschung 29/5-6.

H. Glück (1986): Die Speisekarte der Sprachenfresser. Zur Aktualität von Jan Baudouin de Courtenay (1845-1929) für die sprachensoziologische Forschung. In: Germanistische Mitteilungen 23.

F. Häusler (1968, ²1976): Das Problem Phonetik und Phonologie bei Baudouin de Courtenay und in seiner Nachfolge. Halle.

F. Häusler (1981): Baudouin de Courtenays Stellung zum Problem der Welthilfssprachen. In: Zeitschrift für Phonetik, Sprachwissenschaft und Kommunikationsforschung 34/3.

R. Jakobson (1929): Jan Baudouin de Courtenay. [Nachdruck: Th. Sebeok (ed.), Portraits of Linguists. Westport, Conn.: Greenwood 1966].

R. Jakobson (1971): The Kazan School of Polish Linguistics and its Place in the International Development of Phonology. In: Jakobson 1971-1979, Selected Writings II [poln. Original 1960: Kazańska szkoła polskiej lingwistyki i jej miejsce w światowym rozwoju fonologii. In: Biuletyn polskiego towarzystwa językoznawczego XX].

J. Klausenburger (1978): Mikołaj Kruszewski's Theory of Morphophonology. An Appraisal. In: Historiographia Linguistica 5.

E.F.K. Koerner (1972): J. Baudouin de Courtenay: His Place in the History of Linguistic Science. In: Canadian Slavonic Papers (Ottawa) 14 [Nachdruck: Koerner 1978: Towards a Historiography of Linguistics. Selected Essays. Amsterdam].

M. Kruszewski (1881): Über die Lautabwechslung. Kasan.

M. Kruszewski (1883): Očerk nauki o jazyke (Abriß der Wissenschaft von der Sprache). Kazan.

J. Mugdan (1984): Jan Baudouin de Courtenay (1845-1929). Leben und Werk. München.

J. Radwanska Williams (1993): A Paradigm Lost: The Linguistic Thought of Mikolaj Kruszewski. Philadelphia.

E. Stankiewicz (1976): Baudouin de Courtenay and the Foundations of Structural Linguistics. Lisse [Nachdruck aus „A Baudouin de Courtenay Anthology" 1972].

3. Ferdinand de Saussure (1857-1913)

3.1 Ferdinand de Saussures wissenschaftliche Biographie

Ferdinand de Saussure entstammt einer Genfer Gelehrtenfamilie.[1] Sein Interesse für Sprachen und deren Erforschung zeigte sich sehr früh und wurde von einem Freund der Familie gefördert.

Bereits während seiner Schulzeit in Genf beschäftigte er sich mit den klassischen Sprachen und mit Sanskrit. Dabei fand er – aufgrund von Untersuchungen an einem Herodot-Text – heraus, daß es in der ide. Ursprache silbische Nasale gegeben haben muß.[2]

Saussure begann zunächst in Genf ein Studium der Naturwissenschaften, folgte dann 1876 Freunden nach Leipzig und wechselte dort sofort an die Philosophische Fakultät, um Sprachwissenschaft zu studieren. Es war die Zeit, in der die junggrammatische Richtung ihre Grundideen bereits entwickelt hatte und auf ihren ersten großen Höhepunkt zusteuerte, die Veröffentlichung der „Morphologischen Untersuchungen auf dem Gebiete der indogermanischen Sprachen", Band 1 (1878) mit dem programmatischen Vorwort von Brugmann

---

[1] So war sein Großvater Nicolas-Théodore (1767-1845, Professor in Genf) Physiker, Chemiker, Geologe und Mineraloge; sein Vater Henri (1829-1905), Professor in Gießen und Genf, war Geologe, auf ausgedehnten Reisen in Mexiko, in die USA und auf die Antillen legte er bedeutende mineralogische Sammlungen an. Aus der Vielzahl der Wissenschaftler (und Künstler) in der Familie de Saussure seien nur noch die drei Brüder Ferdinands genannt: Horace war Portrait- und Landschaftsmaler, Leopold zunächst Marineoffizier, dann Sinologe, spezialisiert auf chinesische Astronomie, und René, Mathematikprofessor in Washington und Genf, betrieb auch philosophische und logische Studien und beschäftigte sich u. a. mit künstlichen Sprachen und ihrem Verhältnis zu natürlichen Sprachen.

[2] Hier soll nicht genauer darauf eingegangen werden, daß auch Karl Brugmann – unabhängig – zu diesem Schluß kam und 1876 dieses Gesetz des *nasalis sonans* publizierte. Wie Saussure in einem Manuskript, das sich in der Universitätsbibliothek Genf befindet, ausführlich beschreibt, war er bei seinem Aufenthalt in Leipzig sehr erstaunt, wieviel Aufhebens von dieser Brugmannschen Entdeckung gemacht wurde, zu der er selbst schon 1872/73 gekommen sei. Sein gutes Verhältnis zu Brugmann konnte diese unglückliche Koinzidenz jedoch nicht trüben.

und Osthoff (siehe Kapitel **1**). Saussure blieb 4 Semester in Leipzig, hörte Vorlesungen bei Georg Curtius (Vergleichende Grammatik), August Leskien (Slavisch und Litauisch), Heinrich Hübschmann (Altpersisch), Hermann Osthoff (Sanskrit) u. a. Er nahm an den Diskussionen in Curtius' „Grammatischer Gesellschaft" teil, bei denen er auch Karl Brugmann begegnete. 1878 publizierte Saussure drei Aufsätze in den „Mémoires de la Societé de Linguistique" (Abhandlungen der Linguistischen Gesellschaft), Paris, unter anderem den „Essai d'une distinction des différents *a* indo-européens" (Essay über eine Unterscheidung verschiedener ide. *a*), eine Vorarbeit zu der im folgenden unter **3.3** besprochenen „Denkschrift".

1879 promovierte Ferdinand de Saussure in Berlin mit einer Arbeit über den Gebrauch des absoluten Genitivs im Sanskrit. Diese Dissertationsschrift ist der Beachtung wert schon deshalb, weil – selten genug in dieser Zeit – ein *syntaktisches* Thema behandelt wurde, sie blieb aber immer im Schatten des „Mémoire", der „Denkschrift über das ursprüngliche Vokalsystem der indoeuropäischen Sprachen", die er 1879 in Leipzig herausgab.

1879 begann Saussure seine akademische Laufbahn in Paris. In diese Zeit fällt auch seine Tätigkeit als Sekretär der Linguistischen Gesellschaft zu Paris, während der er Baudouin de Courtenay und seine linguistischen Arbeiten kennenlernte (vgl. Kapitel **2**).

1891 kehrte Saussure in seine Heimatstadt Genf zurück. Um einen Lehrstuhl in Paris am Collège de France zu bekommen, hätte er die französische Staatsbürgerschaft annehmen müssen, wozu er sich als Bürger der Schweiz nicht bereitfinden konnte. Gewissermaßen als Dank wurde in Genf eigens eine (ao.) Professur für Sanskrit und ide. Sprachwissenschaft geschaffen. 1896 wurde sie in eine ordentliche Professur umgewandelt, 1907 in einen Lehrstuhl für Allgemeine Sprachwissenschaft. Bis zu seinem Tod 1913 lehrte Ferdinand de Saussure in Genf. Von seinen frühen Arbeiten abgesehen, publizierte er kaum, sondern konzentrierte sich völlig auf seine Arbeit als Hochschullehrer. In seinem Nachlaß fand man kein Buchmanuskript, wohl aber ausführliche Vorlesungsvorbereitungen, Übungsmaterialien für Studenten u. ä. In drei Zyklen las er Allgemeine Sprachwissenschaft (1907, 1908/09 und 1910/11), außerdem natürlich Sanskrit, aber auch in der Germanistik übernahm er Vorlesungsreihen. Oft erwähnt wird seine Vorlesung über das Nibelungenlied, und auch die umstrittenen Anagramm-Forschungen Saussures, mit deren Hilfe er verschlüsselte Botschaften hinter den eigentlichen Texten der Schriftdenkmäler auffinden wollte, gehören in dieses Gebiet.

Die später so einflußreiche Sprachtheorie Saussures kannten zum Zeitpunkt seines frühen Todes nur seine Hörer in Genf. Erst 1916 publizierten die beiden Linguisten Charles Bally und Albert Sechehaye, selbst nicht Studenten Ferdinand de Saussures, anhand von Vorlesungsnachschriften anderer den „Cours de linguistique générale" (Grundfragen der allgemeinen Sprachwissenschaft), postum und deshalb ohne Autorisierung durch Saussure. Zur Entstehungsgeschichte und der daraus resultierenden Problematik siehe unter **3.4**.

3.2 Einflüsse aus der Sprachwissenschaft und aus Nachbarwissenschaften (Junggrammatiker, Whitney, Durkheim)

Gerade weil Ferdinand de Saussure, wie in diesem Kapitel gezeigt werden soll, eine so exponierte Stellung in der Sprachwissenschaft des 20. Jahrhunderts einnimmt, ist es sehr wichtig, den wissenschaftlichen und methodischen Hintergrund für seine Sprachtheorie herauszuarbeiten. Auch nicht im mindesten darf der Eindruck entstehen, mit Saussure allein, gewissermaßen aus dem Nichts, habe die moderne Linguistik begonnen – eine Fehleinschätzung, die zum Glück nur in wenigen, nichtseriösen Arbeiten anklingt.

Ferdinand de Saussure war für seine Zeitgenossen vor allem der Verfasser des „Mémoire" (s. u. **3.3**). In Leipzig war er in die historisch-vergleichende Sprachwissenschaft hineingewachsen, mit den Inhalten und Methoden der junggrammatischen Schule war er vertraut. In **3.3** wird gezeigt, in welch deutlichem Maße aber bereits diese „Denkschrift" von dem Denkmuster der Junggrammatiker abweicht. Auch wenn dies nicht allgemein reflektiert wurde, war es doch den führenden Indogermanisten bewußt (vgl. den Nekrolog von W. Streitberg 1913).

Darauf, daß Saussure die Arbeiten Baudouin de Courtenays kannte, wurde bereits in Kapitel **2** hingewiesen. Er schätzte Baudouin und Kruszewski sehr und bedauerte, daß sie in Westeuropa so wenig zur Kenntnis genommen wurden. In der Anlage seiner Sprachtheorie zeigt sich der Einfluß der beiden polnischen Sprachwissenschaftler an vielen Stellen. Als Beispiel soll der Phonembegriff genannt werden; Saussures Behandlung des Phonems als Einheit des Sprach*systems* hat hier ihre Quelle. Beeindruckend war für ihn vor allem auch Baudouins Betrachtung der sozialen neben der individuellen Seite der Sprache.

Ein weiterer Linguist, dessen Sprachtheorie Saussure beeinflußt hat, ist der US-amerikanische Indogermanist W.D. Whitney (1827-1894). Die inhaltlichen Übereinstimmungen sind offensichtlich, insbesondere in der Auffassung der Sprache als Zeichensystem, der Relation zwischen Individuum und Gemeinschaft und zwischen Sprache und Denken. Es ist erwiesen, daß Saussure Whitneys theoretische Vorstellungen kannte: Der „Cours" erwähnt ihn an drei Stellen, und aus folgenden Gründen kann eine sogar sehr frühe Bekanntschaft Saussures mit Whitneys Ideen angenommen werden: Sowohl „Language and the Study of Language" als auch „Life and Growth of Language" waren ins Deutsche übersetzt worden (1874 und 1876 resp.), „Leben und Wachstum der Sprache" wurde sogar von August Leskien herausgegeben. Und: Karl Brugmann unterstrich 1894 in seinem Nekrolog auf Whitney dessen Einfluß auf ihn und seine Generation in den siebziger Jahren.

Beachtet werden muß zudem, daß nicht allein die fachwissenschaftlichen Vorgänger Einfluß auf die Ausprägung einer Theorie ausüben, sondern daß es immer auch Bezüge zu anderen Wissenschaften gibt, und zwar sowohl direkte Beeinflussungen als auch Ideen und Methoden, die eine Zeit in gewisser Weise prägen, sozusagen „in der Luft liegen" und von vielen Wissenschaften aufgegriffen werden. In der Geschichte der Linguistik kann man z. B. die Psychologie als eine solche Basiswissenschaft erkennen[3]; in unserem Jahrhundert spielen auch die Strukturwissenschaften eine solche übergreifende Rolle. Saussure nahm von außerhalb der Linguistik Anregungen vor allem aus der Soziologie auf, genauer: aus der französischen Soziologie in ihrer Ausprägung durch Emile Durkheim. Zwar ist in der Forschung nicht völlig unumstritten, ob und wann Saussure soziologische Ideen in seine Sprachtheorie einarbeitete (oder ob dies erst die Herausgeber des „Cours" taten), die Argumente für eine Beeinflussung der Saussureschen Ansichten durch Durkheims Soziologie erscheinen jedoch überzeugend. Von Emile Durkheim, der als unbestrittene Autorität galt, nachdem er den positivistischen Ansatz von Auguste Comte über eine „Gesellschaftslehre" zu einer selbständigen Wissenschaft ausgebaut hatte, konnte Saussure die Besonderheiten der Gesellschaft gegenüber einer Summe von Individuen übernehmen, die „kollektiven Vorstellungen" und den „fait social"[4], die beide „mit gebieterischer Macht" unabhängig vom Individuum wirken und sich diesem aufdrängen (vgl. Durkheim (1899/1961)). Vor allem die Dichotomie „langue: parole" (siehe unter **3.4.1** auch parallele Textstellen aus Durkheims und Saussures Werk) spiegelt diese soziologisch orientierte Grundhaltung wider und zeigt den Unterschied zur individualpsychologischen Basis der Junggrammatiker. Auch die Übereinstimmungen beim Begriffspaar „Synchronie – Diachronie" (vgl. ebenfalls unter **3.4.1**) können nicht zufällig sein, sie wurden in ihrer Parallelität zu „statische – dynamische Soziologie" auch bereits von Hugo Schuchardt in einer Rezension zum „Cours" vermerkt.

Hier wurde bewußt etwas vereinfacht – subtilere Analysen verfolgen Saussures Ansichten zum Sprachsystem bis in die Antike zurück –, man kann aber zusammenfassend festhalten, daß es insbesondere sprachwissenschaftliche und soziologische Forschungen des 19. Jahrhunderts gewesen sind, die Saussure nachhaltig beeinflußt haben.

---

[3] Vgl. für das 19. Jh. die Individualpsychologie Herbarts, s. Kapitel 1, insbesondere **1.3**; vgl. für das 20. Jh. z. B. die Kapitel über den Prager Linguistenkreis einerseits und über die deskriptive Linguistik andererseits.

[4] In der deutschen Soziologie ist die Übersetzung „sozialer Vorgang" üblich.

3.3 Das „Mémoire", die „Denkschrift über das ursprüngliche Vokalsystem der indoeuropäischen Sprachen"

Das „Mémoire sur le système primitif des voyelles dans les langues indo-euro-péennes" hat Ferdinand de Saussure als Seminararbeit 1877/78 in Leipzig geschrieben und hier auch 1879 veröffentlicht. Es wurde zwar als reprographischer Nachdruck 1968 in Hildesheim noch einmal publiziert, ist jedoch nie ins Deutsche übersetzt worden. Diese „Seminararbeit" hat den respektablen Umfang von 302 Seiten und einen außergewöhnlichen Inhalt. In der Methodengeschichte der Sprachwissenschaft nimmt diese „Denkschrift" eine Schlüsselstellung ein. Sie ist einerseits ein großartiges Beispiel für die historisch-vergleichenden Studien der junggrammatischen Schule – in einer umfassenden Darstellung werden die Ablautverhältnisse in den ide. Sprachen analysiert und daraus Rückschlüsse gezogen auf eine Rekonstruktion des ursprünglichen Vokalbestandes, die bis heute gültig ist. Diese Arbeit geht andererseits in wesentlichen Punkten über die junggrammatischen Positionen hinaus, worauf im einzelnen nun hingewiesen werden soll.

Man kann die Gedankenführung der „Denkschrift" in vier Thesen zusammenfassen:

1. Die Entdeckung silbischer Nasale und Liquiden (man erinnere sich: durch Brugmann und durch Saussure, unabhängig voneinander) wird mit neuem Material abgesichert. Dabei arbeitet Saussure heraus: Lange silbische Nasale und Liquiden sind durch Hinzufügung eines Elements zu den kurzen Formen entstanden; dieses Element gibt Saussure mit „*A*" an und nennt es „sonantischer Koeffizient" (siehe unter These 3).

2. Ausgehend von der Untersuchung des Vokals „a" wird der Gesamtbestand an ursprünglichen ide. Vokalen rekonstruiert. Saussure sagt dazu:

> Direkter Gegenstand dieser kleinen Schrift ist es, die vielfältigen Formen zu untersuchen, in denen sich das sogenannte „ide. *a*" manifestiert; die übrigen Vokale werden nur insofern herangezogen, als Phänomene, die mit diesem *a* zusammenhängen, die Gelegenheit dazu bieten. Wenn sich dann aber, am Zielpunkt des so umrissenen Bereichs angekommen, das Bild des ide. Vokalismus unter unseren Augen nach und nach verändert hat und wir alle Vokale um das *a* gruppiert sehen – wobei sie ein neues Verhalten an den Tag legen –, dann wird klar, daß es in Wirklichkeit *das Vokalsystem als Ganzes* ist, das wir beobachten und das in den Titel dieser Schrift gehört. (1879, 1; Hervorhebung von Verf.)

Hier verläßt Saussure also bereits die oft atomistischen Positionen der Junggrammatiker. Wilhelm Streitberg hebt dies in seinem Nekrolog bei der Würdigung des „Mémoire" besonders hervor:

Seine [Saussures] einzigartige Bedeutung liegt in der systembildenden Kraft seines Geistes. Seine unvergleichliche Stärke ist die Synthese; alle Einzelbeobachtungen sind ihm nur Bausteine zu dem planvoll gefügten Gebäude des Systems. (1914, 203)

Dabei erwies sich u. a. auch, daß das Sanskrit nicht den bisher vermuteten sehr alten Zustand innerhalb der indoeuropäischen Sprachen repräsentiert, sondern insbesondere im Vokalsystem relativ jung ist.

3. Der von ihm postulierte „coefficient sonantique", der sonantische Koeffizient, den er mit „*A*" angab, ließ sich in keiner belegten ide. Sprache nachweisen. Saussure „errechnete" ihn, nur durch seine Existenz werden bestimmte Vokalalternationen regelhaft erklärbar. Allein die Funktion in der Struktur war ausschlaggebend für die Annahme des *A*, seine phonetischen Eigenschaften – die für die Junggrammatiker sehr wohl von Bedeutung gewesen wären – interessierten Saussure nicht, er wies Überlegungen zur lautlichen Realisierung dieses abstrakten Elements als spekulativ zurück.[5]

Zur weiteren Geschichte der Erforschung dieses Strukturelements ist zu ergänzen: Der deutsch-dänische Semitist Hermann Møller (1850-1923; 1888-1921 Universität Kopenhagen) erkannte sehr bald nach der Veröffentlichung des „Mémoire" die Parallele zum semitischen *schwa* und schlug als Bezeichnung „schwa indogermanicum" vor. Nach Saussures Tod, zu einer Zeit, als die Entzifferung vieler kleinasiatischer Inschriften gelang, wurde im Hethitischen, das als ide. Sprache identifiziert werden konnte, ein Beleg für den von Saussure theoretisch angesetzten Koeffizienten aufgefunden. In der Folgezeit differenzierte man in mehrere unterschiedliche Koeffizienten, ihrer vermutlichen Artikulationsstelle nach erhielten sie den Namen „Laryngale" (Kehlkopflaute).[6] Laryngale sind also konsonantische Elemente, die später verschwunden sind, als die Grundtypen des vokalischen Ablauts entstanden.

Es wäre interessant, an dieser Stelle den unterschiedlichen Hypothesen nachzugehen, die sich zu den Relikten von Laryngalen in denjenigen ide. Sprachen äußern, in denen Laryngale selbst nicht nachgewiesen werden konnten, z. B. der Hypothese zur Erklärung bestimmter sonst unerklärlicher Stabreimformen in den germanischen Sprachen u. a. m. Doch muß davon hier abgesehen werden, zumal die Faktenlage nicht unumstritten ist.

---

[5] Eine oft angeführte Paralle hierzu aus der Astronomie ist die Errechnung von Planetenbahnen, noch ehe es die instrumentellen Möglichkeiten gab, diese Planeten auch zu sehen.

[6] Geradezu inflationär wurden zeitweise über 10 Laryngale unterschieden.

Festzuhalten ist jedoch, daß die in der Indoeuropäistik unseres Jahrhunderts intensiv bearbeitete Laryngaltheorie unzweifelhaft auf Ferdinand de Saussure und Hermann Møller zurückgeht.

4. Das „Mémoire" ist nicht ausschließlich eine Arbeit zur Lautlehre. In bewundernswerter Synthese werden die lautlichen Erscheinungen zu morphologischen Fakten in Beziehung gesetzt und auf diese Weise werden auch morphologische Erklärungen möglich. Das „Mémoire" ist oft als **Theorie der Wurzel** bezeichnet worden. Dies muß im Zusammenhang mit dem unter 3. angeführten Koeffizienten gesehen werden. Der Koeffizient A erlaubt die Aufspaltung aller ide. Wurzeln in zwei Klassen, und zwar zweisilbige mit A („volle Wurzeln", in der deutschen Indogermanistik „schwere Basen") und einsilbige ohne A („reduzierte Wurzeln" bzw. „leichte Basen"), wodurch ein völlig klares Wurzelsystem entsteht, während vordem eine Vielzahl von Unregelmäßigkeiten und Ausnahmen den systematischen Zusammenhang verdunkelte. Spätere Kritiker haben zu diesen Auswirkungen des „Mémoire" auf die Morphologie lediglich angemerkt, daß Saussure die lautlichen und die morphologischen Fakten nicht immer exakt voneinander abgegrenzt hat und daß „Theorie der Wurzel" (übrigens stammt diese Bezeichnung nicht von Saussure selbst) wohl auch deshalb etwas zu enthusiastisch klingt, weil Saussure semantische Überlegungen völlig ausklammerte, also die Bedeutung der ide. Wurzeln nicht berücksichtigte.

Es konnte nicht Ziel dieses Abschnitts sein, das „Mémoire" zu referieren und damit Kenntnisse in der historisch-vergleichenden Sprachwissenschaft zu vermitteln, vielmehr sollte ein Eindruck von der Zielstellung Saussures und ein wenig auch von seinem methodischen Vorgehen gegeben werden. Auf die große Exaktheit in seiner Darstellung, die bis zu Formeln und Tabellen reicht[7], kann hier nur verwiesen werden; sie mutet erstaunlich modern an und sollte im Original nachgelesen werden.

Man beachte dabei, daß der Verfasser des „Mémoire" ein etwa zwanzig Jahre alter Student war. Es ist auch die Anekdote überliefert, nach der der beliebte Leipziger Dekan der Philosophischen Fakultät Friedrich Zarncke (der auch das Bonmot von den „Junggrammatikern" geprägt hat), als ihm Saussure vorgestellt wurde, diesen interessiert fragte, ob er mit dem berühmten Sprachwissenschaftler Ferdinand de Saussure verwandt sei, dem Verfasser des „Mémoire". Dieses hat in der Tat nicht den Charakter einer studentischen Arbeit, es ist ein überzeugendes, mit großer Gründlichkeit und Übersicht geschriebenes Werk, das

---

[7] Vgl. z. B. S. 135 die Tabelle zum Vokalismus der Wurzel im Indoeuropäischen und S. 184 die Formeln zu den beiden Grundtypen der ide. Wurzeln und den zwei Gesetzen zum Aufbau dieser Wurzeln.

stärker als manchmal angenommen sprachtheoretische Vorarbeit für den im folgenden zu besprechenden „Cours de linguistique générale" geleistet hat. Und nur am Rande, aber nicht unwichtig: Behandelt wird im „Mémoire" das Vokalsystem der ide. Ursprache, des Protoindoeuropäischen, also – mit aller gebotenen Vorsicht – eines Sprach*zustandes*, nicht einer Sprach*veränderung* (siehe unter **3.4.1** die Dichotomie „Synchronie – Diachronie").

3.4 Der „Cours", die „Grundfragen der allgemeinen Sprachwissenschaft"

1916 erschien der „Cours de linguistique générale", eines der einflußreichsten Bücher in der Linguistik des 20. Jahrhunderts. Seine Entstehungsgeschichte ist für eine Wertung wichtig, denn sie erklärt einen Teil der Meinungsverschiedenheiten, die zwischen Sprachwissenschaftlern und sprachwissenschaftlichen Schulen in der Folgezeit zutage traten. Wie bereits erwähnt, veröffentlichte Saussure zu seinen Lebzeiten sehr wenig. In Genf las er dreimal über allgemeine Sprachwissenschaft, und zwar 1907, 1908/09 und 1910/11. Während dieser Jahre entwickelten sich aber auch seine Vorstellungen von Sprache und Sprachtheorie weiter. Nach seinem Tode 1913 beschlossen die beiden bereits etablierten Linguisten Charles Bally und Albert Sechehaye, frühere Studenten Saussures um ihre Vorlesungsnachschriften zur allgemeinen Sprachwissenschaft zu bitten und daraus eine Monographie zusammenzustellen. Der „Cours de linguistique générale" erschien also postum, Saussure konnte ihn nicht autorisieren; es erwies sich als sehr schwierig, aus den drei Vorlesungszyklen einen in sich stimmigen Text zu schaffen. Dazu kommt, daß die Herausgeber bereits ein eigenes wissenschaftliches Profil hatten und zweifellos eigene Vorstellungen in den Text des „Cours" einfließen ließen. Dies muß vorausgeschickt werden, damit verständlich wird, weshalb sich in den folgenden Jahrzehnten eine regelrechte Saussure-Exegese entwickelte; insbesondere in Genf selbst war man sehr bemüht darum, Originalmanuskripte Saussures zu studieren und die Übereinstimmung (oder nicht!) des „Cours" mit ihnen zu prüfen (vgl. z. B. Godel (1957)). Die im Text zutage tretenden Widersprüche und Vagheiten in der Aussage ermöglichten es darüber hinaus, daß mehrere, in Teilbereichen sogar unvereinbare linguistische Schulen sich auf Saussure berufen konnten, denn jede von ihnen las aus dem Text genau das heraus, was den eigenen Vorstellungen entsprach. Dies nachzuvollziehen wird u.a. Thema der nächsten Kapitel sein.

Doch zunächst zurück zum „Cours". Er war zu Beginn durchaus kein „Bestseller", die Anzahl der verkauften Exemplare war in den ersten Jahren sogar sehr gering. Doch Ende der zwanziger Jahre änderte sich dies. Es entstanden linguistische Schulen, die an Sprachtheorie und an der Beschreibung von Gegenwartssprachen interessiert waren und den „Cours" als Vorbild oder Bestätigung ihrer eigenen Ansichten aufgriffen.

1931 erschien eine deutsche Übersetzung, die Herman Lommel anfertigte und die auch für die 1967 erschienene 2. Auflage übernommen wurde. Lommel mußte dafür eine erhebliche Anzahl von neuen deutschen Termini prägen, die aber sehr schnell akzeptiert wurden und mit denen dann Generationen von Sprachwissenschaftlern arbeiteten. Übersetzungen in andere Sprachen folgten, natürlich wurde auch eine französische Neuauflage herausgegeben, dazu kam eine Reihe von kommentierten Ausgaben.[8]

Lommels Ausgabe ist auch in der Übersetzung des Titels sehr glücklich. Es ist ja nicht einfach ein „Kursus", eine Vorlesungsreihe, sondern es werden in der Tat die „Grundfragen" der allgemeinen Sprachwissenschaft abgehandelt, alle Bereiche, die die Sprachwissenschaft zu untersuchen hat. Einige Kapitel sind theoretisch gewichtiger als andere, nicht alle sind „revolutionär" – gerade dies ist in der ersten Euphorie über dieses Buch manchmal vergessen worden.

Im folgenden werden einige der zentralen Themen diskutiert.

3.4.1 Der Gegenstand der allgemeinen Sprachwissenschaft; Saussures Dichotomien

Ferdinand de Saussure unterstrich in der Einleitung zum „Cours", daß es eine Hauptaufgabe jeder Wissenschaft sei, sich abzugrenzen und selbst zu definieren. Für die Sprachwissenschaft sei dies besonders wichtig, weil sich einerseits viele Wissenschaften mit dem Menschen und damit auch mit der menschlichen Sprache beschäftigen und andererseits die Vergangenheit ja auch gezeigt habe, daß die Sprachwissenschaft Gefahr gelaufen ist, von anderen Wissenschaften absorbiert zu werden (insbesondere von Psychologie und Philosophie). Kontakte zu solchen Nachbarwissenschaften bejahte er, aber die Sprachwissenschaft müsse diese von den Positionen einer eigenständigen Wissenschaft aus aufnehmen und dazu gehört, daß sie einen eigenen Gegenstand definiert und eigene Methoden zu seiner Erforschung entwickelt.

Um diesen Gegenstand zu finden, prüfte Saussure als Kandidaten **langage** (menschliche Rede), **langue** (Sprache) und **parole** (Sprechen). Er grenzte diese Begriffe wie folgt voneinander ab:

> Die menschliche Rede, als Ganzes genommen, ist vielförmig und ungleichartig; verschiedenen Gebieten zugehörig, zugleich physisch, psychisch und physiologisch, gehört sie außerdem noch sowohl dem individuellen als dem sozialen Gebiet an; sie

---

[8] Vgl. dazu in den Literaturangaben zu diesem Kapitel u. a. Engler (1968) und de Mauro (1984).

läßt sich keiner Kategorie der menschlichen Verhältnisse einordnen, weil man nicht weiß, wie ihre Einheit abzuleiten sei. (1967, 11)

Langage, die **menschliche Rede**, kann deshalb nicht Gegenstand der Sprachwissenschaft sein, weil an ihr alle Geisteswissenschaften und die Physiologie beteiligt seien. Saussure benutzt den Vergleich, daß die Sprechorgane ebensowenig mit der Sprache zu tun haben wie die elektrischen Apparate, welche dazu dienen, das Morsealphabet zu übermitteln, mit diesem Alphabet zu tun haben. Langue, die **Sprache**,

> dagegen ist nur ein bestimmter, allerdings wesentlicher Teil davon [...], ein Ganzes an sich und ein Prinzip der Klassifikation. In dem Augenblick, da wir ihr den ersten Platz unter den Tatsachen der menschlichen Rede einräumen, bringen wir eine natürliche Ordnung in eine Gesamtheit, die keine andere Klassifikation gestattet. (1967, 11)

Die charakteristischen Merkmale der Sprache faßte Saussure in vier Punkten zusammen (vgl. 1967, 17/18):

1. Sprache ist der soziale Teil der menschlichen Rede und unabhängig vom Einzelnen, der für sich allein sie weder schaffen noch umgestalten kann. Sie besteht auf Grund einer Art Übereinkunft zwischen den Mitgliedern der Gemeinschaft;

2. Sprache kann man gesondert vom Sprechen untersuchen, vgl. die sogenannten „toten Sprachen", die nicht mehr gesprochen, aber erforscht und erlernt werden;

3. Sprache ist ihrer Natur nach in sich homogen, ein System von Zeichen, dessen beide Seiten psychisch sind (s.u. **3.4.2**);

4. Alles, was sich auf Sprache bezieht, ist fixierbar. Das Instrument dafür ist die Schrift.

Ist nun die Sprache der Gegenstand der Linguistik oder ist es das Sprechen? Wir haben es hier mit der ersten der Saussureschen Dichotomien zu tun: **langue vs. parole**.

Langue ist sozial (nur, was für die Gemeinschaft von Interesse ist, wird in die Sprache aufgenommen), sie erfaßt das Wesentliche, strebt durch feste Normen zur Stabilität, wird durch Regeln geleitet; also: langue ist Form.

Parole ist das tatsächliche Sprechen, ist individuell, erfaßt das mehr oder weniger Zufällige, strebt zur Dynamik, erlaubt die Entstehung von Analogien; also: parole ist Substanz.

Mit Saussures Worten zusammengefaßt:

Indem man die Sprache vom Sprechen scheidet, scheidet man zugleich: 1. das Soziale vom Individuellen; 2. das Wesentliche vom Akzessorischen und mehr oder weniger Zufälligen. (1967, 16)

Die unter **3.2** erwähnten Bezüge zu Durkheims Soziologie werden in den Passagen zu **langue** bis in wörtliche Übereinstimmungen deutlich, vgl.:

• Durkheim: Soziale Fakten wohnen in der Gesellschaft selbst, nicht in ihren Teilen, den Mitgliedern der Gesellschaft; die soziale Resultierende zeigt sich vollständig bei keinem Einzelindividuum.

Saussure: Langue existiert vollständig nur in der Masse.

• Durkheim: Soziale Fakten zwingen sich dem Individuum auf.

Saussure: Langue ist ein Produkt, das das Individuum sich passiv aneignet; sie zwingt sich dem Individuum auf, das von sich aus die langue weder schaffen noch verändern kann.

• Durkheim: Kollektives Denken muß „in sich selbst und für sich selbst" erforscht werden.

Saussure: Langue muß „in sich und für sich selbst" erforscht werden.

(nach Coseriu 1957/1971)

Gegenstand der Sprachwissenschaft ist für Saussure allein die Sprache (langue), nur sie weist für ihn Struktur auf, d. h. sie ist ein Ganzes, das aus Teilen besteht, die in ihm unselbständig gebunden sind.

Saussure sah durchaus die Wechselbeziehung zwischen Sprache und Sprechen: Jedes Individuum muß sich beim Sprechen nach den bestehenden Sprachnormen richten, um verstanden zu werden, andererseits ist nur das Sprechen real, nur über das Sprechen kann man Sprache studieren, nur so kann es Sprachwandel geben u. a. m. Aber er sprach dem Sprechen dennoch ab, systemhaft zu sein, und er klammerte das Sprechen deshalb aus dem Gegenstandsbereich der Sprachwissenschaft aus. In 3.5 wird auf die folgerichtig ansetzende Kritik an Saussures Definition dieser Dichotomie eingegangen.

Die zweite Dichotomie **Synchronie vs. Diachronie** ist nicht in der Sprache selbst angelegt, sondern sie betrifft das methodische Herangehen des Sprachwissenschaftlers an seinen Gegenstand. Er konstruiert sich ein Koordinatensystem mit den beiden Achsen Gleichzeitigkeit (Synchronie) und Aufeinanderfolge (Diachronie) und bewegt sich dann bei seinen Forschungen in diesem Koordinatensystem. Synchronie und Diachronie sind also nicht Methoden, sondern generelle Vorgehensweisen, durch die die Wahl der konkreten Methoden bestimmt wird. Die historisch-vergleichende Sprachwissenschaft vor Saussure hatte ausschließlich die Aufeinanderfolge erforscht (vgl. Kapitel 1 über die junggrammatische Schule, insbesondere 1.2.2), für den Sprecher einer Sprache gibt es dagegen nur die Gleichzeitigkeit der Formen eines konkreten Sprachzustandes. Die Diskrepanz zwischen beiden löste Saussure zugunsten einer synchronen[9] Sprachwissenschaft, wobei synchron immer jeweils ein Sprachzustand erforscht wird und dabei ein – wie auch er selbst weiß – künstlicher Schnitt vorgenommen wird (Beachte: Ein solcher Schnitt kann auch in der Vergangenheit angesetzt werden, also z.B. das 16. Jahrhundert betreffen, nicht nur die Gegenwartssprache; auch das ist dann eine synchrone Vorgehensweise). Der Aufeinanderfolge, also der Diachronie, sprach Saussure Systemhaftigkeit ab, in den diachronen Erscheinungen sah er eine Anhäufung von Sonderfällen ohne einen inneren Zusammenhang, den seiner Meinung nach erst der Forscher herstellt, vgl.:

> Die diachronischen Erscheinungen sind also lauter Sonderfälle; die Umgestaltung eines Systems geschieht unter der Einwirkung von Ereignissen, welche nicht nur ihm fremd, sondern welche auch isoliert sind und unter sich nicht ein System bilden. (1967, 113)

Zu einer anderen Interpretation dieser Dichotomie vgl. das Kapitel über den Prager Linguistenkreis.

F. de Saussure forderte zwar eine strenge Trennung zwischen synchroner und diachroner Betrachtungsweise während der Forschungsarbeit, gab aber zu bedenken:

> Selbst wenn die hier aufgestellten Unterscheidungen ein für allemal anerkannt wären, könnte man vielleicht nicht im Namen dieses Ideals verlangen, daß die Untersuchungen sich ganz genau danach richten. (1967, 118)

Zu beachten ist weiterhin, daß alle Sprachveränderungen zeitlich und örtlich begrenzt sind, es gibt keine **Panchronie**:

> In der Sprachwissenschaft gibt es wie beim Schachspiel Regeln, die alle Ereignisse überdauern. Aber das sind allgemeine Grundwahrheiten, die unabhängig von konkreten Tatsachen gelten; sowie man von besonderen und greifbaren Verhältnissen spricht, gibt es keine panchronische Betrachtungsweise. So ist jede Lautveränderung, auch wenn sie sehr ausgedehnt ist, auf eine bestimmte Zeit und ein bestimmtes Gebiet begrenzt; keine geht zu jeder Zeit und überall vor sich; sie existiert nur auf dem diachronischen Gebiet. (1967, 113)

Die nächste Dichotomie stellt den **inneren** und den **äußeren Bezirk der Sprachwissenschaft** einander gegenüber. Der innere Bezirk erfaßt den Kern, den inneren Organismus der Sprache, das Sprachsystem. Dies ist für Saussure der Gegenstand der Sprachwissenschaft, wie oben beschrieben. Der äußere Bezirk umfaßt alle Bezüge zu anderen Wissenschaften und Gebieten des Lebens,

---

[9] Die Termini „synchron" und „synchronisch" sind Synonyme, die beide gebräuchlich sind.

also: Dialektforschung, Beziehungen zur Geschichte der Sprachträger, zu ihrer Kultur einschließlich Literatur u. a. m. Beide Bezirke stehen unvermittelt nebeneinander und verlangen unterschiedliche Methoden:

> Der beste Beweis dafür ist, daß jede von beiden [d. i. Betrachtungsweisen, Verf.] eine andere Methode mit sich bringt. Die äußere Sprachwissenschaft kann eine Unmenge von Einzelheiten zusammentragen, ohne dabei in das Netz eines Systems eingespannt zu sein. [...] wenn man die Tatsachen auf mehr oder weniger systematische Weise ordnet, so dient das einzig der Übersichtlichkeit.

> Bei der inneren Sprachwissenschaft dagegen verhält es sich ganz anders: da kann man nicht irgendeine beliebige Disposition anwenden; die Sprache ist ein System, das nur seine eigene Ordnung zuläßt. (1967, 27)

Saussure, der sehr oft und gern Vergleiche zwischen Sprache und Schachspiel anführte, übertrug beide Bezirke folgendermaßen auf das Schachspiel: Zum äußeren Bezirk gehört dort, daß es aus dem Orient nach Europa gekommen ist, daß die Figuren aus den unterschiedlichsten Materialien angefertigt (Elfenbein, Jade, Holz, Brotteig u. a.) und von unterschiedlichster Gestalt (traditionell bis abstrakt) sein können usw.; zum inneren Bereich gehören Anzahl der Figuren, ihre Unterscheidbarkeit voneinander und Regeln für das Spiel. Zentral ist für Sprache wie für Schach also der innere Bezirk.

Saussure selbst interessierte sich allerdings stärker als seine Nachfolger annahmen auch für den äußeren Bezirk und betonte die Wechselbeziehungen zwischen beiden Bereichen; so begründete er z. B. die archaische Struktur des litauischen Sprachsystems mit dem in Litauen lange bewahrten Heidentum und der daraus folgenden Isolierung der Sprachträger.

Der innere Aufbau der Sprache wird durch zwei Typen von Beziehungen gesteuert, die die letzte der hier besprochenen Dichotomien bilden: assoziative (= **paradigmatische**) und Anreihungs- (= **syntagmatische**) Beziehungen. Die paradigmatischen Beziehungen betreffen das Verhältnis der sprachlichen Elemente zueinander innerhalb des Sprachsystems, die syntagmatischen Beziehungen, Ergebnis der notwendigen Linearität der Sprache, bestimmen die Zusammensetzung der Elemente zu komplexen Formen und Sätzen, vgl.:

> Die syntagmatische oder Anreihungsbeziehung besteht *in praesentia*: sie beruht auf zwei oder mehreren in einer bestehenden Reihe neben einander vorhandenen Gliedern. Im Gegensatz dazu verbindet die assoziative Beziehung Glieder *in absentia* in einer möglichen Gedächtnisreihe. (1967, 148)

Durch diese zwei Typen wollte Saussure die Aufgliederung in Lautlehre – Formenlehre – Syntax – Wortschatzforschung ersetzen. Bestimmend waren für ihn die paradigmatischen Beziehungen, denn durch die Zugehörigkeit zu einem Paradigma sind gleichzeitig auch die möglichen syntagmatischen Verbindungen vorgegeben. Letztere werden bei ihm, weil in dieser Interpretation nicht eigenständig systemhaft, dem Sprechen (parole) zugewiesen.[10] Das bedeutet, daß der größte Teil der Syntax bei Saussure aus dem Sprachsystem ausgeklammert wird.

3.4.2 Sprache als Zeichensystem

Diesem Abschnitt muß eine Vorbemerkung vorangeschickt werden:

Ein **Zeichen** im weitesten Sinne ist der Träger einer Information. Von Zeichen sprechen wir genau dann, wenn ein physikalisches **Signal** – das kann akustisch, elektrisch, linear, flächenhaft o. a. sein – zur Übertragung einer Nachricht verwendet wird. In diesem Sinne sind Zeichen die Kerbstöcke der Naturvölker, Trommelsignale, Flaggen- und Funksignale, Verkehrszeichen, Gebärden, Sprachen der Tiere und Menschen, um nur einige zu nennen. Zeichen müssen von **Anzeichen** (meist als Symbole bezeichnet) unterschieden werden: Zeichen *bezeichnen* etwas, Symbole sind *Anzeichen* für etwas (Rauch für Feuer, Waage für Gerechtigkeit usw.).

In diesem Verständnis sind Zeichen seit langem bekannt, und es war auch bekannt, daß sprachliche Zeichen die Verknüpfung einer Vorstellung und eines Lautbildes sind. Wenn also Ferdinand de Saussure somit nicht der Begründer der Lehre von den sprachlichen Zeichen ist, so ist er aber andererseits derjenige, der alle bisherigen Auffassungen von den Zeichen zu einer Synthese auf eine höhere Ebene hob, der Sprachzeichen in **Zeichensystemen** anordnete, der die Charakteristika des sprachlichen Zeichens definierte und der die Bezüge zwischen natürlichen menschlichen Sprachen und anderen Zeichensystemen untersuchte. Seine Ausführungen dazu werden nun in Form von Thesen zusammengefaßt, die möglichst verständlich die wichtigsten Gedanken aufzeigen sollen und deshalb an mehreren Stellen Simplifizierungen nicht vermeiden konnten. Zur Vertiefung sollte unbedingt die unter **3.6** angeführte Literatur herangezogen werden.

1. Das sprachliche Zeichen ist für Saussure eine Ganzheit, die aus Vorstellung *und* Lautbild besteht; er verwendet die Termini „signifié – signifiant" = „Bezeichnetes – Bezeichnendes".[11] Beide Seiten des Zeichens sind untrennbar miteinander verbunden, sie bedingen sich wechselseitig; mit einem Bild:

> Die Sprache ist [...] vergleichbar mit einem Blatt Papier: das Denken ist die Vorderseite und der Laut die Rückseite; man kann die Vorderseite nicht zerschneiden, ohne zugleich die Rückseite zu zerschneiden; ebenso könnte man in der Sprache weder den Laut vom Gedanken noch den Gedanken vom Laut trennen. (1967, 134)

---

[10] Ausgenommen sind feste Wendungen, die als Einheiten betrachtet werden.

[11] Saussure setzt also nicht „Lautbild" gleich „Zeichen", sondern das Lautbild ist nur ein Bestandteil des Zeichens.

Beide Seiten sind psychisch, auch das Bezeichnende, das Lautbild, ist nicht der reale Laut(komplex), sondern beruht auf einer Abstraktion aus vielen realen Laut(komplex)en, die alle dieselbe Beziehung zu einem Bezeichneten, einer Vorstellung, eingehen. Vgl.: Das Lautbild

> [...] ist nicht der tatsächliche Laut, der lediglich etwas Physikalisches ist, sondern der psychische Eindruck dieses Lautes, die Vergegenwärtigung desselben auf Grund unserer Empfindungswahrnehmungen; es ist sensorisch, und wenn wir es etwa gelegentlich „materiell" nennen, so ist damit eben das Sensorische gemeint im Gegensatz zu dem andern Glied der assoziativen Verbindung, der Vorstellung, die im allgemeinen mehr abstrakt ist. (1967, 77)

2. Sprachliche Zeichen sind in **Zeichensystemen** angeordnet, in denen die Einzelzeichen regelhaft verknüpft sind, ihren **Wert** („valeur", s. u. **3.4.3**) erst in der Verbindung zu den anderen Zeichen desselben Systems erhalten. Aus der Dichotomie *langue vs. parole* (s. u. **3.4.1**) geht hervor, daß Saussure ausschließlich in *langue* ein Zeichensystem sah, denn *parole* sprach er Systemhaftigkeit ab. So wie ein Sprachsystem funktionieren auch andere Zeichensysteme; Saussure forderte deshalb die Entwicklung einer „Wissenschaft von den Zeichensystemen", in der die menschliche Sprache dann nur noch *ein* Untersuchungsgegenstand neben anderen Zeichensystemen (s. o.) wäre.[12] Er schlug als Bezeichnung für diese Wissenschaft „Semeologie"[13] vor; diese Wissenschaft ist in unserem Jahrhundert geschaffen und für einen breiten Anwendungsbereich eingerichtet worden, und zwar unter der Bezeichnung „Semiotik".

3. Für das sprachliche Zeichen gab Saussure **Arbitrarität** und **Linearität** als grundlegende Charakteristika an. Letzteres war zunächst unproblematisch – Zeichen werden linear, nacheinander, geäußert.[14] Ersteres verlangt weitere Überlegungen: **Arbiträr** bedeutet in diesem Zusammenhang, daß die Verknüpfung von Vorstellung und Lautbild nicht ursächlich bedingt ist; mit einem Beispiel: Es gibt keine Begründung dafür, daß *Baum* eine Pflanze mit ganz bestimmten botanischen Eigenschaften bezeichnet – deutlichstes Indiz für diese fehlende Begründung ist die Existenz vieler Sprachen statt einer einzigen, diese Pflanze wird eben im Lateinischen mit *arbor*, im Englischen mit *tree* usw. bezeichnet. Man spricht deshalb statt von kausalem Zusammenhang von einer **Zuordnungsrelation**. Andererseits: Die ebenfalls vorgeschlagene Übersetzung mit „beliebig" sollte ver-

---

[12] Sie hätte allerdings noch eine Besonderheit allen anderen Zeichensystemen gegenüber: ihre Universalität, d. h. ihre universelle Verwendbarkeit im Gegensatz zur eingegrenzten Verwendbarkeit der anderen Zeichensysteme für jeweils spezielle Zwecke.

[13] Abgeleitet von griech. semeion, d. i. „Zeichen".

[14] Erst in den Nachfolgeschulen wurden Zeichen in noch kleinere Elemente aufgespalten, die dann nicht mehr linear aufeinander folgen, sondern simultan produziert werden.

mieden werden, denn die Zeichenrelation ist nicht beliebig für den einzelnen, er darf nicht Bezeichnungen nach eigenem Gutdünken wählen, sondern muß bereits vorhandene verwenden, wenn er verstanden werden will; vgl.:

> Das Wort „beliebig" erfordert hierbei eine Bemerkung. Es soll nicht die Vorstellung erwecken, als ob die Bezeichnung von der freien Wahl der sprechenden Person abhinge (weiter unten werden wir sehen, daß es nicht in der Macht des Individuums steht, irgend etwas an dem einmal bei einer Sprachgemeinschaft geltenden Zeichen zu ändern); es soll besagen, daß es *unmotiviert* ist, d. h. beliebig im Verhältnis zum Bezeichneten, mit welchem es in Wirklichkeit keinerlei natürliche Zusammengehörigkeit hat. (1967, 80)

Obwohl Saussure diese Determiniertheit durch die und in der Sprachgemeinschaft durchaus sah, setzte er also als Gegenpol der Arbitrarität die **Motiviertheit** an. Bei motivierten Zeichen gibt es einen Kausalzusammenhang zwischen Bezeichnendem und Bezeichneten. Man denkt hierbei zunächst an Onomatopoetika („Kuckuck", „quaken"), die nun aber nur eine marginale Rolle im Sprachsystem spielen. Allerdings ist Motiviertheit eine differenziertere Erscheinung: Komposita (*Schreibtisch*) sind motiviert in Relation zu Simplicia (*Tisch*), generell tragen reguläre Wort- und auch Formenbildung zur Motivierung sprachlicher Zeichen bei, man sollte „motiviert" deshalb besser als eine Skala denn als Endpol betrachteten. Das macht diesen Begriff aber auch ungeeignet, um als Gegenpol zu „arbiträr" handhabbar zu sein.

4. Zur Charakterisierung des sprachlichen Zeichens muß schließlich noch ergänzt werden, daß Saussure es als zugleich veränderlich und unveränderlich ansah. **Unveränderlich** ist es in dem Sinne, daß Sprache immer Erbe einer vergangenen Epoche ist, eine Gegebenheit, der sich der Einzelne unterwerfen muß:

> In Wahrheit hat keine Gemeinschaft die Sprache je anders gekannt denn als ein von den früheren Generationen ererbtes Produkt, das man so, wie es war, zu übernehmen hatte. [...] Der gegebene Zustand einer Sprache ist immer das Erzeugnis historischer Faktoren, und diese Faktoren bieten die Erklärung, warum das Zeichen unveränderlich ist, d. h. jeder willkürlichen Ersetzung widersteht. (1967, 84)

Veränderlich ist es durch seine Bindung an eine sprechende Menge und an die fortschreitende Zeit. Würden die Menschen ewig leben oder würde die Zeit stillstehen, gäbe es keine Veränderung. Veränderung, sprachlicher Wandel, kann auf ganz verschiedene Weise erfolgen, aber:

> Was auch immer die Faktoren der Umgestaltung sein mögen, ob sie einzeln oder in Verbindung wirken, sie laufen immer hinaus auf *eine Verschiedenheit des Verhältnisses zwischen dem Bezeichneten und der Bezeichnung.* (1967, 88)

3.4.3 Der sprachliche „Wert" (valeur)

Der Wert (**valeur**) des sprachlichen Zeichens spielt in Saussures Sprachtheorie eine zentrale Rolle. Er unterstreicht sein Systemdenken und läßt die Mängel der atomistischen Methode der Junggrammatiker besonders deutlich werden. Der **Wert** ist nicht gleichzusetzen mit der **Bedeutung** des sprachlichen Zeichens; er ist innersprachlich bedingt und erfaßt die Abgrenzung von allen anderen sprachlichen Zeichen desselben Systems. So ist z. B. der Wert des Plurals davon abhängig, ob es in dem jeweiligen Sprachsystem noch einen Singular, einen Singular und einen Dual oder sogar weitere Numeri gibt. Der Plural hat in so unterschiedenen Sprachsystemen (z.b. Deutsch ohne und Sankrit mit Dual im Numerussystem) unterschiedlichen Wert, weil man ihn nicht durchgehend in denselben Fällen anwenden kann. Vgl. auch:

> Das franz. *mouton*[15] kann dieselbe Bedeutung haben wie das engl. *sheep*, aber nicht denselben Wert, und das aus mancherlei Gründen, besonders deshalb, weil, wenn von einem Stück Fleisch die Rede ist, das zubereitet und auf den Tisch gebracht wird, das Englische *mutton* und nicht *sheep* sagt. Der Unterschied des Wertes zwischen *sheep* und *mouton* kommt daher, weil das erstere neben sich ein zweites Glied hat, was bei dem franz. Wort nicht der Fall ist. (1967, 138)

Als unterscheidende Größe ist der Wert somit immer negativ definiert – ein Zeichen ist dadurch gekennzeichnet, daß es anders ist als die anderen Zeichen –, der Wert bildet auf diese Weise die Grundlage für Saussures These, daß die konkrete sprachliche Substanz hinter der Form zurücktritt, daß also Sprache Form, nicht Substanz und also Gegenstand der Sprachwissenschaft die Form, d. h. die *langue* sei. Besonders deutlich wird dies z. B. an seiner Definition des Phonems, bei der ebenfalls die Abgrenzung bzw. Abgrenzbarkeit von allen anderen Phonemen desselben Systems entscheidend ist, nicht die phonetische Substanz, durch die ein Phonem realisiert wird.

3.5 Kritische Würdigung; der Einfluß de Saussures auf die Sprachwissenschaft des 20. Jahrhunderts

Es wurde schon darauf hingewiesen, daß die Herausgeber des „Cours" theoretische Diskrepanzen zwischen den Nachschriften der aufeinanderfolgenden Vorlesungsreihen nicht immer ausmerzen konnten, was zu einer Unausgeglichenheit in der Darlegung geführt hat, die der Interpretation durch unterschiedliche Linguisten breiten Raum ließ. Bei der in diesem Abschnitt vorgesehenen kritischen Würdigung der Saussureschen Theorie muß deshalb immer beachtet werden, daß es sich korrekt gesagt um eine Theorie handelt, die im „Cours" festgeschrieben ist, es müssen also nicht – und es sind nach der Manuskriptlage auch nicht immer – tatsächlich auch Saussures Intentionen selbst, über die hier geurteilt wird.

---

[15] dt. *Hammel,* Verf.

Folgende Gesichtspunkte sollen genauer betrachtet werden:

1. Wie auch immer entstanden, bringt der „Cours" die zusammenhängende Darstellung einer Sprachtheorie, wie sie zu dieser Zeit und mit diesen theoretischen und methodischen Ausgangspositionen keine andere Publikation darbot. Viele der relevanten Thesen findet man auch insbesondere in den Aufsätzen Baudouin de Courtenays (vgl. Kapitel **2**), jedoch weder in der erforderlichen Synthese noch örtlich und sprachlich allgemein zugänglich. Nicht nebensächlich ist auch der Zeitpunkt der Veröffentlichung des „Cours": Zwar mit der Verspätung von ca. 10 Jahren traf er dann aber direkt den Nerv der Zeit, die beginnenden Diskussionen um eine Erneuerung der Linguistik.

2. Für die Gegenstandsbestimmung der Wissenschaft von der Sprache war es wichtig, einen möglichst genau definierten und möglichst eingegrenzten Forschungsbereich zu haben. Saussure schuf ihn in der detailliert vorgenommenen Abgrenzung von *langage – langue – parole*. Ausschließlich *langue* wollte er erforscht wissen (vgl. unter **3.4.1**), denn nur *langue* war für ihn ein System, in sich strukturiert und durch Einheiten und Regeln definiert. Daraus ergab sich eine weitere Eingrenzung: Nur für die Sprache, also langue, ist die Entscheidung über synchrone oder diachrone Betrachtungsweise überhaupt sinnvoll, da diese Frage nur für die Erforschung des Sprachsystems gestellt werden kann. Das Sprechen, parole, wird als individuell und akzessorisch ausgegrenzt. Aus dem Text des „Cours" läßt sich deutlich folgende Gleichung herauslesen:

langue = langage – parole.

Diese Überspitzung der tatsächlichen Verhältnisse ist so wissenschaftsgeschichtlich verständlich, wie sie Kritik erwarten ließ: Die Junggrammatiker hatten Sprache per definitionem als psychophysische Tätigkeit betrachtet, die ausschließlich die Sprache je eines Individuums ist; Sprache von Gemeinschaften bis hin zu „dem Deutschen", „dem Englischen" usw. gab es für sie nicht. Dem stellte Saussure die Sprache (langue) als die einer Gruppe gemeinsame Sprachnorm dar, der alle oben genannten positiven Charakteristika zukommen. Er übersah nun aber dabei:

(a) Nicht nur die Sprache ist ein System. Auch beim einzelnen Sprecher, beim konkreten Sprechereignis, muß Systemhaftigkeit vorliegen und diese Systeme müssen bei den Einzelsprechern bzw. -hörern annähernd gleich sein, wenn Sprache als Verständigungsmittel funktionieren soll. Das bedeutet, daß zwar primäres Studienobjekt der Linguistik die Sprache im Sinne von *langue* ist, daß sie aber nicht das einzige Studienobjekt sein darf. Auch die *parole*-Ereignisse müssen erforscht werden. Außerdem gibt es ja nicht *die Sprache an sich*, sondern immer nur das konkrete Sprechen; nur auf dem Wege seiner Untersuchung kann man zur Sprache vordringen.

(b) Saussures Vergleich, *langue* sei die Sinfonie, *parole* die konkrete Aufführung, wurde in der Folgezeit als unzutreffend erkannt. Wenn man schon diesen Vergleich zur Musik heranzieht, dann ist *langue* zutreffender mit dem kompositorischen Wissen vergleichbar, den Regeln, nach denen dann auf der anderen Seite sowohl die Partitur einer bestimmten Tondichtung als auch deren konkrete Aufführung entstehen. Aus diesen Vorbehalten gegen Saussures Begriffe wurde später, insbesondere in der generativen Grammatik, statt „langue – parole" das Begriffspaar „Sprachkompetenz – Sprachverwendung" (= Performanz) eingeführt.

(c) Für Saussure war *langue* ein Vorrat von Zeichen, die durch paradigmatische Beziehungen miteinander verbunden sind und die dann, durch das Paradigma vorgegeben, zu einer syntagmatischen und linearen Anordnung verknüpft werden. Diese Verknüpfung war für Saussure eine weitestgehend freie Leistung des Individuums und gehörte deshalb zu *parole*. Damit klammerte er die Syntax aus der *langue* und also auch aus der Sprachwissenschaft aus, nur feste Wendungen, die im Zeichendepot als Ganzes fixiert waren, gehörten in das Sprachsystem. Das bedeutet, Saussure hat nicht erkannt, daß die Satzbildung, generell die Kombination zu syntaktischen Einheiten, ein regelgeleiteter Prozeß ist, und zwar ein von rekursiven Regeln geleiteter, und daß die Syntax deshalb selbstverständlich ein Teil des bei ihm „innerer Bezirk" genannten Bereiches ist und somit in die Sprachwissenschaft gehört. Der hier vorgelegte Abriß der Wissenschaftsgeschichte reicht nicht bis zu Wilhelm von Humboldt zurück, deshalb verbieten sich an dieser Stelle Vergleiche zwischen Humboldts und Saussures Sprachtheorien, da sie der Leser nicht nachvollziehen könnte; es soll nur als Stichwort die „Kreativität" genannt werden: Bei Humboldt, bei dem Sprache auch *energeia*, immerwährende Schöpfung, nicht nur *ergon*, das Geschaffene ist, „macht sie von endlichen Mitteln einen unendlichen Gebrauch", und diese Kreativität äußert sich nicht nur in der individuellen Kreativität genialer Sprachkünstler, sondern in der ganz alltäglichen Verwendung von Sprache und hier insbesondere in der Syntax.

Zusammengefaßt: Grundlage all dieser Überlegungen bildet ein Sprachsystem, wie es *langue* ist, aber alles Regelhafte der Sprachverwendung muß ebenfalls Gegenstand der Sprachwissenschaft sein.

3. Die Interpretation der Dichotomie „Synchronie vs. Diachronie"[16] durch Saussure ist ebenfalls im wissenschaftsgeschichtlichen Zusammenhang zu sehen (vgl. **3.4.1**). Allerdings muß beachtet werden, daß Saussure nie die ausschließliche Beschäftigung mit synchroner Linguistik gefordert hat, wie immer wieder behauptet wird, selbst aus dem „Cours" konnte man das eigentlich nicht herauslesen: Es sind ausführliche Kapitel über die wichtigsten Bereiche der Sprach-

---

[16] Als Synonyme dazu hat Saussure auch „statische : evolutive Sprachwissenschaft" verwendet.

entwicklung enthalten, und Saussure selbst nannte die evolutive Sprachwissenschaft interessant.

Die Nachfolgeschulen im 20. Jahrhundert haben dann auch unterschiedlich auf diese Dichotomie reagiert. Am deutlichsten hat von vornherein die Prager Schule parallel sowohl synchrone wie auch diachrone Sprachwissenschaft betrieben (vgl. Kapitel 4), dagegen war diese Fragestellung für die Dänen, die Glossematik, überhaupt nicht relevant, hier wurde eine Sprachtheorie vertreten, die man am ehesten im Bereich der Panchronie ansiedeln könnte (vgl. Kapitel 5 und auch oben unter 3.4.1).

4. Kernstück der Sprachtheorie Saussures ist die Auffassung der Sprache als Zeichensystem, als ein System „où tout se tient", d. h. in dem sich alles gegenseitig bedingt, in dem jedes Element durch seinen Platz im Gesamtnetzwerk der Relationen definiert ist. Mehr noch, jedes Einzelzeichen bekommt seinen „Wert" (*valeur*) allein durch dieses Netzwerk, durch die Tatsache, anders zu sein als alle anderen Zeichen desselben Systems. Wenn zwei potentielle Anwärter für Zeichen sich nicht voneinander unterscheiden, keinen auf diese Weise negativ bestimmten Wert haben, dann sind es nicht zwei Zeichen, sondern Realisierungen nur eines Zeichens.

Das Einzelzeichen selbst hat aber auch eine positive Charakteristik, nämlich seine Eigenschaft, eine untrennbare Verbindung aus zwei Komponenten zu sein, aus „Bezeichnendem" (*signifiant*) und „Bezeichnetem" (*signifié*). Im Abschnitt 3.4.2 wurde die Enge der Verknüpfung beider Komponenten zu einem Ganzen anhand der saussureschen Analogie zu einem Blatt Papier illustriert.

Zeichen sind bei Saussure arbiträr **oder** motiviert. Hauptcharakteristik ist ihre Arbitrarität, ihre Konventionalität – nur durch Übereinkunft bestehen sie, nicht auf Grund eines Kausalzusammenhanges zwischen den beiden Komponenten. Doch Saussure sah nicht oder machte nicht deutlich, daß die Fälle, in denen in der Tat Motiviertheit vorliegt (primäre Motiviertheit bei Onomatopoetika, sekundäre bei regelhafter Wort- und Formenbildung), Arbitrarität nicht negieren, so daß also die Motiviertheit nicht den Gegenpol zur Arbitrarität bilden kann. Ohne diesen Gedanken zu vertiefen, soll hier darauf hingewiesen werden, daß ein noch so starkes Motiv nie das einzig mögliche ist.[17] Die Linguistik hat deshalb Saussures Dichotomie „Arbitrarität – Motiviertheit" korrigiert in eine, die der Arbitrarität die soziale Determiniertheit gegenüberstellt: Nur sprachliche Zeichen, die von der Sprachgemeinschaft anerkannt sind, können und dürfen von

---

[17] Beispiel: Der Kuckuck ist zwar nach seinem charakteristischen Ruf, also motiviert, benannt worden, aber es gibt auch andere Motive, die möglich gewesen wären, z.B. seine erhebliche Größe, seine instinktgeleitete Lebensweise, keine Nester zu bauen, sondern seine Eier in fremde Nester zu legen und seine Jungen von unfreiwilligen „Gasteltern" aufziehen zu lassen u. a. m.

den Einzelsprechern benutzt werden, wenn die Sprache ihrer Funktion, Verständigungsmittel zu sein, genügen soll. Ausschließlich dadurch wird die Arbitrarität eingeschränkt und deshalb darf arbiträr nicht als „willkürlich (für den Einzelnen)" aufgefaßt werden.

In bezug auf Saussures Lehre von den Zeichen*systemen* ist ihm dagegen die Sprachwissenschaft des 20. Jahrhunderts uneingeschränkt gefolgt. Es gibt heute als etablierte Wissenschaft die **Semiotik**, die sich mit den unterschiedlichsten Arten von Zeichensystemen beschäftigt und Gemeinsamkeiten und Unterschiede zwischen ihnen erforscht. Unter semiotischem Aspekt ist Sprache, genauer: die natürlich gewachsene, von einer menschlichen Gemeinschaft benutzte Sprache, nur ein Untersuchungsobjekt von vielen, und Sprachwissenschaft ist damit unter zeichentheoretischem Aspekt betrachtet ein Teilbereich der Semiotik. Den Semiotiker interessieren nicht so sehr die Besonderheiten des Zeichensystems Sprache, z. B. seine Universalität, sondern vor allem die mit anderen semiotischen Systemen gemeinsamen Eigenschaften.

5. Saussures System aus paradigmatischen und syntagmatischen Relationen hat zwar nicht ihr Ziel erreicht, die etablierten Wissenschaftsgebiete Phonetik – Morphologie – Lexikologie – Syntax abzulösen, aber es hat nachhaltigen Einfluß ausgeübt auf die Linguistik dieses Jahrhunderts in Form der Grundoperationen **Segmentieren** und **Klassifizieren**; segmentiert wird unter Beachtung der syntagmatischen Relationen, klassifiziert auf Grund der paradigmatischen Relationen. Alle klassischen Schulen der strukturellen Linguistik[18] sind durch diese Grundoperationen charakterisiert und werden deshalb auch als „taxonomische Linguistik" bezeichnet.[19]

6. Bei der Einschätzung der Sprachtheorie Ferdinand de Saussures muß noch auf folgende Defizite dieser Theorie hingewiesen werden: Sie betrachtete erstens den Aufbau des Sprachsystems, nahm aber keine Analyse eines konkreten Sprachsystems vor. Sie betrachtete zweitens das Sprachsystem isoliert, nicht nur von allen Bezügen zum Sprachträger, sondern auch ohne Vergleich zu anderen Sprachsystemen, also ohne Thematisierung des Sprachvergleichs. Beides war jedoch auch nicht beabsichtigt, es hätte die Anwendung der Theorie betroffen, nicht die Theorie selbst und qualifiziert Saussures Sprachtheorie deshalb auch nicht ab. – Die Nachfolgeschulen haben auf diesen Punkt unterschiedlich rea-

---

[18] D. h. der Prager Linguistenkreis, der dänische Strukturalismus (Glossematik) und die US-amerikanische deskriptive Linguistik; die anscheinend naheliegende „Genfer Schule" wird hier aus methodengeschichtlichen Gründen ausgeklammert, weil sie zu stark an die Interpretation Saussurescher (Original-)Gedanken geknüpft ist und weniger als die anderen eine eigenständige Weiterentwicklung dieser Theorie vorgenommen hat.

[19] Dieser Terminus geht auf N. Chomsky zurück, vgl. Kapitel **8**.

giert; sie haben entweder ausschließlich theoretisch gearbeitet (so die Glossematik) oder auch die Anwendungen der Theorie mitberücksichtigt (so der Prager Kreis) oder sogar die Anwendungen in den Vordergrund gerückt (so die deskriptive Linguistik).

Zusammenfassend kann man sagen, daß die saussuresche Sprachtheorie ausreichende positive Denkanstöße wie auch Reibungsflächen bot, um die Linguistik der folgenden Jahrzehnte nachhaltig beeinflussen zu können. In den nächsten Kapiteln wird – über die vorstehenden knappen Bemerkungen hinaus – am Beispiel der einzelnen Richtungen gezeigt, wie diese die Grundthesen Saussures aufgegriffen oder modifiziert, in jedem Fall aber auf sie Bezug genommen haben. Alle diese Schulen einte dabei, daß Sprache als ein Phänomen angesehen wurde, das mehr ist als die Gesamtheit aller Sätze, die von einer bestimmten Gruppe von Menschen zufällig hervorgebracht werden. Sprache ist vielmehr ein strukturiertes System, ein Ganzes, das eben nicht eine Anhäufung von Einzelheiten ist, sondern aus Elementen aufgebaut ist, die in Wechselbeziehung zueinander stehen, ein System „où tout se tient", wie Saussure formuliert hat.

3.6 Literaturangaben

R. Bastide (Hrsg., [2]1972): Sens et usage du terme structure dans les sciences humaines et sociales (Bedeutung und Gebrauch des Terminus Struktur in den Geistes- und Sozialwissenschaften). Den Haag/Paris.

E. Benveniste (1963): Saussure après un demi-siècle (Saussure, ein halbes Jahrhundert später). Wiederabdruck in: E. Benveniste 1966: Problèmes de linguistique générale I (Probleme der allgemeinen Sprachwissenschaft I). Paris.

E. Buyssens (1961): Origine de la linguistique synchronique de Saussure (Ursprung der synchronen Linguistik de Saussures). In: Cahiers Ferdinand de Saussure XVIII. Genf.

H.-H. Christmann (1972): Saussure und die Tradition der Sprachwissenschaft. In: Archiv für neuere Sprachen 208.

R. Conrad (1985): Zu den Beziehungen zwischen Arbitrarität und Motiviertheit in der Zeichenkonzeption Ferdinand de Saussures. In: Zeitschrift für Phonetik, Sprachwissenschaft und Kommunikationsforschung 38/2. Berlin.

E. Coseriu ([2]1971): Sprache, Strukturen und Funktionen, XII Aufsätze. Tübingen.

W. Doroszewski (1933): Quelques remarques sur les rapports de la sociologie et de la linguistique: Durkheim et F. de Saussure (Einige Bemerkungen über die Beziehungen zwischen Soziologie und Linguistik: Durkheim und Saussure). In: Journal de Psychologie normale et pathologique 30.

E. Durkheim (dt. 1899/1961): Regeln der soziologischen Methode (Autorisierte Übersetzung der 4. Auflage). Leipzig.

R. Engler (1967/68): Ferdinand de Saussure, Cours de linguistique générale, édition critique par Rudolf Engler. Wiesbaden.

R. Engler (1987): Die Verfasser des CLG. In: Geschichte der Sprachtheorie 1. Zur Theorie und Methode der Geschichtsschreibung der Linguistik, hrsg. von P. Schmitter. Tübingen.

R. Godel (1957): Les Sources manuscrites du Cours de linguistique générale de Ferdinand de Saussure (Die handschriftlichen Quellen der „Grundfragen der allgemeinen Sprachwissenschaft" von F. de Saussure). Genève/Paris.

R. Godel (1961/63): L'école saussurienne de Genève (Die Genfer Schule). In: Trends in European and American Linguistics. Utrecht/Antwerpen.

H. Happ (1985): *'paradigmatisch' – 'syntagmatisch'*. Zur Bestimmung und Klärung zweier Grundbegriffe der Sprachwissenschaft. Heidelberg.

L. Jäger (1984): Ferdinand de Saussure. Genese, Rezeption und Aktualität seiner Sprachtheorie. In: Sprache und Literatur in Wissenschaft und Unterricht 54, 15. Jg., 2. Halbjahr.

E. F. K. Koerner (1973): Ferdinand de Saussure. Origin and Development of his Linguistic Thought in Western Studies of Language: A Contribution to the History and Theory of Linguistics. Braunschweig.

T. de Mauro (1984): Ferdinand de Saussure, Cours de linguistique générale, édition critique préparée par Tullio de Mauro. Paris.

F. de Saussure (1879): Mémoire sur le système primitif des voyelles dans les langues indoeuropéennes. Leipsick. (Denkschrift über das ursprüngliche Vokalsystem der indoeuropäischen Sprachen. Leipzig) [reprograph. Nachdruck der Leipziger Ausgabe: Hildesheim 1968].

F. de Saussure (1916): Cours de linguistique générale (hrsg. von Ch. Bally und A. Sechehaye unter Mitwirkung von A.Riedlinger). Genf. Deutsche Übersetzung: „Grundfragen der allgemeinen Sprachwissenschaft" (Übers. H. Lommel) 1931; [2]1967 mit neuem Register und einem Nachwort von P. v. Polenz. Berlin.

Th. M. Scheerer (1980): Ferdinand de Saussure: Rezeption und Kritik. Darmstadt.

A. Sechehaye (1927): L'école genevoise de linguistique générale. In: Indogermanische Forschungen 44.

W.-D. Stempel (1978): Gestalt, Ganzheit, Struktur. Aus Vor- und Frühgeschichte des Strukturalismus in Deutschland. Göttingen.

W. Streitberg (1914): Ferdinand de Saussure. In: Indogermanisches Jahrbuch II.

R. Wells (1947): De Saussures System of Linguistics. In: Word 1947 [Wiederabdruck in: M. Joos: Readings in Linguistics [4]1966. Chicago].

P. Wunderli (1974): Saussure und die Kreativität. In: Vox Romanica 33, 1-31. Bern.

4. Der Prager Linguistenkreis

4.1 Gründung und Gründer des Kreises, der „Funktionalen Linguistik"

Eine der klassischen Schulen der strukturellen Linguistik, die im 20. Jahrhundert unter beträchtlicher Anlehnung an die in Ferdinand de Saussures „Cours de linguistique générale" entwickelte Sprachtheorie entstand, ist der Prager Linguistenkreis.[1] Er bestand als Institution seit 1926 und beeinflußte insbesondere in den zwanziger und dreißiger Jahren die Entwicklung der Linguistik auch im internationalen Rahmen. Zu den Begründern des Kreises gehören vor allem Vilém Mathesius und Josef Zubatý mit ihren Schülern Bedřich Trnka, Bohuslav Havránek und Vladimir Skalička, aber auch Nikolaj Sergeevič Trubetzkoy, Roman Jakobson und Sergej (Serge) Karcevski, dazu der Psychologe und Sprachtheoretiker Karl Bühler und der Literaturtheoretiker Jan Mukařovský, um nur die wichtigsten zu nennen.

Die Spezifik dieser Richtung und ihr großer Erfolg beruhen zu einem wesentlichen Teil auf den gemeinsamen, aber auch sich ergänzenden wissenschaftlichen Interessen der am Entstehen des Prager Kreises beteiligten Linguisten. Da muß zunächst die Gruppe der in Prag arbeitenden tschechischen Wissenschaftler genannt werden, deren führender Kopf der Anglist Vilém Mathesius war. Dieser hatte bereits 1911 in einem (jedoch damals nur tschechisch publizierten) Vortrag die synchrone Beschreibung der Sprache gefordert, also noch ehe Saussures Buch erschien. Es ist belegt, daß Mathesius zumindest Baudouin de Courtenays diesbezügliche Arbeiten kannte, wahrscheinlich jedoch auch die Arbeiten anderer Linguisten, die das diachrone Herangehen der Junggrammatiker kritisierten, z. B. die Arbeiten des Leipziger Sinologen H.G.C. von der Gabelentz. Dieselben Ansichten wie Mathesius vertrat sein Prager Kollege Josef Zubatý, Indogermanist und Bohemist. Noch ehe sie und ihre Schüler mit F. de Saussures „Cours de linguistique générale" bekannt wurden, in dem sie eine glänzende Bestätigung ihrer eigenen Vorstellungen, aber auch Ansatzpunkte für Kritik fanden,

---

[1] Franz. „Circle Linguistique de Prague" – diese Bezeichnung verwendete man auch in der Veröffentlichungsreihe „Travaux du Circle Linguistique de Prague", auf die im Verlauf dieses Kapitels noch mehrfach hingewiesen wird.

schloß sich ihnen der sogenannte „russische Flügel" an, Trubetzkoy, Jakobson und Karcevski, die aus unterschiedlichen Motiven die gerade gegründete Sowjetunion verlassen hatten. Für Informationen zu den wissenschaftlichen Biographien von Trubetzkoy und Jakobson soll an dieser Stelle auf spätere Abschnitte in diesem Kapitel verwiesen werden, hier genügt der Hinweis, daß Trubetzkoy in Wien, Jakobson in Brno und Prag arbeitete. Karcevski war als Sozialdemokrat nach der Revolution von 1905 aus Rußland in die Schweiz geflohen, er wurde in Genf mit der Sprachtheorie de Saussures bekannt und machte, als er nach der Februarrevolution 1917 nach Rußland zurückkehrte, „uns alle zu begeisterten Saussurianern"[2]. Karcevski verließ nach der Oktoberrevolution Rußland erneut und lebte bis zu seinem Tod in Genf. Prag – Wien – Genf waren also die Wirkungsstätten des „Prager Kreises", aber unzweifelhaft war Prag das Zentrum der Gruppe, hier bildeten sich ihre markanten Charakteristika heraus.

Die Prager traten zum ersten Mal international in Erscheinung auf dem 1. Linguistenkongreß in Den Haag 1928, wo sie in die Diskussion über die Methoden der linguistischen Beschreibung eingriffen, jedoch noch als Einzelpersonen. Entscheidende Ereignisse für die internationale Anerkennung dieser Wissenschaftler als Gruppe mit relativ geschlossenen gemeinsamen Vorstellungen über Aufgaben und Methoden der linguistischen Forschung waren dann der 1. Slavistenkongreß 1929 in Prag und die Phonologische Konferenz 1931, ebenfalls in Prag.

Zum 1. Slavistenkongreß erschien der erste Band der Reihe „Travaux du Circle Linguistique de Prague" („TCLP", Arbeiten des Prager Linguistenkreises), in dem unter anderem das Arbeitsprogramm dieser Gruppe veröffentlicht wurde (die „Thesen", s. u. **4.3**). In dieser Reihe erschienen insgesamt 8 Bände, und zwar zu folgenden Themen:

TCLP 1 (1929): Mélanges linguistiques dédiés au premier congrès des philologues slaves (Vermischte linguistische Schriften. Gewidmet dem 1. Slavistenkongreß).

TCLP 2 (1929): R. Jakobson, Remarques sur l'évolution phonologique du russe, comparée à celle des autres langues slaves (Bemerkungen zur phonologischen Entwicklung des Russischen, verglichen mit der der anderen slavischen Sprachen).

TCLP 3 (1930): B. Trnka, On the Syntax of the English Verb from Caxton to Dryden.

---

[2] Aus einem Interview mit Roman Jakobson.

TCLP 4 (1931): Réunion phonologique internationale tenue à Prague (18-21/XII 1930) (Internationaler Phonologenkongreß in Prag vom 18.-21.12.1930).

TCLP 5₁ (1934 angekündigt, nie erschienen): Description phonologique du russe moderne I (Phonologische Beschreibung des modernen Russischen, Teil I): R. Jakobson, Phonologie générale du mot (Allgemeine Phonologie des Wortes).

TCLP 5₂ (1934): Description phonologique du russe moderne II (Phonologische Beschreibung des modernen Russischen, Teil II): N. Trubetzkoy, Das morphonologische System der russischen Sprache.

TCLP 5₃ (1934 geplant, nie erschienen): Description phonologique du russe moderne III (Phonologische Beschreibung des modernen Russischen, Teil III): Phonologie syntactique. Phonologie et écriture. Phonologie du vers (Syntaktische Phonologie. Phonologie und Schrifttum. Phonologie des Verses).

TCLP 6 (1936): Études dédiées au quatrième congrès de linguistes (Studien zum 4. Linguistenkongreß).

TCLP 7 (1939): N.S. Trubetzkoy, Grundzüge der Phonologie.

TCLP 8 (1939): Études phonologiques dédiées à la mémoire de M. le Prince N.S. Trubetzkoy (Phonologische Studien, dem Andenken des Prinzen N.S. Trubetzkoy gewidmet).

1939 wurde – aufgrund der politischen Ereignisse und der damit in Zusammenhang stehenden Emigration eines Teiles der Mitglieder – diese Reihe eingestellt. Dafür begannen die tschechischen Linguisten die Herausgabe der bis heute international bekannten Zeitschrift „Slovo a slovesnost" (Wort und Schrifttum). Nach dem 2. Weltkrieg griffen die Prager Linguisten die Tradition ihres Linguistenkreises wieder auf; es wurde auch der Versuch unternommen, die Reihe TCLP weiterzuführen, nun unter dem Titel „Travaux linguistiques de Prague" (TLP, Linguistische Arbeiten aus Prag) (ab 1964).

Der Prager Zirkel ist auch unter dem Namen „Funktionale Linguistik" bekannt, einem Namen, den sich die Gruppe selbst gegeben hat, um auf ihre spezifische Stellungnahme zu Gegenstand und Aufgaben der Linguistik hinzuweisen. Die Mitglieder dieser Gruppe verstehen „Funktion" nicht im mathematischen Sinne einer Relation zwischen Funktiven – wie L. Hjelmslev diesen Begriff handhabt, vgl. Kapitel **5** –, sondern in der alltagssprachlichen Bedeutung „eine Funktion/eine Aufgabe haben". Sprache ist für die Prager *Verständigungsmittel*. Dies schließt sowohl die Mittel der Verständigung als auch das Ziel ein und fragt immer auch nach dem Träger der betrachteten Eigenschaft („*wessen* Funktion?"). Die *Klassen von Funktionen* „Darstellung – Ausdruck – Appell" erarbeitete Karl Bühler (s. u. **4.2**), Jakobson und Mukařovsky lösten dann aus der Ausdrucksfunktion noch als vierte die „poetische (ästhetische) Funktion" heraus.

In Selbstdarstellungen der Prager Linguisten wird mehrfach betont, daß die Spezifik des Kreises, eine funktionale strukturelle Linguistik zu sein, aus der Zusammenarbeit der tschechischen und der russischen Mitglieder zu erklären ist. Der „russische Flügel" habe stärker den strukturellen Aspekt eingebracht, der „tschechische Flügel" – in Zusammenarbeit mit den Gestaltpsychologen – den funktionalen Aspekt. Dabei ist in der Tat eine linguistische Richtung entstanden, die bei beispielhaftem Theorieverständnis immer auch sehr praxisnahe Fragestellungen in den Mittelpunkt gerückt hat.

4.2 Einflüsse aus der Sprachwissenschaft und aus Nachbarwissenschaften: J. Baudouin de Courtenay, F. de Saussure, Gestaltpsychologie

Bei den in den folgenden Abschnitten behandelten Arbeitsgebieten der Linguisten des Prager Kreises fällt die thematische Nähe zu Baudouins Forschungen auf. Bemerkenswert ist, daß hierzu beide „Flügel" der Gruppe beigetragen haben, wenn auch mit unterschiedlichen Voraussetzungen. Für die tschechischen Mitglieder des Kreises war es in der Regel leichter als für Westeuropäer, die russisch und polnisch geschriebenen Artikel Baudouins und Kruszewskis zu verfolgen, zweitens kam auch ein gleichgelagertes eigenes Interesse an den betreffenden Themenkreisen hinzu. V. Mathesius z. B. berief sich bei seiner Forderung nach synchroner Sprachforschung auf Baudouin, B. Havránek griff seine Phonemdefinition auf und B. Trnka nannte ihn beispielgebend für Untersuchungen zu schichtenspezifischen Fragen.[3] Baudouins Überwindung junggrammatischer Fehler bestärkte die tschechischen Mitglieder des Kreises in ihren eigenen Zweifeln an dem zu Beginn unseres Jahrhunderts in Mitteleuropa noch immer herrschenden historisch-vergleichenden Paradigma der Junggrammatiker.

Die russischen Mitglieder des Kreises brachten dazu eine in Rußland völlig ungebrochene Baudouin-Tradition mit, auch wenn sie nicht direkte Schüler von diesem gewesen waren.

Die reiche Bandbreite der Prager Forschungsgebiete läßt sich in erstaunlichem Maße auf Baudouin zurückführen, wie ein Vergleich der in **4.3** genannten

---

[3] Vgl. dazu die entsprechenden Abschnitte in Kapitel **2** über Baudouin de Courtenay.

Themen mit den Abschnitten im Kapitel über Baudouin zeigt. Etwas pointiert ausgedrückt: Letztlich kann man für alle Bereiche, zu denen innerhalb der klassischen Schulen der strukturellen Linguistik lediglich die Prager gearbeitet haben, die Quellen bei Baudouin finden.

Die zweite entscheidende Quelle für die Prager Schule war ohne Zweifel Ferdinand de Saussures „Cours de linguistique générale" (vgl. Kapitel 3). Der russische Flügel brachte die Kenntnis dieser sprachtheoretischen Gedankengänge – durch Karcevski vermittelt – bereits aus Rußland mit, die tschechischen Vertreter griffen den „Cours" ebenfalls bereitwillig auf, auch wenn dann beide Gruppen nicht in allen Thesen Saussure folgten, was in den entsprechenden Abschnitten im einzelnen erläutert werden soll. An Saussures Theorie überzeugte sie die Forderung nach synchroner Sprachforschung und die Auffassung von Sprache als einem in sich strukturierten System, in dem die Einzelbestandteile unselbständig gebunden sind, einem System von Zeichen, das Bezug zu anderen Zeichensystemen hat.

Darüber hinaus wurde die Linguistik des Prager Kreises geprägt durch Kontakte zu einer benachbarten Geisteswissenschaft, der Psychologie. Während sich die Junggrammatiker jedoch an der Individualpsychologie Herbarts orientierten, wurden die Prager durch eine zu Beginn des 20. Jahrhunderts an Bedeutung gewinnende Richtung der Psychologie beeinflußt, besser: in ihren eigenen Vorstellungen bestärkt, durch die „Ganzheits-" bzw. „Gestaltpsychologie". Ihr Begründer war Christian von Ehrenfels, der von 1896 bis 1932 in Prag wirkte und bereits 1890 die programmatische Arbeit „Über Gestaltqualitäten" veröffentlicht hatte. Psychologische Gestalten wurden als strukturiertes System angesehen, als ganzheitliche Bildungen, die der atomistischen Behandlung der Bewußtseinsinhalte gegenübergestellt wurden. Beachtet werden muß für die Bezüge zur Sprachwissenschaft, was der dänische Linguist Viggo Brøndal 1939[4] schrieb:

> Man kann sagen, auch in der Psychologie steht der Begriff Struktur (dt. *Gestalt*, engl. *pattern*) im Zentrum der Aufmerksamkeit. (1939,6, Übersetzung aus dem Französischen)

Auch andere Linguisten haben das deutsche *Gestalt* als Übersetzung des französischen *structure* bezeichnet; also begrifflich wie terminologisch gibt es deutliche Parallelen zwischen den beiden Wissenschaften. Zwei Zitate von führenden Gestaltpsychologen der Zwischenkriegszeit belegen dies eindringlich:

---

[4] In: Acta Linguistica 1939, I/1, Copenhague.

Gestalten sind Ganze, deren Verhalten nicht durch das Verhalten ihrer individuellen Elemente bestimmt sind, sondern durch die innere Natur des Ganzen. (Wertheimer, zitiert nach Katz [4]1969, 103/104)

sowie:

In dem Gefügezusammenhang einer Gestalt bestimmen das Ganze und seine Teile sich wechselseitig: die Teile sind im Ganzen unselbständig gebunden, sie prägen ihm aber seine Gliederung auf. (Matthaei, zitiert nach Katz [4]1969, 104)

Die Gestaltpsychologie war den Mitgliedern des Prager Kreises vertraut, wie nur zwei Fakten belegen sollen: Zum einen lehrte Chr. v. Ehrenfels in Prag, Jakobson betont, daß er ihn in dieser Zeit kennengelernt hat. Zum anderen stand Karl Bühler (1879-1963), Gestaltpsychologe und Linguist in Wien bis zu seiner Emigration in die USA, in engem Kontakt zum Prager Kreis, war sogar sein Gründungsmitglied[5]. 1913 hatte Bühler „Die Gestaltwahrnehmungen" veröffentlicht, 1934 erschien sein sehr einflußreiches Buch „Die Sprachtheorie. Das Organonmodell der Sprache".[6] Seine gestaltpsychologischen Thesen finden sich in den linguistischen Arbeiten der Prager bis hin zu wörtlichen Übernahmen wieder. Erwähnt werden sollen hier die *Funktionen des Schalls* bei N.S. Trubetzkoy (siehe bei seiner Behandlung der Phonologie) und Trubetzkoys Einführung des Phonembegriffs, die hier, die eigentliche Behandlung schon einmal vorwegnehmend, als Illustration angeführt wird:

Man darf sich die Phoneme nicht etwa als Bausteine vorstellen, aus denen die einzelnen Wörter zusammengesetzt werden. Vielmehr ist jedes Wort eine lautliche Ganzheit, eine *Gestalt*, und wird auch von den Hörern als eine Gestalt erkannt, ebenso wie man etwa einen bekannten Menschen auf der Straße an seiner ganzen Gestalt erkennt. Das Erkennen der Gestalten setzt aber ihre Auseinanderhaltung voraus, und diese ist nur dann möglich, wenn die einzelnen Gestalten sich voneinander durch gewisse Merkmale unterscheiden. Die Phoneme sind eben die *Unterscheidungsmale* der Wortgestalten [...]. Als Gestalt enthält jedes Wort immer etwas mehr als die Summe seiner Glieder (= Phoneme) – nämlich jenen Ganzheitsgrundsatz, der die Phonemreihe zusammenhält und dem Wort seine Individualität verleiht. (1989, 34/35)

Auf die nach dem Zweiten Weltkrieg insbesondere in den USA wiederaufgenommenen gestaltpsychologischen Forschungen kann hier nicht eingegangen werden, es bleibt aber festzuhalten, daß diese Richtung der Psychologie eine ganz wesentliche Rolle in den Geisteswissenschaften unseres Jahrhunderts gespielt hat und noch spielt. Die Kontakte der Prager Linguisten zu den Prager

---

[5] Wie ein entsprechendes Foto zeigt.

[6] Hierin behandelt er auch seine drei Funktionen der Sprache „Darstellung – Ausdruck – Appell". Die Funktion der Darstellung bezieht sich auf den Sachverhalt, die des Ausdrucks auf den Sprecher, die des Appells auf den Hörer.

und Wiener Gestaltpsychologen wirkten sich außerordentlich fruchtbar auf die Linguistik aus, insbesondere deshalb, weil sich hier eine Bestätigung auch für die Thesen F. de Saussures finden ließ.

Mit einem Blick auf eine weitere Wissenschaft wird die Bedeutung der Gestaltpsychologie noch zusätzlich unterstrichen: In der Biologie zeigt sich seit Hans Driesch (1867-1941)[7] und verstärkt in dem daran anschließenden Holismus[8] der dreißiger Jahre eine deutliche Ganzheitsauffassung, die einer wissenschaftshistorisch vorausgehenden Teil-Auffassung gegenübergestellt wird, ganz analog zur Reaktion der strukturellen Linguistik auf die atomistischen Tendenzen in der vorausgehenden historisch-vergleichenden junggrammatischen Schule. Der Holismus beschwört die allumfassende, sich in einer Gesamtstruktur organisch aufbauende Wirklichkeit. Driesch hatte zudem mit seinem „Vitalismus" einen teleologisch wirkenden Ordnungs- und Naturfaktor eingeführt, der – auf Aristoteles' *Entelechie* fußend – eine auf ein Ziel gerichtete Kraft in der Entwicklung darstellt. Die Parallelen zur Prager Linguistik sind auch hierin offensichtlich. Keine der anderen strukturellen Richtungen in der Linguistik unseres Jahrhunderts benutzt teleologische, d. h. durch Bewegung auf ein Ziel hin definierte, Erklärungen für die Sprachentwicklung, ausschließlich der Prager Kreis, wie weiter unten am Beispiel Roman Jakobsons illustriert werden soll.[9] In Saussures Sprachtheorie läßt sich kein Ansatzpunkt für die Verwendung teleologischer Thesen finden, auch nicht in den Arbeiten Baudouin de Courtenays, also ist offensichtlich die methodische Nähe zur Ganzheits- bzw. Gestaltpsychologie das sonst fehlende Verbindungsglied in der Erklärungskette. Karl Bühler z. B. benutzte schon seit seinen frühen Arbeiten teleologische Argumente, u. a. in seiner „Krise der Psychologie" (Jena 1927).

4.3 Hauptarbeitsgebiete des Prager Linguistenkreises

Durch die Beziehung der strukturellen Betrachtungsweise auf die Funktion der Sprache öffnete sich der Prager Kreis für ein weites Aufgabenfeld. Wir finden in den Arbeiten dieser Linguisten sowohl Strukturanalysen, die das Sprachsystem im Sinne von F. de Saussures „innerem Bezirk der Sprachwissenschaft" erforschen, als auch die Behandlung der Beziehungen der Sprache zur außersprach-

---

[7] Vgl. H. Driesch (1908 Übersetzung aus dem Englischen): Philosophie des Organischen. Gifford-Vorlesungen. 2 Bände.

[8] Vgl. J.C. Smuts (1938 Übersetzung aus dem Englischen): Die holistische Welt.

[9] Beachte dazu seine Auffüllung leerer Kästchen als Ziel der Entwicklung phonologischer Teilsysteme.

lichen Realität sowie Arbeiten zum Sprachvergleich, d. h. die Behandlung der Beziehungen zwischen einzelnen Sprachen. Die Forscher dieses Kreises haben die strukturelle Betrachtung auf alle Ebenen des Sprachsystems ausgedehnt, auf Phonologie, Morphologie, Syntax und Semantik; sie haben sich mit Dialektologie und dem Problem der Schriftsprache beschäftigt, und sie haben Bedeutendes für die Literaturtheorie geleistet.

Bei diesem breiten Interessenspektrum in bezug auf das zu untersuchende Material sind gewisse Divergenzen und sich ergänzende Ansichten über die Methoden der sprachwissenschaftlichen Forschung unvermeidlich. Dennoch ist in den Grundannahmen Übereinstimmung festzustellen, wovon bereits die „Thèses" (1929) zeugen, die das Arbeitsprogramm des Kreises darstellen, kollektiv verfaßt und ohne Autorenangabe gedruckt (siehe unter **4.1** und weiter unten im gegenwärtigen Abschnitt).

Es sind dies vor allem:

(a) Ausgangspunkt ist Saussures These, daß die Sprache ein System von Zeichen ist, dessen Struktur erforscht werden müsse. Dem im wesentlichen starren Systembegriff Saussures haben die Prager nun aber einige Ergänzungen hinzugefügt, die ihre Forschungen zu den fruchtbarsten innerhalb der strukturellen Linguistik werden ließen. Vor allem legten sie das System dynamisch an. Interessant ist, daß auch der dänische Linguist V. Brøndal in dieser Zeit schrieb[10]:

> [...] die Zeit [...] zeigt sich innerhalb der Synchronie, und man muß hier ein statisches und ein dynamisches Moment unterscheiden; [...]. (1939, 8, Übersetzung aus dem Französischen)

Vorausgeschickt werden muß, daß die mit der Übernahme der Gedanken des „Cours" verbundene Kritik an den Junggrammatikern für die Prager keinen krassen Bruch mit den Traditionen der historisch-vergleichenden Sprachwissenschaft bedeutet. Als strukturell orientierte Richtung lehnten sie natürlich den Atomismus der Junggrammatiker ab. So schrieb Jakobson 1936 in „Beitrag zur allgemeinen Kasuslehre":

> Die mechanistisch eingestellte Sprachwissenschaft setzte die Gesamtbedeutungen auf den Index. (1936, 240)

Gesamtbedeutungen z. B. morphologischer Kategorien wurden zu einem wesentlichen Thema der Prager Forschungen.

Hier soll andererseits aber vor allem darauf hingewiesen werden, daß die Prager von Anfang an die strikte Trennung von Synchronie und Diachronie und die damit verbundene Überbetonung der Erforschung synchroner Zusammenhänge

---

[10] In: Acta Linguistica I/1, Copenhague.

bei Saussure nicht teilten. So wurde z. B. parallel zur Phonologie auch die historische Phonologie erarbeitet; als Band 2 der TCLP erschien bereits 1929 Jakobsons Schrift „Remarques sur l'évolution phonologique du russe, comparée à celle des autres langues slaves" (Bemerkungen zur phonologischen Entwicklung des Russischen, verglichen mit der der anderen slavischen Sprachen), 1931 dann vom selben Autor „Prinzipien der historischen Phonologie" (TCLP 4).

(b) Die Prager sahen die Sprachstruktur in enger Verbindung zu den sie umgebenden Strukturen. Sie sind damit die einzige Richtung innerhalb der strukturellen Linguistik, die die außersprachliche Realität berücksichtigte. Vl. Skalička schrieb später:

> Da wir diese Bezüge berücksichtigen, werden wir nicht – wie Hjelmslev – von einer ‚erschöpfenden Beschreibung' des Textes sprechen. Das geht isoliert gar nicht.[11]

Und derselbe Autor bringt in diesem Artikel auch folgende deshalb notwendig gewordene Modifizierung des Strukturbegriffs:

> Teile sind nicht nur Teile eines Ganzen, sie haben ihr selbständiges Leben und ihre selbständige Beziehung zur außersprachlichen Welt.

Das führte die Prager Linguisten zur Untersuchung der funktionalstilistischen Sprachschichten und der Beziehungen der Sprache zu Literatur, Kunst und Kultur. Die Grundlage hierfür bildete die schon in **4.2** erläuterte Lehre Karl Bühlers von den drei Funktionen der Sprache (Ausdruck – Appell – Darstellung), die von den Pragern noch um eine vierte Funktion, die poetische (ästhetische) Funktion, ergänzt wurde. Damit wurde auch Saussures „parole" (vgl. unter **3.4.1.**) ein Stellenwert *innerhalb* der Linguistik zugebilligt: Mathesius berief sich bei seiner auf die Funktion gerichteten Forschung auf Wilhelm von Humboldts Antinomie *„energeia* (das zu Erzeugende) : *ergon* (das Erzeugte)". Die Prager untersuchten dieser Auffassung folgend auch die Sprechtätigkeit des Menschen, also *parole*-Ereignisse. Sie erkannten, daß das Sprechen ebenfalls Systemhaftigkeit aufweisen muß, da sonst die Funktionen der Sprache in der Sprechtätigkeit nicht erfüllt werden könnten. Auf dieser theoretischen Basis also beruhte die Ausarbeitung der Funktionalstilistik durch Forscher dieses Kreises, und die Unterscheidung „Satz : Äußerung" mit Systemcharakter beider Einheiten wurde schließlich zum Ausgangspunkt für die linguistische Erforschung von Texten.

(c) Die Prager Linguisten bezogen auch die Untersuchung von Beziehungen zwischen Sprachsystemen ein, d. h. Sprachvergleich, Sprachtypologie und Sprachbundproblematik.

---

[11] Aus einem tschechischen Artikel in Slovo a Slovenost 1948, X/3.

Zusammengefaßt:

Die Prager erforschten

(a) die Beziehungen der Sprache zu ihren Teilen bzw. der Teile zueinander = Strukturanalysen;

(b) die Beziehungen der Sprache zu außersprachlichen Gegebenheiten = Semantik, Stilistik, Poetik;

(c) die Beziehungen der Sprache zu anderen Sprachen = Sprachvergleich, Sprachklassifikationen (typologisch sowie geographisch in Sprachbünden).

Einige der „Thesen" sollen im folgenden dieses Programm verdeutlichen.

Zu (a):

Die Strukturanalyse wird in These 1 thematisiert: „Probleme der Methode, die sich aus der Auffassung der Sprache als eines Systems ergeben, und die Bedeutung dieser Auffassung für die slavischen Sprachen" (1976, 43). Hier findet sich auch der Kernsatz der Prager:

> Unter diesem Gesichtspunkt ist die Sprache ein System von Ausdrucksmitteln, die auf ein bestimmtes Ziel gerichtet sind. (1976, 43)

Ein zweiter Abschnitt der ersten These ist dem Verhältnis zwischen Synchronie und Diachronie gewidmet. Es heißt hier:

> Die beste Art und Weise, das Wesen und den Charakter einer Sprache zu erkennen, ist die synchronische Analyse der Gegenwartssprache, die allein vollständiges Material bietet und zu der man direkten Zugang hat. (1976, 44)

Aber die Prager betonen auch:

> Die Auffassung der Sprache als eines funktionalen Systems gilt in gleicher Weise für das Studium vergangener Sprachzustände, ob es sich nun um ihre Rekonstruktion handelt oder darum, ihre Entwicklung zu erforschen. (1976, 44)

und andererseits heißt dies für diachrone Untersuchungen:

> Die diachronische Untersuchung schließt also die Begriffe des Systems und der Funktion nicht nur nicht aus, sondern sie ist im Gegenteil unvollständig, wenn sie diese Begriffe nicht berücksichtigt. (1976, 45)

Es ist diese These, die dann insbesondere in Jakobsons „Historischer Phonologie" ihre Ausarbeitung fand.

Zu (b):

Die Beziehungen der Sprache zu außersprachlichen Gegebenheiten behandelt die These 3: „Probleme der Erforschung von Sprachen mit verschiedenen Funktionen" (1976, 51).

Ihr erster Abschnitt ist überschrieben: „Über die Funktionen der Sprache"
(1976, 51). Zwei Zitate sollen die Funktionsauffassung der Prager verdeutlichen:

> Das Studium einer Sprache erfordert, daß die Vielfalt der sprachlichen Funktionen
> und ihrer Realisierungsformen im konkreten Fall streng beachtet wird. (1976, 51)

Und, ganz wichtig, die Einbeziehung der Sprachträger:

> Ein wichtiger Faktor für die Untergliederung der Redetätigkeit ist die *Beziehung zwi-
> schen den Sprechern, die sich in sprachlichem Kontakt befinden:* [...] (1976, 53;
> Hervorhebung im Original)

Bereits an früherer Stelle wurde darauf hingewiesen, welche Rolle die Prager der
Sprache der Poesie zumaßen. Schon in den Thesen kommt das zum Ausdruck –
ein eigener Abschnitt der These 3 lautet: „Über poetische Sprache".[12]

Hier liest man:

> Lange Zeit war die Dichtersprache ein Gebiet, das von der Sprachwissenschaft ver-
> nachlässigt wurde. [...] Zwar haben die Literaturhistoriker diese Probleme von Zeit zu
> Zeit berührt; aber ihnen sind, da sie keine ausreichende Kenntnis der sprachwissen-
> schaftlichen Methodologie hatten, unvermeidlich Fehler unterlaufen. (1976, 55)

Zu (c):

Sprachvergleich und Sprachklassifikation haben nicht direkt ihren Niederschlag
in diesem ersten Dokument der Prager gefunden, jedoch bringt These 6 – „Prinzipien der Sprachgeographie, ihre Anwendung und ihre Beziehung zur ethno-
graphischen Geographie auf dem slavischen Territorium" (1976, 61) – einige
interessante Gedanken hierzu in der Abgrenzung zur traditionellen Dialektologie:

> Die Bestimmung der räumlichen [...] Grenzen der verschiedenen Spracherscheinungen
> ist ein für die Sprachgeographie [...] notwendiges Arbeitsverfahren, aber dieses Ar-
> beitsverfahren darf nicht zum Selbstzweck, zum Ziel der Theorie werden. (1976, 61)

Deutlich werden die Bemühungen um Strukturuntersuchungen auch in diesem
Bereich, vgl.:

> Die territoriale Verbreitung der Spracherscheinungen darf nicht als anarchisches Ne-
> beneinander einzelner autonomer Isoglossen betrachtet werden. Der Vergleich der
> Isoglossen untereinander zeigt, daß man mehrere von ihnen zu Bündeln zusammen-
> fassen kann [...]. Die linguistische Interpretation isolierter Isoglossen ist unmöglich,
> weil eine sprachliche Erscheinung als solche ebenso wie ihre Entstehung und ihre
> Verbreitung nicht ohne Berücksichtigung des Systems verstanden werden kann."
> (1976, 62).

---

[12] In der deutschen Übersetzung 1976: „Über die Dichtersprache".

Insgesamt enthält der Text 10 Thesen, auf die spezifisch slavistischen und auf die These 10 zum Sprachunterricht in Gymnasien wurde hier nicht eingegangen.

Im folgenden werden die Arbeitsgebiete des Prager Kreises anhand seiner führenden Mitglieder besprochen, auch wenn Beiträge anderer Linguisten dabei etwas zu kurz kommen. (Zumindest erwähnt werden sollen aber die typologischen Arbeiten von Vladimir Skalička und die Arbeiten zur Schriftsprachenthematik von Bohuslav Havránek und später Alois Jedlička.)

4.4 Nikolaj S. Trubetzkoy

Nikolaj Sergeevič Trubetzkoy (1890 – 1938) studierte in Moskau, war 1913/14 auch ein Semester in Leipzig und hörte hier u. a. bei Karl Brugmann („Lateinische Grammatik") und August Leskien („Grammatik der litauischen Sprache"). Nach Rußland zurückgekehrt, betrieb er im Kaukasus phonologische Studien – seine im 2. Weltkrieg vernichtete Kartothek soll Belege zu 200 phonologischen Systemen enthalten haben – und hielt Kontakt zum Moskauer Linguistenkreis. Er verließ nach der Revolution von 1917 Rußland und lebte und lehrte von nun an in Wien; von hier aus arbeitete er im Prager Kreis mit. Er starb früh, schon mit 48 Jahren. Aufgrund Trubetzkoys Herkunft aus dem russischen Hochadel und aufgrund der späteren Emigration wurden seine wissenschaftlichen Arbeiten für mehr als zwei Jahrzehnte in der Sowjetunion totgeschwiegen. Erst einige Jahre nach der Strukturalismus-Diskussion in der sprachwissenschaftlichen Zeitschrift „Voprosy jazykoznanija" (Fragen der Sprachwissenschaft) und in der Parteizeitung „Pravda" (Die Wahrheit) erschien 1958 die erste Arbeit Trubetzkoys in russischer Übersetzung, und zwar der auf den ersten Blick methodologisch unverfängliche Aufsatz „Gedanken über das Indogermanenproblem", verfaßt und deutsch publiziert im Jahre 1939. Sein bedeutendstes Werk, die „Grundzüge der Phonologie" (1939 als TCLP 7) erschien in russischer Übersetzung erst 1960.

Im weiteren werden an erster Stelle seine Arbeiten zur Phonologie besprochen, anschließend die zur Morphonologie und zum Abschluß die Sprachbundkonzeption.

4.4.1 Phonologie

In 4.2 klang bereits an, daß auch bei der Ausarbeitung der Phonologie als sprachwissenschaftliche Teildisziplin gestaltpsychologische Einflüsse unverkennbar sind. Der Bezug zu Struktur und Funktion des sprachlichen Systems ergibt sich folgerichtig aus Trubetzkoys Einbindung in den Prager Kreis. Trubetzkoys Ausgangspunkt ist sowohl Saussures Definition des Phonems als *oppositive, relative und negative Einheit*, also eine Einheit, die sich von allen anderen

Einheiten desselben Systems unterscheidet, als auch und vor allem die Phonemauffassung Baudouin de Courtenays. An letzterer faszinierte ihn einerseits die psychologische Grundhaltung, die er zugleich lobte und kritisierte, andererseits aber auch und insbesondere die *Funktion*, die Baudouin dem Phonem zuwies, nämlich die, morphologische Einheiten zu unterscheiden, der „morphologische Standpunkt". Trubetzkoys Verdienst liegt deshalb nicht darin, das Phonem eingeführt zu haben, sondern es liegt in der Anordnung der Phoneme in symmetrischen Schemata, in **Phonemsystemen**, die Teilsysteme des Sprachsystems darstellen und folglich wie dieses erstens jedes für sich *sprachspezifisch* sind und zweitens den Einzelphonemen ihre Stelle als Teile eines Ganzen zuweisen. Er wurde so – in enger Zusammenarbeit mit Jakobson – zum Begründer der Phonologie als Teildisziplin der Linguistik.

Zur Erläuterung der Konzeption Trubetzkoys im einzelnen:

„Phonologie" ist die „Lehre von den Phonemen". Sie wird der Phonetik als der „Lehre von den Lauten" gegenübergestellt. Den Laut kann man nach drei Gesichtspunkten untersuchen: vom Sprecherstandpunkt (physiologisch-artikulatorischer Aspekt), vom Hörerstandpunkt (akustischer Aspekt) und unter dem Gesichtspunkt seiner Funktion. Die beiden ersten Aspekte sind Aufgabenbereich der Phonetik.[13] Unter dem dritten Aspekt wird die Frage behandelt, wozu der Laut dient, also die Frage nach seiner Funktion im Sprachsystem (siehe oben). Diese Funktion besteht darin, zum einen größere Lautkomplexe aufzubauen, also Morpheme, Wortformen usw., zum anderen solche Lautkomplexe voneinander zu unterscheiden, und zwar im Hinblick auf ihre Bedeutung.

Ausgangspunkt der Phonologie sind also die konkreten Sprachlaute, mit denen sich die Phonetik beschäftigt. Sie gehören, in den Begriffen Saussures gesprochen, in *parole*. Um in das Sprachsystem, *langue*, zu gelangen, muß man von den konkreten, individuellen und zufälligen Gegebenheiten der einzelnen Sprechhandlung abstrahieren; das so erhaltene abstrakte Konstrukt, eine Klasse von konkreten Lauten, ist das **Phonem**. Das Verhältnis zwischen Phonologie und Phonetik sieht Trubetzkoy einem Vergleich von Jakobson folgend so:

> Die Phonologie verhält sich zur Phonetik wie die Nationalökonomie zur Warenkunde oder die Finanzwirtschaft zur Numismatik. (1989, 14)

oder, an anderer Stelle, in linguistischem Bezug:

---

[13] Trubetzkoy legte die artikulatorische Phonetik zugrunde, die an physikalische Instrumente zur Lautaufzeichnung und Lauterzeugung gebundene akustische Phonetik erlebte erst in den vierziger Jahren einen Aufschwung.

Was die Phonologie betrifft, so muß sie selbstverständlich von gewissen phonetischen Begriffen Gebrauch machen. So gehört z. B. die Behauptung, daß der Gegensatz zwischen stimmhaften und stimmlosen Geräuschlauten im Russischen zur Bedeutungsunterscheidung verwendet wird, in den Bereich der Phonologie, die Begriffe „stimmhaft", „stimmlos" und „Geräuschlaute" sind aber an und für sich phonetisch. [...] muß die phonetische Aufnahme der betreffenden Sprache als Ausgangspunkt und als Material genommen werden. (1989, 17)

Es zeigt sich so, daß eine Anzahl konkreter Laute jeweils gemeinsam eine Bedeutungsunterscheidung bedingen, daß Laute also, im Hinblick auf ihre Funktion betrachtet, Klassen bilden – die Phoneme. Aber auch, wenn die konkrete physische Kennzeichnung nicht gegeben wird[14], bleibt bei Trubetzkoy und in der Prager Linguistik überhaupt immer im Blickfeld, daß das Phonem an einen lautlichen Träger geknüpft sein muß, der sprachlichen Form also eine Substanz außerhalb des Sprachsystems zugeordnet ist.

Es sollen nun die wichtigsten theoretischen Überlegungen Trubetzkoys über Phonem und Phonemsystem in Form von Thesen aufgeführt werden.

1. Schallereignisse sind an den drei Grundfunktionen der Sprache beteiligt: **Darstellung – Ausdruck – Appell.** Trubetzkoy schreibt:

Wenn wir jemanden reden hören, so hören wir, *wer* spricht, *in welchem Tone* er spricht und *was* er sagt. Es liegt ja eigentlich nur ein einziger akustischer Eindruck vor. Wir zerlegen ihn aber in seine Bestandteile, und zwar immer vom Standpunkte der drei Bühlerschen Sprachfunktionen: gewisse Eigenschaften des wahrgenommenen Schalles fassen wir auf als Kundgabe [= Ausdruck, B.B.], als Symptom des Sprechers (z. B. seine Stimmlage), gewisse andere als Mittel zur Auslösung bestimmter Gefühle beim Hörer, und endlich noch andere als Merkmale, an denen die Wörter mit bestimmter Bedeutung und die aus ihnen bestehenden Sätze erkannt werden. (1989, 18)

Für die Phonologie als Teil des Sprachsystems ist die Darstellungsfunktion die entscheidende. Nach Trubetzkoy müssen auch die beiden anderen Funktionen im Sprachsystem verankert sein, aber darüber sei noch zu wenig bekannt; vorerst werden Ausdruck und Appell von der sogenannten „Lautstilistik" behandelt: Die *Ausdrucksfunktion* zeigen Lautspezifika an, die auf z. B. territoriale, Alters- und Sexusunterschiede hinweisen, die *Appellfunktion*, die Emotionen beim Hörer auslösen soll, z. B. Vokaldehnungen wie in „schööön".

2. Die spezifischen Funktionen des Schalls, die auch die Grundlage für die Erfüllung der Darstellungsfunktion der Sprache bilden, sind:

---

[14] Diese kann – wegen der Variantenbildung, siehe weiter unten – oft nicht eindeutig gegeben werden.

distinktiv (bedeutungsunterscheidend)

delimitativ (abgrenzend, Grenzsignale setzend)

kulminativ (gipfelbildend, Haupttöne setzend).

Für die Darstellungsfunktion ist die distinktive Schallfunktion entscheidend; die beiden anderen Funktionen können beim fortlaufenden Sprechen verwischt werden, die distinktive Funktion muß erfüllt sein.

3. Laute setzen sich aus akustisch-artikulatorischen Eigenschaften zusammen. Einige davon sind „relevant", erfüllen distinktive Funktion. Wie weiter oben zitiert (Trubetzkoy 1989, 17), sind „stimmhaft" und „stimmlos" zunächst *phonetische* Begriffe. Ist es aber in einer Sprache relevant für die Bedeutungsunterscheidung, ob ein Laut stimmhaft oder stimmlos ausgesprochen wird, dann ist diese phonetische Eigenschaft distinktiv genutzt, die Eigenschaft der Stimmbeteiligung wird zum **phonologisch relevanten Merkmal** in dieser Sprache. In einem Laut treten phonologisch relevante und phonologisch irrelevante Merkmale gleichzeitig auf (Beispiel *ich – ach – Akte*: irrelevant ist die Bildungsstelle der Enge, *ich – ach* = 1 Phonem, relevant ist die Enge gegenüber dem Verschluß, *ch : k* = 2 Phoneme). Das Phonem ist nun

> die Gesamtheit der phonologisch relevanten Eigenschaften eines Lautgebildes. (1989, 35)

Mit dieser These ging Trubetzkoy bereits einen Schritt über die Konstituierung der Einheit „Phonem" hinaus, er zerlegte das Phonem, das er zunächst definiert hatte als

> phonologische Einheit, die sich vom Standpunkt der betreffenden Sprache nicht in noch kürzere aufeinanderfolgende phonologische Einheiten zerlegen läßt (1989, 34)

oder – mit anderen Worten – als kleinste lineare Einheit des Sprachsystems, das zur Bedeutungsunterscheidung dient. Zerlegt wurde das Phonem in noch kleinere Einheiten, eben die distinktiven Merkmale, die jedoch nichtlinear angeordnet sind im Gegensatz zur segmentierbaren linearen Einheit Phonem, folglich simultan erzeugt werden.

4. Das unter 3. angeführte Beispiel (*ich – ach – Akte*) weist auf einen neuen Begriff: „Variante". Unter **Phonemvarianten** versteht man systematische Variationen innerhalb eines Phonems. Auch Phonemvarianten gehören in das Sprachsystem, in dem also sowohl Phoneme als auch Varianten angesiedelt sind, konkret realisiert werden dagegen immer die zugeordneten Laute. Varianten sind folglich ebenfalls Klassen, allerdings sind sie auch als Klasse nicht distinktiv einsetzbar, sie sind keine Phoneme. Ein Beispiel soll das verdeutlichen. *Dich – Dach*: Der ch-Laut muß im Deutschen nach festen Regeln als *ich*- vs. *ach*-Laut realisiert werden, und zwar in allen Fällen seiner Verwendung; eine Vertauschung der beiden Varianten führt nicht zur Bedeutungsunterscheidung, sondern zu einer falschen sprachlichen Form durch Verletzung einer phonologischen Regel. Beides sind Varianten ein und desselben Phonems. Trubetzkoy nennt diesen Typ **kombinatorische Varianten**, da die Umgebung – in diesem Beispiel der vorausgehende Vokal – die Wahl bestimmt. Demgegenüber spielt bei **freien Varianten** der Kontext keine Rolle, es wird aber ebenfalls keine Bedeutungsunterscheidung erreicht; Beispiel: Zungen-r und Zäpfchen-r im Deutschen.[15]

5. Bereits erwähnt wurde, daß Phoneme in symmetrischen Schemata darstellbar sind; das Phonemsystem einer Sprache ist jeweils die Gesamtheit solcher Schemata, d. h. es ist ein geordnetes System, keine bloße Ansammlung einzelner Phoneme. Ordnungsprinzip sind die **Oppositionen**, die Gegenüberstellungen von Phonemen nach Zahl und Qualität der beteiligten phonologischen Merkmale. Trubetzkoy unterscheidet in Kapitel III – „Logische Einteilung der distinktiven Oppositionen" – ein- und mehrdimensionale Oppositionen sowie privative, graduelle und äquipollente Oppositionen. *Eindimensional* soll aussagen, daß das verglichene Merkmal nur je zwei Phonemen eigen ist (Bsp.: dt. „dental" für *t* und *d*, es gibt im Deutschen keine weiteren Dentale); *mehrdimensional* sind Oppositionen, bei denen das verglichene Merkmal mehr als zwei Phonemen zukommt (Bsp.: dt. „Klusil" in Kombination mit „stimmhaft" bzw. „stimmlos" für *b – d – g* bzw. *p – t – k*: je ein Labial, Dental, Velar). **Privativ** ist eine Opposition dann, wenn das Merkmal entweder vorhanden ist oder fehlt (Bsp.: „stimmhaft : stimmlos"); aus diesem Typ wurde das Begriffspaar **merkmalhaft** (= merkmalhaltig) : **merkmallos** abgeleitet. **Graduell** sind Oppositionen, in denen verschiedene Grade derselben Eigenschaft auftreten (Bsp.: Tonhöhenstufen, Öffnungsgrade der Vokale). **Äquipollent** sind logisch gleichberechtigte Glieder einer Opposition (Bsp.: *p – t, f – k*); hier wird der Bezug erst über mehrere Zwischenschritte sichtbar – äquipollente Oppositionen verbinden Phoneme über Teilsysteme hinweg und sichern so den Zusammenhalt zu einem phonologischen System insgesamt.

6. Der wichtigste Typ sind die eindimensionalen privativen Oppositionen: 1 Merkmal wird an nur 2 Phonemen nachgewiesen und ist entweder vorhanden oder fehlt. Dieser Typ bekommt den speziellen Terminus **Korrelation**. Das Korrelationsmerkmal ist wie jede in der Phonologie genutzte Eigenschaft phonetischer Herkunft, muß aber phonologisch relevant sein. Typische Korrelationen sind die Stimmbeteiligungs- (bei Konsonanten) und die Quantitätskorrelation (bei Vokalen).

7. Bestimmte distinktive Oppositionen können aufgehoben, neutralisiert werden. Dies gilt nur für eindimensionale, weil die Aufhebung eines Merkmal-

---

[15] Außerhalb des Sprachsystems hat das jeweilige *r* natürlich doch eine Funktion, und zwar für die Ausdrucksfunktion: territoriale Unterschiede markieren.

gegensatzes nur bei zwei beteiligten Phonemen möglich ist. Ergebnis der **Neutralisation** ist nicht ein Phonem, sondern ein Torso, die Gesamtheit der relevanten Eigenschaften, die nach Neutralisation eines Merkmals den zwei beteiligten Phonemen noch gemeinsam sind. Trubetzkoy nannte dieses Ergebnis **Archiphonem**. Das Archiphonem wird gewöhnlich durch das merkmallose Glied der Opposition realisiert (Bsp.: im Deutschen Neutralisation der Stimmbeteiligungskorrelation am Wortende: alle stimmhaften Konsonanten werden stimmlos).

8. Die Arbeit mit Korrelationen war so angelegt, daß eine Übertragung auf die Morphologie möglich wurde. Trubetzkoy hat dies nicht mehr verwirklichen können, wohl aber Jakobson, in dessen morphologischen Analysen Korrelationen eine wesentliche Rolle spielen.

Am Schnittpunkt zwischen Phonologie und Morphologie konzipierte Trubetzkoy die **Morphonologie**; auf sie wird in **4.4.2** eingegangen. Im – nicht unterzeichneten – Vorwort zu den „Grundzügen der Phonologie" wird auf die Besonderheiten hingewiesen, die die postume Ausgabe aufweist. Zwar handelt es sich – anders als beim „Cours de linguistique générale" von F. de Saussure – um eigene Texte Trubetzkoys, aber das Werk blieb unvollendet nach seinem Tod zurück. So fehlen Teile, die er in das Buch aufzunehmen beabsichtigte, u. a. die Morphonologie, die historische Phonologie, die geographische Phonologie und die Beziehungen zwischen dem phonologischen System einer Sprache und der Wiedergabe durch die Schrift. Zur Morphonologie gibt es Arbeiten von ihm, auf die er die vorgesehenen Abschnitte in den „Grundzügen" hätte aufbauen können (vgl. **4.4.2**). Eine Ausarbeitung der historischen Phonologie existiert, aus der Feder Roman Jakobsons (als TCLP II, vgl. **4.5.1**), der schon bei der Konzipierung der Phonologie als Wissenschaft sehr eng mit Trubetzkoy zusammengearbeitet hatte, so daß man gelegentlich die Frage diskutiert findet, wem von beiden das eigentliche „Urheberrecht" gebührt.

4.4.2 Morphonologie

Zwischen 1929 und 1934 hat Trubetzkoy drei Arbeiten zu diesem Thema veröffentlicht – „Sur la morphonologie" (Über Morphonologie) in TCLP 1, „Gedanken über Morphonologie" in TCLP 4 und als Anwendung „Das morphonologische System der russischen Sprache" in TCLP 5₂. Da der theoretische Status dieser Ebene des Sprachsystems außerordentlich interessant ist, soll ihr ein eigener Abschnitt gewidmet werden.

Seit der Antike, insbesondere der indischen, aber auch der arabischen Grammatikschreibung ist bekannt, daß Laute bei der Verknüpfung zu Lautkomplexen Veränderungen erfahren können. Die europäische Grammatiktradition akzeptierte dies zwar für die Rekonstruktion der ide. Ursprache und die frühen Stufen der ide. Sprachentwicklung (so entstand das Ablautsystem und die Wurzel- und Suffixtheorie), für die belegten und insbesondere die heutigen Sprachen wurde aber eine Systemhaftigkeit solcher Lautveränderungen ignoriert. Auch die klassische strukturelle Linguistik ging von einem Modell mit autonomen Ebenen aus. Die Linguisten des Prager Kreises dagegen erkannten die Notwendigkeit, auch Übergänge zu berücksichtigen. Es ist Trubetzkoys Verdienst, bereits bei Konzipierung der Phonologie ein Bindeglied zwischen Phonologie und Morphologie ins Auge gefaßt zu haben, das er „Morpho-Phonologie" bzw. „Morphonologie" nannte. Wie bereits unter **4.4.1** erwähnt, sollte diese Zwischenebene auch Bestandteil der „Grundzüge" werden, was jedoch durch seinen frühen Tod nicht mehr geschah.

Unter **Morphonologie** hat man zunächst global die Erforschung der morphologischen Nutzung der phonologischen Mittel einer Sprache zu verstehen. Es ist deshalb vor allem der Aspekt der Funktion der sprachlichen Mittel, der Trubetzkoys Aufmerksamkeit auf dieses Gebiet lenkte. Nach seinen Vorstellungen besteht die Morphonologie aus drei Teilen:

(a) Die Lehre von der phonologischen Struktur der Morpheme.

Dieser Teil ist für alle Sprachen obligatorisch, gleich, ob sie über Morphologie verfügen oder nicht. In allen Sprachen gibt es Regeln für die Kombinationsmöglichkeiten von Phonemen zu Phonemkomplexen. Beispiel: erlaubte oder verbotene Konsonantenbündel im Anlaut.

(b) Die Lehre von den kombinatorischen Lautveränderungen, die die Morpheme in den Morphemverbindungen erleiden.

Dieser Teil ist aus der indischen Grammatikschreibung unter dem Terminus „Sandhi" bekannt. Man unterscheidet *„inneren Sandhi"* an der Morphemgrenze innerhalb eines Wortes und *„äußeren Sandhi"* an der Wortgrenze. Innerer Sandhi tritt nur in Sprachen mit Morphologie auf, und zwar mit Flexions- und/oder Derivationsmorphologie. Beispiel: äußerer Sandhi: Liaison im Französischen, innerer Sandhi: Konsonantenwechsel im Russischen wie in *ruk-a : ruč-n-oj* (Derivation eines Adjektivs aus dem Substantiv „Hand").

(c) Die Lehre von den Lautwechselreihen, die eine morphologische Funktion erfüllen.

Lautwechselreihen mit morphologischer Funktion sind ebenfalls nur in Sprachen mit Morphologie möglich. Die Funktion kann entweder im nominalen oder im verbalen Bereich liegen, sie kann flexions- oder derivationsmorphologisch sein. Beispiel: Umlaut als Mittel zur Pluralbildung im Deutschen: *Vogel – Vögel*.

Als Einheit der morphonologischen Ebene definierte Trubetzkoy das **Morphonem:**

> Das Morphonem ist die als [abstrakte, B. B.] morphonologische Einheit gedachte Gesamtheit der an der betreffenden Alternation beteiligten Phoneme. (1934, 29)

Es erscheint bald in der einen, bald in der anderen Gestalt. Zum theoretischen Status des Morphonems und der Morphonologie insgesamt muß ergänzend folgendes festgehalten werden:

1. Trubetzkoy ist mit diesem Konzept seiner – durch F. de Saussure geprägten klassischen strukturellen – Zeit weit voraus. In der Nachfolge Saussures waren die Prozeduren für linguistische Analysen das Segmentieren und Klassifizieren. Beziehungen, wie sie in Teil (b) und (c) der Morphonologie behandelt werden, sind jedoch nicht aus dem konkreten Text ablesbar, sondern nur in Bezügen zwischen Texten erkennbar.

2. Aus 1. folgt, daß mit dem taxonomischen Segmentieren eigentlich die Einheit „Morphem" gar nicht konstituiert werden kann, zumindest nicht in Sprachen mit morphonologischen Mitteln. Gefunden werden immer nur Morphemvarianten (vgl. *Vogel – Vögel*), es fehlt die theoretische Grundlage, aus diesen Morphemvarianten die abstrakte Einheit Morphem zu erschließen. Dies war mit Trubetzkoys Morphonologie gegeben. „RAD" z. B. ist die morphonologische Schreibung für die Morphemvarianten /rat/ in „Rad" und /rad/ in „Rades", aber auch für /rät/ in „Rädchen" und /räd/ in „Räder".[16]

3. Eben weil die Morphonologie eigentlich ein anderes Theorieverständnis verlangte als die klassische strukturelle Linguistik besaß, blieb sie zunächst ohne Resonanz. Erst in den fünfziger Jahren wurde sie wieder aufgegriffen. Dabei zeigt sich eine weitere Besonderheit des Trubetzkoyschen Denkens: Beim aufmerksamen Lesen der Texte – aber auch der hier gegebenen Interpretation – wird deutlich, daß Phoneme miteinander alternieren, nicht Varianten eines Phonems. Beispiel: /t/ und /d/ in den Beispielen unter 2. sind beides Phoneme des Deutschen. Weiterhin: Es können sogar Laute alternieren, von denen einer, eventuell auch beide, keinen Phonemstatus in dieser Sprache haben, also auch nicht Varianten eines Phonems sein können, sondern wirklich nur konkrete Laute sind. Im Russischen ist das der Fall, wenn z. B. in *teč' : teč' by* (fließen : fließen + Konjunktiv) das Phonem /č/ mit einem Laut ohne Phonemstatus im Russischen alterniert, den man etwa ausspricht wie den Anlaut im englischen „John" mit zusätzlicher Palatalisation. Wenn man nun beide Fälle, den mit

---

[16] Flexions- und derivationsmorphologische Prozesse werden hier unkritisch gemeinsam benutzt, B.B.

Phonemstatus und den ohne Phonemstatus, mit ein und demselben theoretischen Ansatz erklären will, muß man die Einheit „Phonem" aufgeben und von vornherein mit der Einheit „Morphonem" arbeiten. Diese Konsequenz hat Trubetzkoy allerdings nicht erkannt, zumindest nicht formuliert. Sie wurde erst in den fünfziger Jahren gezogen.

4.4.3 Weitere Forschungsgebiete

In diesem Abschnitt wird noch auf einen Bereich hingewiesen, der auf besondere Weise theoriegeschichtlich interessant ist, – Trubetzkoys Überlegungen zu einer Ausarbeitung des von Baudouin eingeführten **„Sprachbundes"**. Der Aufsatz „Gedanken über das Indogermanenproblem" (1939)[17] reihte sich scheinbar ein in die Diskussion um die Indogermanen, die außerhalb der strukturellen Linguistik ein Schwerpunktthema der Sprachwissenschaftler in den dreißiger Jahren war. Trubetzkoy begann seinen Artikel mit dem Hinweis, wir als Linguisten könnten immer nur über die *indogermanische(n) Sprache(n)* reden, nicht z. B. die Indogermanen einordnen in Schnur- oder Bandkeramiker (wie damals u. a. auch versucht). Zentral ist dann die Diskussion des Begriffs „indogermanische Sprachfamilie". Strukturalistisch geprägt ist Trubetzkoys These, eine Sprache könne die Zugehörigkeit zu dieser „Familie" erwerben oder verlieren, denn beachtet werden müsse für diese Zugehörigkeit folgendes:

- es müssen „materielle Übereinstimmungen" vorliegen;

- es ist jedoch offen, wieviele solcher Übereinstimmungen nötig sind;

- gerade die am häufigsten gebrauchten Wörter folgen oft nicht den Gesetzen der Sprachentwicklung, sie sind deshalb als Beweismittel nicht verwendbar;

und, am bedeutendsten:

Es sind **6 Strukturmerkmale**, die gemeinsam die Zugehörigkeit zur „idg. Sprachfamilie" bestimmen; 1, 2, sogar 5 übereinstimmende Merkmale sichern der betreffenden Sprache noch keinen Platz in dieser Familie, jedoch der Erwerb des/der noch fehlenden Merkmals/Merkmale ermöglicht es, indogermanisch *zu werden.*[18] Es handelt sich um die folgenden Strukturmerkmale:

1. Fehlen der Vokalharmonie

2. Konsonantische Alternationen mit morphologischer Funktion vorhanden

3. Wortbildung durch Affixe und innere Flexion

---

[17] Ursprünglich ein Vortrag vor dem Prager Linguistenkreis im Dezember 1936.

[18] Allerdings müßten dann auch die vorerwähnten materiellen Entsprechungen in Wortschatz und Grammatik vorhanden sein.

4. Konsonantismus des Anlauts ist nicht ärmer als der des In- und Auslauts

5. das Wort muß nicht mit der Wurzel beginnen, d. h. es gibt Präfixe

6. das Subjekt eines transitiven Verbs wird behandelt wie das Subjekt eines intransitiven Verbs.

Eine Interpretation dieser Merkmale soll hier ausgespart werden. Wichtig ist die Idee selbst:

> Das Werden der indogermanischen Sprachen ist nicht ein einmaliger Akt, sondern ein dauernder Vorgang. (1939a, 87)

Erwerb oder Verlust der Merkmale erfolgt nicht durch Vererbung, sondern durch territoriale Nachbarschaft mit der Zwischenstufe eines „Sprachbundes". Nach Trubetzkoy führt also der Weg über den **Sprachbund** – eventuell! – zur **Sprachfamilie**, die heilige Kuh der historisch-vergleichenden Sprachwissenschaft, die Klassifikation in Sprachfamilien, wird auf diese Weise in Frage gestellt.

Dieser Aufsatz war die erste Arbeit Trubetzkoys, die in der Sowjetunion veröffentlicht wurde, wie schon in **4.4** erwähnt. Dazu noch eine Bemerkung am Rande: Selbst 1958 strich die Redaktion der „Voprosy jazykoznanija" noch Trubetzkoys Fußnote 2 mit der Bemerkung, sie gehöre nicht zum Thema, in Wirklichkeit aber, weil in ihr Stellung bezogen wurde gegen das pseudowissenschaftliche Konzept des Vulgärmarxisten N. Ja. Marr, der in der Stalinära einen ungeheuren und ungeheuerlichen Einfluß innerhalb der Linguistik der Sowjetunion hatte.

4.5 Roman O. Jakobson

Roman Ossipovič Jakobson (1896-1982) gehört zu den bedeutendsten und vielseitigsten Linguisten dieses Jahrhunderts. Im folgenden werden seine Forschungen zu Phonologie, Morphologie, Semantik, Poetik und Semiotik vorgestellt, sowie in einem letzten Abschnitt „Weitere Forschungsgebiete" (**4.5.5**) insbesondere seine interdisziplinären Arbeiten erwähnt. Man kann seine Arbeiten jedoch erst vollkommen würdigen, wenn man sie in den jeweiligen Zusammenhang seiner Lebensumstände einordnet.

Roman Jakobson wuchs in einer Moskauer Familie von Künstlern und Wissenschaftlern auf, studierte Slavistik, entwickelte dabei von Jugend an eine starke Affinität zur Kunst, speziell zur Literatur und Literaturtheorie. Er verfaßte selbst Gedichte, war mit Poeten wie Velimir Chlebnikov und Vladimir Majakowski befreundet. 1915/16 wirkte er an der Gründung des Moskauer Linguistenkreises mit, dessen Vorsitzender er bis 1920 war. Krieg und Zensur ließen es ratsam erscheinen, sich als Kreis der Akademie der Wissenschaften anzuschließen; angetreten waren die jungen Linguisten und Poeten aber – mit Jakobsons Worten – in dieser wirren Zeit der Katastrophen und im Angesicht so fruchtbarer künstlerischer Diskussionen mit der Zielsetzung, nicht den hundert Beispielen zu den Lautgesetzen noch ein weiteres hinzuzufügen, sondern um sich mit der lebenden Sprache zu beschäftigen. In Petersburg gründete sich 1916 in Anlehnung an den Moskauer Kreis die „Gesellschaft zur Erforschung der poetischen Sprache" (OPOJAZ) mit Ossip Brik und den Schwestern Lili und Elsa Triolet an der Spitze. Auch hier arbeitete Jakobson führend mit, beide Gruppen waren die Zentren des russischen Formalismus.

Aber Jakobson hatte auch damals schon andere linguistische Interessen, beschäftigte sich u. a. mit den Arbeiten Baudouins und de Saussures.

1920 kam Jakobson nach Prag, ab 1933 lehrte er an der Universität in Brno/Brünn. Ende der zwanziger Jahre schloß er sich mit anderen russischen und mit tschechischen Linguisten (auch Deutsche wirkten mit, z. B. K. Bühler, H. Becker) zum Prager Linguistenkreis zusammen (vgl. **4.1**). Auf seine linguistischen Arbeiten wird in den folgenden Abschnitten genauer eingegangen. Doch zunächst zu den weiteren Stationen seines Lebens in gebotener Kürze:

1939 flüchtete er vor der deutschen Okkupation aus der Tschechoslovakei, zunächst nach Skandinavien; nach Gastvorlesungen in Kopenhagen arbeitete er in Uppsala, bis er 1941 in die USA ging. 1945 war er Mitbegründer des New Yorker Linguistenkreises, dessen Publikationsorgan „Word" wurde – es war dies nach dem Moskauer, Petersburger und Prager Kreis der vierte Linguistenkreis, in dem er an führender Stelle mitarbeitete. Er lehrte an der Harvard-University und am Massachusetts Institut of Technology (MIT) und hielt Gastvorlesungen an vielen anderen Universitäten der USA. Die US-amerikanische Linguistik verdankt ihm neben allem anderen auch die Übernahme europäischen linguistischen Wissens. Seine eigenen Forschungen in der USA-Zeit greifen alle seine „Favorite Topics", wie er sie nannte[19], wieder auf, hinzu kamen starke interdisziplinäre Interessen und folglich die Zusammenarbeit mit Biologen, Genetikern, Kybernetikern u. a.

1982 starb Roman Jakobson.

4.5.1 Phonologie

In seiner Prager Zeit arbeitete Roman Jakobson zusammen mit Nikolaj Trubetzkoy (vgl. **4.4**, insbesondere **4.4.1**) an der Schaffung der Phonologie. Im Unterschied zu letzterem neigte er aber von Anfang an der zweiten Phonemdefinition zu, die das Phonem als Gesamtheit simultan vorhandener distinktiver

---

[19] Als Aufsatztitel einer Selbstcharakterisierung in den Sammelband „On Language" (1990) aufgenommen.

Merkmale ansah. In seiner Zeit in den USA wendete er sich deshalb verstärkt der Merkmalanalyse zu. Mit dem Slavisten Morris Halle und dem Ingenieur Gunnar Fant legte er nun nicht mehr ausschließlich die artikulatorische Phonetik zugrunde, sondern – die verbesserten akustischen Laboratorien nutzend – auch die akustische Phonetik (vgl. Jakobson/Halle (1956)). Die Beteiligten stellten sich die Aufgabe, von den unmittelbaren akustischen Fakten zur phonologischen Aufzeichnung überzugehen. Dazu wurden die distinktiven Merkmale benötigt, die teils artikulatorisch, teils akustisch begründet und nach dem Prinzip der Binarität aufgebaut waren. Als Ergebnis stellte Jakobson das bekannte Modell aus 12 binären Merkmalpaaren auf[20], das ein linguistisches Universale bildet. Das jeweilige phonologische System einer Sprache ist eine Auswahl aus den 12 Merkmalpaaren, keine Sprache benötigt bzw. benutzt alle 12 Paare. „Binarität" bedeutet, daß die Merkmaloppositionen privativ aufgebaut sind (vgl. **4.4.1**).

Binarität als Prinzip und die Opposition *merkmalhaft : merkmallos* waren aber schon in der Prager Zeit angelegt. Sie wirkten sich aus bei der Übertragung der Beschreibungsmethoden von einer Ebene auf andere Ebenen, aber auch bei der Schaffung eines sprachgeschichtlichen Äquivalents für die Phonologie, der **diachronen Phonologie**. Jakobson hat diesem Thema zwei große Publikationen gewidmet, „Remarques sur l'évolution phonologique du russe comparée à celle des autres langues slaves" (Bemerkungen über die phonologische Entwicklung des Russischen im Vergleich zu der der anderen slavischen Sprachen – 1929 als TCLP 2) und „Prinzipien der historischen Phonologie" (1931, TCLP 4). Eine diachrone Phonologie widersprach Saussures These, daß es in der Sprachentwicklung keine systemhaften Zusammenhänge gäbe und sie deshalb nicht in die *langue* gehöre. Für Jakobson gilt dagegen:

> [...] lautet das erste Prinzip der historischen Phonologie: jede Veränderung wird in Bezug auf dasjenige System, innerhalb dessen sie sich abspielt, behandelt. (1975/1931, 79)

Jakobson bemühte sich um eine Erklärung der Lautveränderungen. Nach ihm ist diese in der Zielgerichtetheit der Entwicklung zu finden.[21] Jeder Lautwandel war für ihn – auch für Trubetzkoy – ein zweckbedingtes Ereignis. Veränderungen können ein Gleichgewicht herstellen, stabilisieren oder rekonstruieren.

Für die Lautentwicklung nahm er drei bestimmende Faktoren an:

---

[20] z. B.: ± Vokal, ± stimmhaft, ± nasal u. a.
[21] Vgl. die Erläuterungen zur Teleologie in **4.2**.

1. Den Systemzwang zu symmetrischen Reihen der Phoneme und die damit verbundene „Auffüllung leerer Felder": Ein System, das /k/, /g/ und /ch/ phonologisiert hat, wird in seiner Entwicklung darauf hinsteuern, auch /γ/ zu nutzen, d. h. den vorhandenen beiden velaren Verschlußlauten (stimmhaftes /g/ und stimmloses /k/) steht zunächst nur ein velarer Reibelaut gegenüber (stimmloses /ch/); es fehlt ein stimmhafter velarer Reibelaut, der als /γ/ wiedergegeben wird, auf ihn wird das System seine Entwicklung ausrichten.

2. Überbelastung eines phonologischen Systems (d. h. zuviele Phoneme in diesem System) führt zur Vereinfachung; denn bei zuvielen Phonemen ist keine ausreichende akustische Unterscheidungsmöglichkeit gewährleistet.

3. Gegenseitiges Sichausschließen zweier Tendenzen. Als Beispiel führte Jakobson die slavischen Sprachen an: Es gibt zwei relevante Tendenzen – die Opposition *hart – weich*, d. h. die Palatalitätsopposition, und die Tonstufenopposition. Beide kommen nicht in ein und derselben Sprache vor; z. B. verfüge das Russische über die Palatalitätsopposition, habe aber keine Tonstufen, das Serbokroatische dagegen habe Tonstufen, aber keine palatalisierten Konsonanten.

Sowohl an der diachronen als auch an der synchronen Phonologie, letztere hin zu einer generativen Phonologie, wurde nach dem 2. Weltkrieg weitergearbeitet, z. T. unter Mitwirkung von Jakobson; dies liegt aber erheblich nach seiner Prager Zeit und betrifft nicht mehr den Prager Linguistenkreis, wohl aber den Einfluß, den dieser Kreis auf die Linguistik unseres Jahrhunderts ausgeübt hat.

4.5.2 Morphologie und Semantik

Beide Ebenen werden bewußt gemeinsam in einem Abschnitt behandelt, denn in den Forschungen Roman Jakobsons sind sie eng verzahnt: Die Morphologie ist das Musterbeispiel für die Übernahme von Methoden aus einer Ebene in die andere – in diesem Fall aus der Phonologie – und morphologische Kategorien werden als *Ausdruck grammatischer Bedeutungen* gesehen; über lexikalische Bedeutungen hat Jakobson nur wenig gearbeitet.

Drei Grundannahmen bilden das strukturelle Gerüst für Jakobsons Arbeiten in diesem Bereich:

1. Ausgangspunkt war das Konzept der **Korrelation**. Jakobson entwarf ein System morphologischer Korrelationen, die wie in der Phonologie auf dem Prinzip der Merkmalzuweisung beruhen. Seine wichtigsten Arbeiten zur Morphologie sind „Zur Struktur des russischen Verbums" (1932) und „Beitrag zur allgemeinen Kasuslehre" (1936; weitergeführt in „Morphologische Beobachtungen an der slavischen Deklination" in Russisch 1958); erwähnt werden kann in diesem Zusammenhang auch „Signe zéro" („Das Null-Zeichen", 1939).

2. Der Leitgedanke in diesen Arbeiten ist die **Invarianz**, man hat Jakobsons Arbeiten zur Morphologie deshalb auch als eine „Theorie der Invarianten" bezeichnet.

3. Korrelationen werden mit Hilfe von Merkmalen konstituiert, die **semantischer Herkunft** sind.

Zu diesen drei Grundannahmen sollen nun der vorgegebenen Reihenfolge entsprechend genauere Erläuterungen folgen.

1. Jakobson führt den Begriff **binäre asymmetrische Korrelation** ein. Korrelation ist in der Phonologie eine *eindimensionale privative Opposition*, d. h. eine Opposition, die zwischen jeweils nur zwei Gliedern besteht und darauf beruht, daß das definierende Merkmal entweder vorhanden ist oder fehlt (vgl. unter **4.4.1**, These 6). Aus dem ersten Teil dieser Charakterisierung leitet sich das Attribut „binär" ab. Der zweite Teil kommt durch eine Adaption phonologischer für morphologische Prozesse zustande. Die oft zitierte Stelle zu Beginn des Artikels „Zur Struktur des russischen Verbums" lautet:

> Eine der wesentlichen Eigenschaften der phonologischen Korrelation besteht darin, daß die beiden Glieder eines Korrelationspaares nicht gleichberechtigt sind: das eine Glied besitzt das betreffende Merkmal, das andere besitzt es nicht; das erste wird als *merkmalhaltig* bezeichnet, das zweite als *merkmallos*. Dieselbe Definition kann zur Grundlage der Charakteristik der *morphologischen Korrelationen* dienen. (1932, 74)

Aber Jakobson warnt dann vor unkritischer Übernahme, die beiden an der Korrelation beteiligten Kategorien wären eben gerade nicht völlig wie phonologische Korrelationen verteilt nach dem Muster „I. bezeichnet A, II. bezeichnet das Nichtvorhandensein von A", sondern:

> In Wirklichkeit verteilen sich die *allgemeinen Bedeutungen* der korrelativen Kategorien anders: falls die Kategorie I. das Vorhandensein von A ankündigt, so kündigt die Kategorie II. das Vorhandensein von A nicht an, d. h. sie besagt nicht, ob A anwesend ist oder nicht. Die allgemeine Bedeutung der Kategorie II. im Vergleich zu der Kategorie I. beschränkt sich auf den Mangel der 'A-Signalisierung'. Falls in einem gewissen Kontext die Kategorie II. das Nichtvorhandensein von A ankündigt, so ist es bloß eine der Anwendungen der gegebenen Kategorie. (1932, 74)

Mit anderen Worten: Ein Glied der Korrelation ist markiert für dieses Merkmal A (merkmalhaltiges, merkmalhaftes Glied = mh.), das andere Glied verhält sich neutral in bezug darauf, besagt nichts über das Vorhandensein von A (merkmalloses Glied = ml.). Das merkmalhafte Glied ist in seinem Gebrauch eingeschränkt, nämlich auf Fälle, in denen A anwesend ist. Das merkmallose Glied hat den weiteren Anwendungsbereich, weil unter die Kennzeichnung „*Mangel der 'A-Signalisierung'*" sowohl Nichtvorhandensein von A (= −A) fällt als auch – gelegentlich – nichthervorgehobenes Vorhandensein von A (= +A). Dieser Bezug zwischen den beiden Gliedern der Korrelation wird als „asymmetrisch" bezeichnet. Als Beispiel wählte Jakobson die morphologische Kategorie des Aspekts im Russischen: Die beiden Glieder sind der perfektive (pf.) und der imperfektive (ipf.) Aspekt. Das Merkmal ist ihm zufolge „absolute Grenze der Handlung". Merkmalhaft ist der pf. Aspekt; der merkmallose ipf. Aspekt verhält sich neutral und kann deshalb verwendet werden u. a. für folgende Fälle: (a) Fehlen der absoluten Grenze der Handlung; (b) Konstatierung einer Handlung, ohne Möglichkeit oder Notwendigkeit, eine (möglicherweise vorhandene) Grenze zu markieren; (c) wiederholte Handlung, möglicherweise mit vorhandener Grenze, die aber wegen der Iteration nicht mehr als absolute Grenze betrachtet wird.

2. Der Begriff der **Invarianz.**

Jakobson postulierte für morphologische Kategorien und ihre Teilkategorien eine „Gesamtbedeutung", einen eigenen Wert (vgl. Saussures *valeur*). Einzelbedeutungen sind für ihn kontextuell oder stilistisch bestimmte Varianten. Das war eine methodisch weitreichende Behauptung, die man aus ihrer Zeit heraus verstehen muß. Die These von der Invarianz war eine Reaktion auf die atomistische Behandlung morphologischer Kategorien sowohl in diachronen als auch in synchronen Betrachtungen. Einem Einzelkasus, z. B. dem Genitiv, wurde eine Reihe von „Bedeutungen", Anwendungsbereichen, zugewiesen, aber keine einheitliche Klammer, die die Kategorisierung „Genitiv" erst gerechtfertigt hätte. Analog dazu wurde für jeden der beiden Aspekte des Russischen eine Reihe von Bedeutungen, Anwendungsbereichen, zusammengetragen, aber nicht *die* Bedeutung des pf. (vs. ipf.) Aspekts benannt. Jakobson erkannte die starke Kontextabhängigkeit solcher Teilbedeutungen und suchte deshalb nach der invarianten Bedeutung, die jeweils ein Glied der Kategorie (bzw. die Gesamtkategorie) eindeutig bestimmt und von den anderen (Teil-)Kategorien abgrenzt. Sein methodisches Vorgehen ist später im dialektischen Sinne aufgehoben worden in der Merkmalanalyse, d. h. durch die Kennzeichnung mit Merkmalkombinationen statt einer oft nur Etikettcharakter tragenden Gesamtbedeutung.

3. Semantische **Merkmale** für morphologische Kategorien.

In der Phonologie wird mit Merkmalen gearbeitet, die phonetischen Ursprungs sind; Phonetik wie Phonologie befassen sich mit Einheiten, die zwar Bausteine für größere, bedeutungstragende Einheiten sind, selbst aber keine Bedeutung haben, sondern nur zur Bedeutungs*differenzierung* herangezogen werden. In der Morphologie handelt es sich nun bereits um bedeutung*tragende* Einheiten, nämlich die (lexikalischen oder grammatischen) Morpheme. Jakobson befaßte sich mit morphologischen Kategorien – des Verbs und des Nomens –, deshalb untersuchte er grammatische Morpheme. Die Merkmale, mit denen er dabei arbeitete, waren semantischen Ursprungs, denn morphologische Kategorien waren für ihn Ausdruck grammatischer Bedeutung.

In „Zur Struktur des russischen Verbums" (1932) ist diese Merkmalanalyse noch nicht so offensichtlich, weil Korrelationen behandelt wurden, also *zwei* Glieder, die auf *ein* Merkmal bezogen sind:

Aspekt = absolute Grenze der Handlung,

Genus verbi = Ankündigung der Intransitivität der Handlung

usw.

Kategorien, die aus mehr als zwei Gliedern bestehen, z. B. die Kategorie Person, wurden schrittweise auf Binarität zurückgeführt:

1. Schritt: 1.+2. Person (mh.) : 3. Person (ml.), Merkmal ist „Beteiligtsein an der Sprechhandlung".

2. Schritt: 1. Person (mh.) : 2. Person (ml.), Merkmal ist „Sprecher".

In „Beitrag zur allgemeinen Kasuslehre" (1936) und später erweiterte Jakobson die Behandlung über Korrelationen hinaus auf morphologische Kategorien insgesamt, dazu gab er die Binarität auf, um so auch Kategorien einbeziehen zu können, die aus mehr als zwei Teilkategorien bestehen und sich nicht auf Binarität zurückführen lassen. So beschrieb er das russische Kasussystem – 6 bzw. 8 Kasus[22] – mit Hilfe von 3 Merkmalen auf eine Weise, die jedem Kasus eine nur ihm eigene Merkmalkombination zuwies. Es waren dies folgende Merkmale: „Gerichtetheit" (1936: „Bezug"), „Rand" und „Umfang", in späteren Arbeiten dreidimensional angeordnet in Gestalt eines Würfels. Absolut merkmallos ist der Nominativ, er nimmt im Würfel die vordere linke obere Position ein; die übrigen Kasus wurden durch 1, 2 oder 3 Merkmale beschrieben und verteilten sich dementsprechend auf dem Würfel. Erwähnenswert ist in diesem Zusammenhang Jakobsons Versuch, selbst den Kasussynkretismus, d. h. die Homonymie von Kasusformen, mit seinem Modell zu erklären, und zwar als Neutralisation des jeweiligen differenzierenden Merkmals. Dazu verzichtete er auf die Kasus „Partitiv" und „Lokativ" und ordnete die verbleibenden 6 Kasus zweidimensional an:

---

[22] 6 Kasus: Nominativ – Genitiv – Dativ – Akkusativ – Instrumental – Präpositiv; 8 Kasus: zusätzlich zu den vorgenannten 6 Kasus noch Partitiv und Lokativ, die aber im Russischen nicht mehr durchgängig morphologisiert sind.

N	A	G
I	D	P[23]

Der Synkretismus folgt drei Regeln:

(a) Die Nichtumfangskasus zerfallen immer in Rand- und Nicht-Randkasus, d. h. die Unterscheidung I : N und D : A bleibt;

(b) die gerichteten Kasus A und D bleiben nie beide erhalten, sie können auch beide verlorengehen;

(c) A geht entweder zu N oder zu G über, D geht zu P.

Auf diese Weise wird z. B. ein 5-Kasus-Paradigma erklärt, das folgendermaßen aussieht:

N		G
I	D	P

„Semantisch" erklärt: Verlorengegangen ist der Akkusativ, auf Grund von Regel (b). Regel (a) fordert, die Kasusform des Akkusativs dürfe nicht mit der des Dativs zusammenfallen. Regel (c) sieht vor, daß der Akkusativ zum Nominativ oder zum Genitiv übergehen kann. Genau dieses Paradigma gibt es in der russischen Deklination der maskulinen Substantive: Bei unbeseelten Maskulina ist der Akkusativ gleich dem Nominativ, bei beseelten gleich dem Genitiv.

Ein zweites Beispiel: Es gibt im Russischen auch ein 2-Kasus-Paradigma (z. B. das Numerale *sto* = hundert). Hier gilt nur noch die Unterscheidung *merkmallos : merkmalhaft*, dem Nominativ als absolut merkmallosem Kasus – casus rectus – werden alle anderen Kasus gegenübergestellt – casus obliqui –, insofern als sie mindestens 1 Merkmal aufweisen.

Zusammenfassend: Jakobsons morphologische Arbeiten sind zugleich auch Arbeiten zur Semantik der Grammatik und damit ein früher Beitrag zur strukturellen Semantik.

---

[23] Für: Nominativ – Genitiv – Dativ – Akkusativ – Instrumental – Präpositiv.

4.5.3 Semiotik

Semiotische Themen zählte Roman Jakobson zu seinen „Favorite Topics". Ihn interessierten schon früh die Gemeinsamkeiten der natürlichen Sprache mit anderen semiotischen Systemen und auch ihre Besonderheiten gegenüber allen diesen anderen Systemen. Angeregt durch F. de Saussures Lehre von den Zeichensystemen und einer Wissenschaft, die sich speziell mit ihnen beschäftigen sollte, der „Semeologie" (vgl. **3.4.2**), begann Jakobson schon in Prag, semiotische Systeme zu analysieren. E. Holenstein hat 1988 den verdienstvollen Sammelband „Roman Jakobson, Semiotik. Ausgewählte Texte 1919-1982" herausgegeben (siehe Literaturverzeichnis am Kapitelende) und so auch schwer erreichbare Texte Jakobsons dem deutschen Leser zugänglich gemacht. Aus der Prager Zeit sind hier zunächst Aufsätze aus dem Bereich „Sprache als Zeichensystem" aufgenommen, aber auch Aufsätze über nichtsprachliche Zeichensysteme wie die über den Film als semiotisches System – zu Beginn der dreißiger Jahre beim Übergang vom Stummfilm zum Tonfilm ein brisantes Thema –, über Musik(wissenschaft) im Verhältnis zu Sprache und Sprachwissenschaft, über Folklore und über den Humor als semiotische Systeme.

Auch in bezug auf die Semiotik kann nicht auf einen kurzen Abriß über Jakobsons Forschungen nach Verlassen der Tschechoslowakei verzichtet werden. Zu Beginn seiner Zeit in den USA fanden seine semiotischen Interessen eine zusätzliche wissenschaftsgeschichtliche Bestätigung: Er stieß auf die Arbeiten von Charles Sanders Peirce (1839-1914), einem amerikanischen Philosophen und Logiker, den er als Begründer der modernen Semiotik ansah[24] und den er in seiner Relevanz für die moderne Linguistik erschloß. Jakobsons eigene Arbeiten zur Semiotik sind in dieser Zeit stark durch Peirce geprägt, die Vielfalt seiner semiotischen Interessen behielt er bei, wie er ja überhaupt auf allen Gebieten Themen durch Jahrzehnte hin immer wieder aufgriff.

So stammt aus dem Jahre 1967 das „Gespräch über den Film", schrieb er über „Visuelle und auditive Zeichen" (1964), über russische Folklore (1966), über biologische Systeme aus semiotischer Sicht (siehe dazu unter **4.5.5**) und über die Poesie als semiotisches System. Zu diesem Themenkomplex soll der Aufsatz über „Die Katzen" von Charles Baudelaire genannt werden (1962), bei dem Claude Lévi-Strauss als Mitautor beteiligt war. Der französische Anthropologe Lévi-Strauss war den linguistischen Thesen Jakobsons eng verbunden. Seine strukturelle Anthropologie schuf er in bewußter Anlehnung an

---

[24] Jakobsons Meinung nach läßt sich die Lehre von den Zeichensystemen insgesamt bis auf die Stoiker zurückverfolgen.

die strukturelle Linguistik des Prager Kreises, insbesondere Roman Jakobsons. In den vierziger Jahren lehrten beide an der Exiluniversität in New York und knüpften hier prägende wissenschaftliche Kontakte. Wie Jakobson arbeitete Lévi-Strauss mit semantischen Merkmalen. So definierte er auf diese Weise z. B. Verwandtschaftsbeziehungen in fremden Kulturen. Oft wird seine Merkmalanalyse der Speisenzubereitung mit Hilfe von „Gustemen" zitiert. Er zog 3 Merkmalpaare heran:

* endogen/exogen (einheimische/ausländische Rohstoffe)

* ausgeprägt/nichtausgeprägt (schmackhaft/fade),

* zentral/peripher (Hauptbestandteil der Mahlzeit/ Beigabe)[25].

Mit Hilfe einer Merkmalkombination wurde dann z. B. die englische der französischen Küche gegenübergestellt.[26]

Als Jakobson-Schüler bezeichnet sich auch der italienische Philosoph und Linguist Umberto Eco, wohl der bekannteste Semiotiker der Gegenwart.

4.5.4 Poetik

Eine besondere Beziehung hatte Roman Jakobson zur Sprache der Poesie. In seiner Moskauer Zeit verfaßte er selbst futuristische Gedichte. Aleksej Kručonych hatte für diese Art der Dichtung das 'Sternenwort' *zaum* geprägt (za-um ~ jenseits des Verstandes); das Adjektiv *zaumnyj* wird gewöhnlich als „transrational" übersetzt. Auch Jakobson bezeichnete seine Gedichte als transrationale Verse, er veröffentlichte sie unter dem Pseudonym „Aljagrov". Seine erste Publikation im Ausland war 1921 „Die neueste russische Poesie: Ein erster Abriß, Annäherung an Chlebnikov" (in Russisch), es folgte 1923 „Über den tschechischen Vers im Vergleich zum russischen" (in Russisch), gewidmet seinem engen Freund Vladimir Majakovskij, dessen Selbstmord 1930 ihm sehr naheging.[27] In Prag traf Jakobson den tschechischen Literaturtheoretiker Jan Mukařovsky (1891-1975), gemeinsam mit diesem entwickelte er die **Poetik** als Bindeglied zwischen Sprach- und Literaturwissenschaft. Die Poetik beschäftigt sich mit der Verwendung sprachlicher Mittel zu literarischen Zwecken, die poetische Sprache erfüllt eine eigene Funktion.[28]

---

[25] C. Lévi-Strauss (⁵1991): Strukturale Anthropologie I, 100, Frankfurt/M.

[26] Nicht zum Vorteil der englischen Küche, aber wohl auch nicht ganz objektiv geurteilt.

[27] Er verfaßte damals einen Essay: „Von einer Generation, die ihre Dichter vergeudet hat".

[28] Deshalb wurde im Prager Kreis aus Bühlers „Darstellungsfunktion" die „poetische Funktion" herausgelöst und als vierte Funktion eingesetzt.

1932 veröffentlichte Mukařovsky den Essay „Die Standardsprache und die poetische Sprache" (in tschechischer Sprache), aber – wie unter **4.3** bereits erwähnt – schon in den „Thesen" wurde auf die Unterscheidung zwischen Standardsprache und poetischer Sprache hingewiesen. Die poetische Sprache wurde dort als individuelle kreative Leistung bezeichnet, die auf dem Hintergrund erstens der Standardsprache und zweitens der jeweils gültigen poetischen Norm gesehen werden müsse. Mukařovsky unterstrich in seinem Essay 1932, daß poetische Sprache erst möglich wird durch systematische Verletzung der standardsprachlichen Norm. Je stabiler die Norm der Standardsprache, desto weitgefächerter die Variationsmöglichkeiten bei poetischen Verletzungen. Er hob hervor, daß poetische Sprache eine eigenständige Funktion hat.

In seiner tschechischen Zeit beschäftigte sich Jakobson mit dem Strukturaufbau poetischer Werke, z. B. mittelalterlicher tschechischer Gesänge. Gemeinsam mit dem im inneren Exil in der Sowjetunion verbliebenen Jurij Tynjanov veröffentlichte er 1928 in Prag das 'Strukturalistische Manifest' „Probleme der Literatur- und Sprachforschung".

Vorausschauend ist zu sagen: Nach dem 2. Weltkrieg wurde die Poetik zu einem der wichtigsten Forschungsgebiete Roman Jakobsons. Ihn interessierten insbesondere die grammatischen Mittel, deren sich die Dichtung – bewußt oder unbewußt – bedient, und hierbei speziell der grammatische Parallelismus, d. h. die systematische Wiederholung identischer Kategorien (Person, Tempus u. a.) in aufeinanderfolgenden Zeilen oder Strophen. So verfährt die Volksliteratur, aber auch an Gedichten von Aleksander Puschkin (z. B. an der berühmten Romanze „Ja vas ljubil = Ich habe Sie geliebt)" und Bertolt Brecht („Lob der Partei") interpretierte Jakobson Aufbau und Wirkung des Parallelismus.

Die Studien zur Poetik sind aus der Kulturgeschichte Rußlands zu verstehen, in die geisteswissenschaftliche Landschaft Mitteleuropas (und später der USA) brachten sie eine völlig neue Farbe.

4.5.5 Weitere Forschungsgebiete

In diesem Teilkapitel konnten trotz seiner Ausführlichkeit nicht alle Arbeitsgebiete Roman Jakobsons vorgestellt werden, des Linguisten, der einmal – mit dem Ausdruck großer Bewunderung – als ein „Monstrum" bezeichnet worden ist, und dies wegen seiner Vielseitigkeit und seines großen Einflusses auf die europäische und amerikanische Sprachwissenschaft.

Doch erwähnt werden sollen zumindest noch seine Forschungen zu Kindersprache und Aphasie als reziproken Erscheinungen; wie vieles andere sah er in ihnen eine Weiterführung der Arbeiten Baudouin de Courtenays. Seine bedeutendste Arbeit hierzu veröffentlichte Jakobson 1941. Mit diesem Blick von der Linguistik zur Medizin deutete sich an, was in der USA-Zeit zu einem weiteren

„Favorite Topic" Jakobsons wurde, die interdisziplinäre Zusammenarbeit mit Philosophen, Mathematikern und ganz besonders mit Naturwissenschaftlern. Jakobson hat einmal geschrieben, daß er die Gastprofessuren und Vorträge an so vielen amerikanischen Universitäten stets als einen Gewinn für sich betrachtet habe, weil er auf diese Weise schnell Kontakt zu den unterschiedlichsten Fachvertretern aufnehmen konnte. Insbesondere interessierten ihn Biologen und Genetiker. Die Parallelen zwischen der natürlichen Sprache und biologischen Systemen beschäftigten ihn sehr, insbesondere die Parallelen zum genetischen Code begeisterten ihn aufs höchste und verleiteten ihn zu dem euphorischen Ausspruch:

> Die Entzifferung des DNS-Codes hat offenbart, daß wir eine Sprache besitzen, die viel älter als die Hieroglyphen ist, eine Sprache, die die lebendigste aller Sprachen ist, [...] die 4-Buchstabensprache, die sich in den Molekülen der Nukleinsäure verkörpert. (1988, 207)

Verblüffend war für ihn, daß es sich wirklich um vier *Buchstaben* handelte, nicht um Ideogramme oder etwas völlig anderes. Mit dem Genetiker François Jacob diskutierte er darüber, ob die Isomorphie als bloße Konvergenz zu verstehen ist, die aus ähnlichen Bedürfnissen entstand (Jacob), oder ob die Sprachstrukturen den genetischen Strukturprinzipien nachgebildet sind (Jakobson). Da die Fragestellung sehr spekulativ ist, wird ihr hier nicht näher nachgegangen.

In den Bereich der interdisziplinären Zusammenarbeit mit Vertretern anderer Fächer gehören natürlich auch die Bezüge zu Literaturwissenschaft und Semiotik; beide wurden wegen der deutlicheren Nähe zur Linguistik als gewissermaßen innerer Kreis seiner Interessen in gesonderten Abschnitten behandelt.

4.6 Vilém Mathesius: Syntax

Einer der Mitbegründer des Prager Kreises ist der Anglist Vilém Mathesius (vgl. 4.1). Aus seinen Forschungsgebieten soll hier die Syntax vorgestellt werden. Seine Arbeiten haben insbesondere in einem Bereich großen Einfluß gewonnen, den man im Laufe der Wissenschaftsentwicklung mit den unterschiedlichsten Termini belegt hat, Mathesius selbst sprach von „aktueller Satzgliederung" (aktuální členěni věty). Bei diesen Studien liegt keine Ebenenanalogie wie zwischen Phonologie – Morphologie – Semantik vor, es werden nicht syntaktische Einheiten und syntaktische Regeln für ihre Kombination definiert, sondern hier handelt es sich um die Ausstrahlung der Syntax auf Semantik und Pragmatik.

Die Thematik ist nicht neu; Mathesius hat sie aus Arbeiten von Georg von der Gabelentz, Hermann Paul und Anton Marty aufgegriffen, aber von psychologischem Ballast befreit und in strukturelle und funktionale Zusammenhänge gestellt.

Begründet hat diese Forschungen der deutsche Sinologe Hans Georg Conon von der Gabelentz. Dieser hatte bei seinen sinologischen Studien und dem Vergleich zum Deutschen bemerkt, daß in Sprachen mit relativ freier Wortstellung, also Sprachen, in denen die Morphologie die syntaktischen Beziehungen auszudrücken vermag, die Wortstellung andere, nichtgrammatische Funktionen übernehmen kann. Heute würde man von kommunikativer Relevanz und Informationsstruktur sprechen, denn Gabelentz berücksichtigte die Beziehung zwischen Sprecher und Hörer; er wählte die Termini „psychologisches Subjekt" und „psychologisches Prädikat". Das, worüber der Hörer etwas erfahren sollte, war das psychologische Subjekt, das, was ihm darüber mitgeteilt werden sollte, das psychologische Prädikat. Ersteres steht in der Reihenfolge vor letzterem. In den „Prinzipien der Sprachgeschichte" unterstrich H. Paul die Relevanz dieser Thesen v. d. Gabelentz'. Von anderen – insbesondere von Philipp Wegener – wurde der Hauptakzent, nicht die Wortstellung, als entscheidend angesehen. Beide Auffassungen verknüpfte dann der in Prag wirkende Sprachphilosoph Anton Marty.

Mathesius kannte Gabelentz' und Martys Arbeiten, bereits in die „Thesen" des Prager Kreises flossen seine Überlegungen zur aktuellen Satzgliederung ein. Ausgehend von der Mitteilungsfunktion der Sprache versuchte Mathesius festzustellen, durch welche Mittel der Sprecher seine aktuelle Redeabsicht verwirklicht und sie dem Hörer signalisiert, und zwar in Vergleichen zwischen Englisch und Tschechisch. Die beiden Elemente nannte er „Ausgangspunkt der Äußerung" (východiště výpovědi, 1929 deutsch „Thema") und „Kern der Äußerung" (jadro výpovědi, 1929 deutsch „Satzaussage"). Für die aktuelle Satzgliederung im Englischen – 1929 spricht er von „Satzperspektive" – sieht er die Unterscheidung in objektive und subjektive Wortfolge als grundlegend an; das Englische tendiere zur objektiven Wortfolge:

> Ein Satz kann im allgemeinen so konstruiert werden, daß das Satzthema vorangeht und die Satzaussage nachfolgt (objektive Wortfolge), oder man kann gleich mit der Satzaussage anfangen und das Satzthema erst nachfolgen lassen (subjektive Wortfolge). (1929, 208)

Die Beziehungen zwischen grammatischem Subjekt und Satzthema beschreibt Mathesius folgendermaßen:

> Wie gesagt, macht sich im Englischen die Tendenz klar fühlbar, das Thema der Satzaussage womöglich zum grammatischen Subjekt des Satzes zu machen. Wenn sich zwei Vorstellungen als durch die Situation gegeben darbieten, wird diejenige von ihnen zum grammatischen Subjekt gemacht, die mehr Aktualität besitzt oder als etwas Bestimmteres erscheint. (1929, 202)

Seine Untersuchungen wurden zur Grundlage für alle folgenden Forschungen auf diesem Gebiet. Neue Paare von Termini wurden geprägt, z. B. „Thema – Rhema" (eingeführt von dem deutschen Germanisten Hermann Ammann),

„Bekanntes – Neues", „topic – focus" – die meisten waren nicht einfach Synonyme zu Mathesius' Termini, sondern rückten andere Aspekte in den Vordergrund. Immer aber handelt es sich um die Funktion syntaktischer Strukturen, spezielle Bedeutungen auszudrücken, die nicht mehr ausschließlich innerhalb des Sprachsystems beschrieben werden können, sondern in die Pragmatik, die Sprachverwendung, hinüberreichen.

4.7. Einordnung des Prager Kreises in die Linguistik des 20. Jahrhunderts

Es ist aus dem gesamten Kapitel 4 herauszulesen, daß der Prager Linguistenkreis, also die Funktionale Linguistik, eine einzigartige Stellung innerhalb der strukturellen Linguistik des 20. Jahrhunderts einnimmt. Hervorzuheben ist die Vielfalt der Arbeitsgebiete (vgl. **4.3**). Die Behandlung bekannter Themen ließ jedoch – bei oberflächlicher Betrachtung – die Meinung aufkommen, der Prager Kreis sei die „traditionellste" dieser Richtungen (was nicht immer als Positivum gemeint war). Natürlich ist das nicht richtig; man kann sich anhand der Publikationen davon überzeugen, daß das innovative Element gerade darin bestand, alte Themen in einem neuen theoretischen Gerüst und mit neuen Methoden aufzugreifen. Daneben entwickelten die Prager auch Themenkreise, die sie von den anderen Richtungen der strukturellen Linguistik abhoben. Dazu gehören vor allem:

1. die Behandlung der Ebenen des Sprachsystems nach analogen Prinzipien. Genauer gesagt: Die schon recht früh relativ gut beschriebene phonologische Ebene wurde zum Modell für die anderen Ebenen, insbesondere für Morphologie und Semantik (vgl. **4.5.2**). Diese Herangehensweise erwies sich als sehr fruchtbar und wurde bis in die Nachkriegszeit weiterverfolgt.

2. Die Saussuresche Trennung in Synchronie und Diachronie und die damit verbundene Heraushebung der Synchronie wurde nicht übernommen (vgl. insbesondere **4.5.1**); auch die Sprachentwicklung wurde als Entwicklung eines *Systems* gesehen, und vor allem: das Sprachsystem wurde, auch synchron betrachtet, als *dynamisches System* definiert. Das bedeutet, von einem Sprach*zustand*, z. B. der „Sprache der Gegenwart", kann man zwar unter methodischem Aspekt sprechen, muß sich aber dessen bewußt sein, daß von einem Konstrukt die Rede ist, von einem künstlichen Schnitt durch ein nie wirklich in Ruhe befindliches System (vgl. dazu auch **4.5.1**).

3. Aus 2. folgt, daß die Prager die Sprache nicht als geschlossenes, sondern als offenes System sahen. Dies bewegt sich immer auf eine Balance zu, ohne sie je zu erreichen, weil das errungene Gleichgewicht in einem Bereich Störungen in einem anderen Bereich erzeugt. – Nach dem Krieg erweiterte die jüngere Generation der Prager Linguisten diesen Gedanken zur Opposition „Zentrum (relativ geschlossen und stabil) : Peripherie" (offen, weniger stabil).

4. Ein originäres Gebiet der Prager war die Erforschung der poetischen Funktion der Sprache, der Kontakt zur Literaturtheorie; diese Thematik ist nach dem Krieg durch Jakobson auch in den USA zu einem bedeutenden Schwerpunkt der Forschung geworden (vgl. **4.5.4**).

5. Aus der Betonung der Funktionalität der Sprache ist auch die insgesamt sehr praxisorientierte Zielsetzung der Prager zu verstehen. Sie bemühten sich um den Sprachunterricht, nahmen z. B. Einfluß auf den muttersprachlichen Unterricht der Sekundärstufe, und sie befaßten sich mit der Literatursprachenproblematik und der Kodifizierung der Schriftsprache, also mit Sprachplanung und -standardisierung (z.B. B. Havránek und später auch A. Jedlička).

Es ist dies eine andere Art des Praxisbezugs als die US-amerikanische deskriptive Linguistik erkennen läßt (vgl. Kapitel **6**); die dänische Glossematik schließlich (vgl. Kap. **5**) stellt sich die Frage nach Anwendungsbereichen ihrer Theorie überhaupt nicht.

Zusammenfassend:

Die Prager Schule hat insgesamt gesehen möglicherweise den größten Nachhall in der Linguistik unseres Jahrhunderts gefunden, und zwar in dem Sinne, daß sie auf *sehr vielen* Gebieten Impulse gegeben hat. Die theoretisch weitreichendsten Impulse auf *einem* Gebiet, nämlich der Syntaxtheorie, hat hingegen – wie später zu zeigen sein wird (vgl. Kap. **6**) – die deskriptive Linguistik geliefert, insofern als aus ihren Wurzeln die Generative Grammatik erwachsen ist.

4.8 Literaturangaben

K. Bühler (1913): Die Gestaltwahrnehmungen. Experimentelle Untersuchungen zur psychologischen und ästhetischen Analyse der Raum- und Zeitanschauung. Stuttgart.

K. Bühler (1934): Sprachtheorie. Die Darstellungsfunktion der Sprache. Jena [Ungekürzter Neudruck der Ausgabe Jena 1934: Stuttgart/New York 1982].

K. Chvatík (1981): Tschechoslowakischer Strukturalismus. Theorie und Geschichte. München.

E. Coseriu (1967): Zur Vorgeschichte der strukturellen Semantik. In: To Honor Roman Jakobson I. Den Haag.

F. Daneš/J. Vachek (1964): Prague Studies in Structural Grammar Today. In: Travaux linguistique de Prague (Prager linguistische Arbeiten). Prague.

U. Eco (1981): Der Einfluß Roman Jakobsons auf die Entwicklung der Semiotik. In: Die Welt als Zeichen. Klassiker der modernen Semiotik (Hrsg. M. Krampen et al.). Berlin.

Études phonologiques dédiées à la mémoire de M. le Prince N.S. Trubetzkoy (1939): (Phonologische Studien, gewidmet dem Andenken des Prinzen N.S. Trubetzkoy): Als: TCLP VIII.

P.L. Garvin (Hrsg., ³1964): A Prague School Reader on Aesthetics, Literary Structure and Style. Washington.

R. Jakobson (1931a): Prinzipien der historischen Phonologie. In: TCLP IV [Wiederabdruck in: D. Cherubim (Hrsg., 1975): Sprachwandel. Reader zur diachronischen Sprachwissenschaft. Berlin/New York].

R. Jakobson (1931b): Über die phonologischen Sprachbünde. [Wiederabdruck in Selected Writings I.]

R. Jakobson (1932): Zur Struktur des russischen Verbums. In: Charisteria Guilelmo Mathesio Quinquagenario oblata. Prag.

R. Jakobson (1936): Beitrag zur allgemeinen Kasuslehre. In: TCLP VI.

R. Jakobson (1939): Signe zéro (Das Nullzeichen). In: Mélanges de linguistique offerts à Charles Bally (Vermischte linguistische Schriften zu Ehren von Ch. Bally). Genf.

R. Jakobson (1939): Nikolaj Sergeevič Trubetzkoy, 16.4.1890-25.6.1938. In: Acta Linguistica I (Kopenhagen).

R. Jakobson (1941/⁸1992): Kindersprache, Aphasie und Allgemeine Lautgesetze. Frankfurt/M.

R. Jakobson (1948): Russian Conjugation. In: Word 4.

R. Jakobson (1957): Shifters, verbal categories [and the Russian verb]. Harvard University Press. Wiederabdruck in: Selected Writings II und [gekürzt] in „On Language" 1990.

R. Jakobson (1961/1979): Poesie der Grammatik und Grammatik der Poesie. In: Poetik 1979/1989. Zuerst abgedruckt 1961 in russischer Sprache in dem Sammelband „Poetics, Poetyka, Poètika". Warschau.

R. Jakobson (1971-1979): Selected Writings I-V (eds. S. Rudy & M. Taylor). Den Haag.

R. Jakobson (1979/²1989): Poetik. Ausgewählte Aufsätze 1921-1971) (Hrsg. E. Holenstein und T. Schelbert). Frankfurt/M.

R. Jakobson (1981): Poetry of Grammar and Grammar of Poetry (ed. St. Rudy). The Hague/New York.

R. Jakobson (1985): Verbal art, verbal sign, verbal time (eds. K. Pomorska and St. Rudy). Minneapolis.

R. Jakobson (1987): Language in Literature (eds. K. Pomorska and St. Rudy). Harvard University Press, London, England.

R. Jakobson (1988): Semiotik. Ausgewählte Texte 1919-1982 (Hrsg. E. Holenstein). Frankfurt/M.

R. Jakobson (1990): On Language (eds. L.R. Waugh and M. Monville-Burston). Harvard University Press, London, England.

R. Jakobson & M. Halle (1956): Fundamentals of Language (dt.: Grundlagen der Sprache. Berlin 1960).

R. Jakobson & L.R. Waugh (1979/²1987): The Sound Shape of Language. Berlin/New York (dt.: Die Lautgestalt der Sprache. Berlin/New York 1986).

D. Jones (³1967): The Phoneme. Its Nature and Use. With an Appendix on the History and Meaning of the Term „Phoneme". London.

S. Karcevski (1927): Système du verbe russe. Essai de linguistique synchronique (Das russische Verbalsystem. Versuch einer synchronen Sprachwissenschaft). Prague.

D. Katz (1944/⁴1969): Gestaltpsychologie. Basel.

O. Leška, J. Nekvapil, O. Šoltys (1987): Ferdinand de Saussure and the Prague Linguistic Circle. In: philologica pragensia 30/2.

C. Lévi-Strauss (1945): L'analyse structurale en linguistique et en anthropologie (Die Strukturanalyse in der Linguistik und in der Anthropologie). In: Word I/1. New York.

L. Matejka (Hrsg., 1976): Sound, Sign and Meaning. Quinquagenary of the Prague Linguistic Circle. Ann Arbor.

V. Mathesius (1929): Zur Satzperspektive im modernen Englisch. In: Archiv für das Studium der neueren Sprachen und Literaturen 84.

J. Mukařovský (1940/1976): Über die Dichtersprache. In: Grundlagen der Sprachkultur. Beiträge der Prager Linguistik zur Sprachtheorie und Sprachpflege I (Hrsg. J. Scharnhorst und E. Ising). Berlin 1976 (tschech. Original: O jazyce básnickém. In: Slovo a slovesnost 1940). Eine andere deutsche Übersetzung ist erschienen in: Studien zur strukturalistischen Ästhetik und Poetik. München 1974.

J. Mukařovský (1983): Standard Language and Poetic Language. In: Praguiana 1983 (tschech. Original: Jazyk spisovný a jazyk básnický. In: B. Havránek – M. Weingart (Eds.,1932): Spisovná čeština a jazyková kultura. Prague).

Praguiana. Some Basic and Less Known Aspects of the Prague Linguistic School. An Anthology of Prague School Papers. Selected by Josef Vachek. Praha 1983.

Réunion phonologique international tenue à Prague 1930 (1931): (Internationale Phonologische Tagung in Prag 1930). TCLP IV.

N. Savický (1987): The Place of the Prague Linguistic Circle in the History of Linguistics. In: philologica pragensia 30/2.

P. Sgall (1979): Die Sprachtypologie V. Skaličkas. In: V. Skalička (1979).

V. Skalička (1934): Zur Charakteristik des eurasischen Sprachbundes. In: Archiv orientální 6.

V. Skalička (1979): Typologische Studien (Hrsg. P. Hartmann). Schriften zur Linguistik 11. Braunschweig.

Thèses (1929): In: Mélanges linguistiques. Dédiés au Premier Congrès des Philologues Slaves. Travaux du Cercle Linguistique de Prague I. Prag (Thesen. In: Vermischte linguistische Schriften. Gewidmet dem 1. Slavistenkongreß. Arbeiten des Prager Linguistenkreises I. Prag.). Deutsch in: Grundlagen der Sprachkultur. Beiträge der Prager Linguistik zur Sprachtheorie und Sprachpflege I (Hrsg. J. Scharnhorst und E. Ising). Berlin 1976. Englisch in: Praguiana 1983.

Travaux du Cercle Linguistique de Prague (= TCLP) I-VIII (1929-1939) (Arbeiten des Prager Linguistenkreises): siehe unter den Verfassern bzw. Bänden.

B. Trnka (1983): Linguistics and the Ideological Structure of the Period. In: Praguiana 1983 (tschech. Original: Jazykozpyt a myšlenková struktura doby. In: Slovo a Slovesnost 10, 1948).

N.S. Trubetzkoy (1929): Sur la „morphonologie" (Über die Morphologie). In: TCLP I.

N.S. Trubetzkoy (1931): Gedanken über Morphonologie. In: TCLP IV.

N.S. Trubetzkoy (1935): Anleitung zu phonologischen Beschreibungen. Prag/Leipzig. [2]1958 Göttingen.

N.S. Trubetzkoy (1939): Grundzüge der Phonologie. TCLP VII. Prag. [7]1989 Göttingen.

N.S. Trubetzkoy (1939a): Gedanken über das Indogermanenproblem. In: Acta Linguistica I,2. Kopenhagen.

J. Vachek (1964): A Prague School Reader in Linguistics. Bloomington/London.

J. Vachek (1966): The Linguistic School of Prague. An Introduction to Its Theory and Practice. Bloomington/London.

J. Vachek (1970): Dictionnaire de linguistique de l'École de Prague (Linguistisches [terminologisches] Wörterbuch der Prager Schule). Utrecht/Antwerpen.

J. Vachek (1983): The Heritage of the Prague School to Modern Linguistic Research. In: Praguiana 1983.

M. Wertheimer (1991): Zur Gestaltpsychologie menschlicher Werte: Aufsätze 1934-1940. Hrsg. und kommentiert von H.-J. Walter. Mit einem Vorwort von Albert Einstein und einer Kurzbiographie von Michael Wertheimer. Opladen.

D. Wunderlich (1969): Karl Bühlers Grundprinzipien der Sprachtheorie. In: Muttersprache 79/2. Mannheim/Zürich.

5. Die Glossematik

5.1 Gründung und Gründer der Glossematik, des Kopenhagener Strukturalismus

Eine sowohl konsequente als auch zugleich eigenwillige Fortsetzung fand F. de Saussures Sprachtheorie in der dänischen Variante der strukturellen Linguistik. Sie entstand später als der Prager Linguistenkreis und war zunächst als eine Richtung innerhalb der Phonologie gedacht. Auf dem 2. Internationalen Phonetikerkongreß in London 1935 legten zwei dänische Linguisten ein Arbeitsprogramm unter der Bezeichnung „Phonematik" vor – Louis Hjelmslev und Hans Jørgen Uldall. Kurze Zeit später benannten sie ihre Richtung in „Glossematik" um. Mit der Verwendung der griechischen Wurzel für „Sprache" (γλῶσσα) wollten Hjelmslev und Uldall die Originalität ihrer Theorie unterstreichen und sie von allen anderen „Sprachwissenschaften" abgrenzen. Im Laufe der Zeit ist diese Theorie dann weit mehr als nur Phonologie geworden. Wie sie sich entwickelte und welches ihre Inhalte sind, wird in den folgenden Abschnitten dieses Kapitels dargelegt; hier soll zunächst in knapper Form die wissenschaftliche Biographie der beiden Begründer der Glossematik vorgestellt werden.

Louis Hjelmslev (1899-1965) wurde in Kopenhagen als Sohn eines Mathematikprofessors geboren. Er studierte in Kopenhagen vergleichende Sprachwissenschaft bei Holger Pedersen, verbrachte einen kurzen Abschnitt seines Studiums (1921) in Litauen, nach seinem Magisterexamen bekam er 1923 ein Stipendium für Prag, fand aber zu dieser Zeit dort nur die traditionelle Linguistik vor. Anders sein Studienaufenthalt 1926/27 in Paris bei A. Meillet und J. Vendryes. Hier lernte er F. de Saussures „Cours de linguistique générale" (Grundfragen der allgemeinen Sprachwissenschaft, vgl. Kapitel 3) kennen, der für die Ausarbeitung seiner Theorie große Bedeutung gewann. 1928 nahm er am 1. Internationalen Linguistenkongreß in Den Haag teil, auf dem die Prager Linguisten ihre Thesen vorstellten. Seine Überlegungen zu einer Strukturauffassung der Sprache begannen sich zu entwickeln. 1928 veröffentlichte er seine erste große Arbeit, „Principes de grammaire générale" (Prinzipien der allgemeinen Grammatik); die nächste bedeutende Publikation war 1935 „La catégorie des cas" (Die Kategorie Kasus), die sich in die internationale Diskussion um die Invariante für Kasus einreihte (siehe unter **5.4**).

Diese erste Zeit von 1928-1935 bezeichnete Eli Fischer-Jørgensen in ihrem Nekrolog als Hjelmslevs „präglossematische Zeit". In diese Jahre fällt auch die Gründung des Kopenhagener Linguistenkreises 1931, den Hjelmslev mit kurzer Unterbrechung bis zu seinem Tod leitete. Dieser Kreis war strukturell orientiert, aber nicht ausschließlich glossematisch; der „Kopenhagener Linguistenkreis" war also eine modern ausgerichtete territoriale Vereinigung. Auch um eine entsprechende Assoziation nicht aufkommen zu lassen, prägten Hjelmslev und Uldall für ihre sehr spezielle Sprachtheorie den Namen „Glossematik".

1935-1943 waren dann die Jahre der Ausarbeitung dieser Glossematik, weitestgehend in engem Kontakt zwischen Hjelmslev und Uldall. Ab 1939 gaben Viggo Brøndal – Strukturalist, aber nicht Glossematiker – und Louis Hjelmslev die Zeitschrift „Acta Linguistica. Revue internationale de linguistique structurale" (ab Band IX „Acta Hafniensia") heraus, die auch nichtdänischen Autoren offenstand.

1941 schrieb Hjelmslev eine kurze, außerordentlich komprimierte Zusammenfassung aller Definitionen und Regeln seiner Theorie. Sie wurde erst 1975 publiziert (s. u. **5.3.5**).

1943 war die glossematische Theorie im Prinzip ausgearbeitet. Da Uldall im Ausland weilte, wartete Hjelmslev mit einer vollständigen Publizierung auf seine Rückkehr und veröffentlichte vorab nur eine Einführung in die Theorie, seine „Omkring sprogteoriens grundlaeggelse" (Prolegomena zu einer Sprachtheorie). Dies blieb schließlich aber die einzige zusammenhängende Darstellung der Glossematik. Näheres dazu wird in **5.3** erläutert.

1943 bis Ende der fünfziger Jahre war für Hjelmslev die Zeit der Propagierung seiner Theorie in vielen Aufsätzen und Vorträgen, aber auch die Zeit weiterer Interessen; so beschäftigte er sich nun z. B. auch mit struktureller Semantik. Er verstärkte darüber hinaus sein Engagement als Hochschullehrer und Herausgeber, nach Eli Fischer-Jørgensens Worten verschlechterte sich allmählich auch seine Gesundheit. 1965 starb Louis Hjelmslev.

Hans Jørgen Uldall (1907-1957) studierte bei Otto Jespersen in Kopenhagen Anglistik. 1927 ging er zu Daniel Jones nach London, um seine phonetischen Studien fortzusetzen. Es begann dann ein Leben voller Veränderungen, da er immer nur kurzfristige Lehraufträge erhielt. 1930-1933 hatte er die Möglichkeit, in den USA Feldforschung bei den indianischen Maidu in Kalifornien zu betreiben. Franz Boas hatte Otto Jespersen gebeten, ihm einen jungen skandinavischen Phonetiker zu empfehlen, und dieser hatte Uldall vorgeschlagen. Von 1933 bis 1939 arbeitete Uldall wieder in Dänemark, es begann seine Zusammenarbeit mit Hjelmslev, den er aus der Phonologischen Kommission des Kopenhagener Linguistenkreises kannte. Beide entwickelten die „Phonematik", die auf Uldalls Vorschlag dann in „Glossematik" umbenannt wurde, um dem erweiterten

Aufgabenbereich auch terminologisch Ausdruck zu verleihen. Hjelmslev und Uldall planten, zum Linguistenkongreß 1936 die umfassende Darstellung dieser Sprachtheorie vorzustellen, doch trotz der in der Literatur immer wieder betonten außerordentlich guten Zusammenarbeit zwischen beiden verzögerte sich die Fertigstellung.

1939 wurde Uldall vom British Council[1] nach Griechenland, später nach Ägypten und in arabisches Gebiet beordert. Kriegsbedingt riß der Kontakt zwischen ihm und Hjelmslev ab. Doch jeder arbeitete an dem Projekt weiter. Es war geplant, als großes gemeinsames Werk „Outline of Glossematics" zu schreiben; Uldall sollte die Einleitung und „die Algebra der Sprache" verfassen, Hjelmslev die anderen Aspekte der Theorie und die Prozedur mit allen Definitionen und Regeln darlegen.

Uldall war auch nach dem Krieg nur kurze Zeit in Dänemark, er arbeitete dann in England und in Südamerika, ab 1954 an der Universität von Ibadan in Nigeria. Er hatte inzwischen eine vom ursprünglichen Plan abweichende Algebra erarbeitet, die Hjelmslev zu kompliziert für die Darstellung natürlicher Sprache erschien und an die sich sein eigenes System von Definitionen nur schwer anpassen ließ. Deshalb beschlossen beide, zunächst nur den ersten, von Uldall verfaßten Teil – durch ein Vorwort von Hjelmslev ergänzt – zu veröffentlichen. Ihre Absprachen darüber konnten sie noch treffen, da Uldall zur Teilnahme am Linguistenkongreß 1957 in Oslo nach Europa gekommen war. Kurze Zeit nach seiner Rückkehr nach Nigeria starb er jedoch unerwartet nach einem Herzanfall.

5.2 Einflüsse aus der Sprachwissenschaft und aus Nachbarwissenschaften: F. de Saussure, der „Wiener Kreis"

Die Glossematik ist wie keine andere Variante der strukturellen Linguistik der Sprachtheorie F. de Saussures verpflichtet. Louis Hjelmslev hat den „Cours" zuerst bei seinem Studienaufenthalt in Paris kennengelernt und ihn nach seinen eigenen Worten in der Folgezeit noch mehrfach gelesen. Zwei Anmerkungen sind zum Verhältnis von Hjelmslev zu Saussures Sprachtheorie wichtig: Erstens betonte Hjelmslev, daß seine eigenen Überlegungen zu einer strukturellen Sprachtheorie bereits ausgeprägt waren, als er den „Cours" kennenlernte, zweitens erwähnte er mehrfach einen Brief von Charles Bally, in dem dieser ihm bescheinigte, der einzige zu sein, der Saussure wirklich verstanden habe. Die Beziehungen zwischen den sprachtheoretischen Auffassungen dieser beiden

---

[1] Den deutschen Goethe-Instituten vergleichbar.

Linguisten sind in der Tat außerordentlich eng; bei der Erörterung der Schwerpunkte aus Hjelmslevs „Prolegomena" (in **5.3**) wird besonders herausgearbeitet, daß dieser Saussures Gedanken mit aller Konsequenz zu Ende geführt hat, vor allem die Auffassung der Sprache als eines Systems von Zeichen, die Betonung der Bedeutung eines Systems von Relationen und die Überlegungen zu Form und Substanz.

Der Schlüssel zum Verständnis derjenigen Thesen, mit denen Hjelmslev von Saussure abwich, ist in den philosophischen Voraussetzungen zu finden, die er seiner linguistischen Forschung zugrunde legte, und zu denen er sich mehrfach ausdrücklich bekannte. Er war, möglicherweise durch die Physikergruppe um Niels Bohr in Kopenhagen, mit dem Neopositivismus bekanntgeworden, einer insbesondere von Naturwissenschaftlern vertretenen philosophischen Richtung, die die Auflösung der Philosophie in der Wissenschaft forderte, die es ablehnte, die Philosophie als erkenntnistheoretische und methodologische Grundlage der Wissenschaft zu betrachten. Durch die Beschränkung auf beobachtbare Fakten sollte die Philosophie für die Einzelwissenschaften verzichtbar werden. Der Neopositivismus des 20. Jahrhunderts setzte an die Stelle des Physikalismus, den der Positivismus des 19. Jahrhunderts vertrat, die Sprachanalyse. Hjelmslev lehnte sich insbesondere an den sogenannten „Wiener Kreis" um Moritz Schlick (1882-1936) an, der 1929 sein Kredo veröffentlicht hatte – „Der Wiener Kreis – wissenschaftliche Weltanschauung". In den zwanziger und dreißiger Jahren betrieb diese Gruppe mit der Untersuchung der Wissenschaftssprache und der Aufstellung von formalen Sprachen, den logischen Kalkülen, die Reduktion der Philosophie auf philosophische Probleme der Sprache; sie hat aber auch das unbestreitbare Verdienst, die mathematische Logik als Wissenschaft begründet und wertvolle Erkenntnisse für Wissenschaftstheorie und -methodologie ausgearbeitet zu haben. Der Wiener Kreis erörterte den Zeichencharakter der Sprache, stellte Konstruktionsregeln für den Aufbau von Ausdrücken aus elementaren Zeichen auf, behandelte die Beziehungen zwischen Sätzen einer Sprache, Umformungsregeln für sprachliche Ausdrücke und definierte die Relation zwischen Objekt- und Metasprache. Gerade diese Themen waren für Hjelmslev die wichtigsten für den Aufbau einer linguistischen Theorie. In seiner Gesamthaltung übernahm Hjelmslev außerdem vom Wiener Kreis die Forderung nach mathematischer Ableitbarkeit, formaler Widerspruchsfreiheit und Unabhängigkeit einer Theorie von ihrer Anwendbarkeit sowie die Beschreibung von Relationen unter Vernachlässigung der materiellen Einheiten, zwischen denen sie bestehen.

Mit großer Hochachtung bezog sich Hjelmslev mehrfach auf einen Wissenschaftler aus diesem Kreis, Rudolf Carnap (1891-1970):

> Das strukturelle Herangehen an die Sprache [gemeint ist die Glossematik, B.B.] hat zu einer philosophischen Richtung gewisse innere Beziehungen. Diese philosophische Richtung, die Sprachtheorie der Logik, entwickelte sich aber in völliger Unabhängigkeit von der Linguistik und wurde auch von den Linguisten bisher nicht zur Kenntnis

genommen. Sie ging anfänglich aus mathematischen Überlegungen hervor und wurde vor allem durch Alfred N. Whitehead, Bertrand Russell und die Logiker der Wiener Schule, besonders von Rudolf Carnap, weitergeführt. Rudolf Carnaps jüngste Arbeiten zur Syntax und Semantik haben gewisse unleugbare Beziehungen zur linguistischen Erforschung der Sprache. (1947, zitiert nach 1974a, 66/67)

Er ging insbesondere auf Carnap, „Der logische Aufbau der Welt" (1928), ein, wo dieser im Abschnitt 16 – „Alle wissenschaftlichen Aussagen sind Strukturaussagen" – schrieb:

> Wir erhalten das Ergebnis, daß *jede wissenschaftliche Aussage grundsätzlich so umgeformt werden kann, daß sie nur noch eine Strukturaussage ist.* Diese Umformung ist aber nicht nur möglich, sondern gefordert. (1928, 20; bei Hjelmslev erwähnt: 1974a, 67)

Auch Uldall stützte sich auf den Wiener Kreis. Das wird deutlich bei der Ausarbeitung seiner „Algebra der Sprache", die er explizit an Russells „Prinzipien der Mathematik" (englisch 1903) anlehnte und die ein System von Funktionen sein sollte.

Am Rande sei bemerkt, daß Hjelmslev diese Wissenschaftstheorie des Wiener Kreises auch dann noch vertrat, als in den vierziger Jahren innerhalb desselben methodologischen Rahmens der *linguistische* Positivismus entstand, die Philosophie der natürlichen Sprache, die dem Gegenstand *natürliche Sprache* angemessener gewesen wäre, für ihn aber deshalb keinen Anknüpfungspunkt bot, weil seine Glossematik weniger *Sprach*theorie als vielmehr allgemeine *Zeichen*theorie ist.

5.3 Louis Hjelmslev, „Prolegomena zu einer Sprachtheorie" – Schwerpunkte

Die Entstehungsgeschichte dieses Buches, das 1943 dänisch unter dem Titel „Omkring sprogteoriens grundlaeggelse" erschien, ist bereits in **5.1** beschrieben worden. Wirklich zur Kenntnis nahm die internationale Linguistik die Glossematik erst 1953, als die englische Übersetzung erschien; später folgten dann Übersetzungen in andere Sprachen, ins Deutsche erst 1974. Nach dieser deutschen Übersetzung wird im folgenden zitiert.

Da die „Prolegomena" zunächst nur als Einführung in die Glossematik gedacht waren, wurden die einzelnen Themen in recht kurzer Form abgehandelt, auf insgesamt nicht viel mehr als 100 Seiten. Allerdings ist das Buch nicht sehr leserfreundlich geschrieben. Nicht allein deshalb, weil die Darstellung theoretisch anspruchsvoll und sehr komprimiert ist und weil die Theorie nur selten durch sprachliche Beispiele illustriert wird, sind die „Prolegomena" eine schwierige Lektüre, Hjelmslev (und ebenso Uldall bei der gemeinsamen Arbeit) gefiel sich auch in der Schaffung neuer Termini – wie er selbst bekannte –, freilich nicht ausschließlich aus Originalitätswahn, sondern vor allem, um die Besonderheit seiner Theorie im Vergleich zu anderen Sprachtheorien zu unterstreichen. Auf ca. 100 Seiten Text hat man ca. 100 neue Termini gezählt, zum Teil auch für Inhalte, für die die Linguistik bereits Fachtermini besaß. Die Herausgeber der russischen Übersetzung (1960) haben deshalb dem Text einen Anhang mit der Auflistung und Interpretation der Termini beigefügt.[2]

Die 23 Abschnitte der „Prolegomena" lassen sich wie folgt gruppieren: Die Abschnitte 1-7 präsentieren Ziel und Methoden der Theorie; 12-15 behandeln Sprache als Zeichensystem, Abschnitt 21 erweitert den Zeichenaspekt über natürliche Sprache hinaus auf andere Systeme; die übrigen Abschnitte erörtern die Hauptprinzipien der Analyse und führen die in der Glossematik benötigten Definitionen ein.

Im folgenden wird etwas genauer eingegangen auf: Ausdruck – Inhalt, Form – Substanz (5.3.1), das Netzwerk der Relationen (5.3.2), Hjelmslevs daraus resultierende Vorstellungen von einer strukturellen Sprachtheorie (5.3.3) und die Aufspaltung der Zeichen in Figuren (5.3.4). Als Abschluß wird noch kurz auf das komprimierte „Résumé" eingegangen (5.3.5). Wo es zweckdienlich ist, werden zur Erläuterung auch spätere Aufsätze Hjelmslevs herangezogen.

Nicht berücksichtigt werden konnten einige durchaus nützliche Operationen, die die Glossematik verwendet, z. B. Synkretismus und Katalyse. Es soll außerdem betont werden, daß auf die glossematische Terminologie fast völlig verzichtet wird und statt dessen Umschreibungen oder annähernd synonyme Termini verwendet werden.

5.3.1 Ausdruck – Inhalt, Form – Substanz

Ausgangspunkt der Überlegungen Hjelmslevs zu diesem Komplex ist F. de Saussures Behandlung des sprachlichen Zeichens als Einheit von Bezeichnendem (signifiant) und Bezeichnetem (signifié), bei ihm „Ausdruck" und „Inhalt". Weiterhin unterschied auch Hjelmslev wie Saussure zwischen Form und Substanz in der Sprache. Während er in seinem Frühwerk „Prinzipien der allgemeinen Grammatik" (1928) noch eine sprachliche Form und zwei Substanzen (Laute und Inhalte) ansetzte, ging er in den Prolegomena dann zu einer konsequenteren, symmetrischen Anlage über: Es gibt auf jeder der beiden Ebenen – Ausdruck und Inhalt – jeweils eine Form.

---

[2] Leider sind die Herausgeber der deutschen Ausgabe diesem Beispiel nicht gefolgt.

Auf Saussure berief er sich auch bei seiner These, nur die Form dürfe Gegenstand der Linguistik sein, dies seien auf der Ausdrucksebene die Phoneme[3], auf der Inhaltsebene die Struktureinheiten der Bedeutung. Die Substanz sei das außersprachliche, exakter: das nicht-einzelsprachliche Korrelat der Form, auf der Ausdrucksebene sind dies alle artikulierbaren Laute (bzw. sekundäre Mittel wie die Aufzeichnung der Laute), auf der Inhaltsebene alle denkbaren Vorstellungen. Die Substanz sei regellos, amorph, sie bedürfe der Formung. Mit den beiden Substanzen beschäftigen sich auch andere Wissenschaften, nur die Form sei ausschließlich Gegenstand der Linguistik und müsse deshalb auch ihr ausschließlicher Gegenstand sein.

Es wird also deutlich, daß Hjelmslev hier Saussuresche Thesen weiterführt.

Folgerichtig klammerte er diejenigen Teilgebiete, die mit der sprachlichen Substanz in Berührung kommen, aus der „immanent" gedachten Linguistik aus, das betrifft für die Lautsubstanz die Phonetik, für die Inhaltssubstanz die Semantik. Da er aber sah, daß z. B. eine artikulatorische und akustische Untersuchung sprachlichen Materials ebenfalls benötigt wird, ließ Hjelmslev Phonetik und Semantik als Hilfswissenschaften für die Linguistik gelten.

Die Konsequenzen dieser Annahmen sind weitreichend. Auch Hjelmslev selbst sah, daß man die folgenden beiden Behauptungen nicht gleichsetzen darf:

• die Form ist unabhängig von einer bestimmten Substanz;

• die Form ist unabhängig von jedweder Substanz.

In der von ihm autorisierten englischen Übersetzung findet man deshalb – wenn auch nicht durchgängig – neben „substance" auch „purport". Das, was in allen Sprachen gleich ist und dann auf unterschiedliche Weise geformt wird, ist „purport", was an Material in einer Einzelsprache geformt ist, ist „substance". Das sprachliche Zeichen besteht also für Hjelmslev aus Ausdrucksform und Inhaltsform, nur dank dieser Form gibt es auch die zugeordneten Substanzen; diese entstehen beim Projizieren der Formen auf den „purport".

Hjelmslev entwickelte eine Linguistik, die eine Algebra der Sprache ist, die mit reinen Formelementen arbeitet, denen willkürliche Benennungen gegeben werden. Freilich räumte er dann ein, es sei zwar nicht nötig, aber nützlich, die Einheiten während der formalen Analyse bereits so zu benennen, wie sie später bezeichnet werden, wenn die Form auf die Substanz (bzw. auf den purport) projiziert wird.

---

[3] Es sei noch einmal unterstrichen, daß in dieser Darstellung nach Möglichkeit die in der strukturellen Linguistik üblichen Termini verwendet werden, um dem Leser – dem ja nur eine Übersicht über die Glossematik gegeben werden soll – nicht mit der bereits erwähnten Flut Hjelmslevscher Termini zu belasten.

Entscheidend ist der Umstand, daß jede Sprache die Substanz für sich in eine Form gießt. Hjelmslev führt folgendes Beispiel an (1974, 57):

Dem deutschen

    Baum   –   Holz   –   Wald

stehen im Dänischen

    trae   –   skov

gegenüber, d. h. „Holz" nimmt Teile der Substanz von „trae" und „skov" in sich auf, so daß „Baum" und „Wald" eine engere Bedeutung bekommen. Oder anders ausgedrückt: Die Substanz wird in den beiden Sprachen an dieser Stelle unterschiedlich geformt. Ebenso verfuhr Hjelmslev z. B. mit grammatischen Kategorien und mit den Phonemsystemen. Auch hierzu ein Beispiel:

Eine Sprache, deren Numerussystem aus

    Singular – Dual[4] – Plural

besteht, hat die Substanz „Zahl" anders geformt als eine, die

    Singular   –   Plural

morphologisiert hat (1974, 57).

Als Weiterführung dieser Überlegungen nennt Hjelmslev dann in einer späteren Arbeit, dem Aufsatz „Der stratische Aufbau der Sprache" (1954, deutsch in Hjelmslev 1974a),

    Ausdrucksform – Ausdruckssubstanz,

    Inhaltsform   – Inhaltssubstanz

die vier „Strata", Ebenen, der Sprache.

5.3.2 Das Netzwerk der Relationen

Ausgehend vom „valeur"-Begriff Saussures (vgl. Kap. **3.4.3**) und der sich daraus ergebenden negativen Definition sprachlicher Einheiten[5] kam Hjelmslev zu der These, linguistische Relevanz hätten überhaupt nur die Relationen, die Beziehungen zwischen den sprachlichen Einheiten, nicht diese Einheiten selbst. Gestützt wurde diese These durch analoge Auffassungen der Logiker des Wiener

---

[4] Zweizahl, grammatikalisiert z. B. im Altgriechischen, Litauischen, Altslavischen und einigen modernen slavischen Sprachen.

[5] Definierend für ein sprachliches Zeichen ist es, anders zu sein als die anderen Zeichen desselben Systems.

Kreises; in **5.2** wurde auf entsprechende Äußerungen Rudolf Carnaps eingegangen. Eine große Bedeutung hat in diesem Zusammenhang Hjelmslevs Behandlung des Funktionsbegriffs:

„Funktion" ist für ihn wie in Mathematik und Logik eine Relation zwischen „Funktiven", letztere brauche die glossematische Theorie nicht zu beschreiben. Die Struktur einer Sprache definiert sich allein durch diese Relationen, Funktive sind lediglich Schnittpunkte von Abhängigkeitsbündeln. Logisch lassen sich die Funktionen klassifizieren in:

1. Interdependenzen, d. h. gegenseitige Abhängigkeiten der Funktive voneinander, beide Funktive setzen einander voraus;

2. Determinationen, d. h. einseitige Abhängigkeiten, eines der Funktive setzt das andere voraus, jedoch nicht umgekehrt;

3. Konstellationen, d. h. freie Kombinationen, keines der Funktive setzt das andere voraus.

Diese logischen Beziehungen werden sowohl für den „Verlauf" (syntagmatisch) als auch für das „System" (paradigmatisch) aufgestellt. Zusammen mit den unter 1.-3. genannten allgemeinen Funktionen, die indifferent sind, also sowohl für Verlauf als auch für System verwendbar, ergibt sich dann ein Netzwerk aus 9 Relationen[6], mit dem Hjelmslev den Anspruch erhebt, alle in der Sprache vorkommenden Beziehungen erfassen zu können.

Es sind nur sehr wenige Beispiele in den Text einbezogen, als Illustration soll hier angeführt werden:

Determination – d. h. einseitige Abhängigkeit – im Text (= Verlauf) besteht zwischen Haupt- und Nebensätzen: Hauptsätze sind ohne Nebensatz möglich, das Umgekehrte gilt nicht. Dies bedeutet jedoch natürlich nicht, daß jeder einzelne Nebensatz jeden einzelnen Hauptsatz voraussetzt:

> Der einzelne Nebensatz setzt nicht die Anwesenheit eines bestimmten Hauptsatzes voraus, sondern nur die Anwesenheit irgendeines Hauptsatzes. (1974, 85)

Interdependenz – d. h. gegenseitige Abhängigkeit – im System besteht zwischen Numerus- und Kasuskategorie im Lateinischen, beide kommen immer gemeinsam vor in einem Morphem; zwischen dem einzelnen Kasus und dem einzelnen Numerus besteht jedoch freie Kombination (1974, 30).

---

[6] Für diese führt er deshalb auch 9 glossematische Termini ein, die hier aber nicht aufgelistet werden sollen.

Natürlich lassen sich ohne Schwierigkeiten sprachliche Belege für alle Relationstypen finden. Dennoch: Ein Netzwerk aus nur neun Relationen ist offensichtlich nicht ausreichend für die Erfassung der komplizierten Phänomene einer natürlichen Sprache und ihrer komplexen Strukturen. Jedoch die Idee, eine *endliche Menge* sehr abstrakter Eigenschaften aufzufinden, ein Netzwerk, das die Sprachstruktur reflektiert, ist sehr verdienstvoll und kann in die Bemühungen um Universalienfindung in unserem Jahrhundert eingeordnet werden.

5.3.3 L. Hjelmslevs Definition der Sprachtheorie

Hjelmslev definiert die Glossematik als Sprachtheorie streng formal. Im Zentrum steht das **Empirieprinzip.** Empirie wird bei ihm auf eine sehr eigene Weise verstanden; das Empirieprinzip ergibt sich nämlich aus den drei im Zusammenhang mit dem Wiener Kreis (vgl. unter **5.2**) bereits genannten Forderungen nach **Widerspruchsfreiheit, Vollständigkeit** (bzw.: erschöpfender Beschreibung) und **Einfachheit:**

> Die Beschreibung soll widerspruchsfrei, erschöpfend und so einfach wie möglich sein. Die Forderung nach Widerspruchsfreiheit ist der Forderung nach erschöpfender Beschreibung übergeordnet. Die Forderung nach erschöpfender Beschreibung ist der Forderung nach Einfachheit übergeordnet. (1974, 15)

Während diese drei Forderungen für die Aufstellung logischer Kalküle jedoch durchaus angemessen sind, stoßen sie bei der Anwendung auf natürliche Sprachen z. T. auf erhebliche Schwierigkeiten. So ist Vollständigkeit für eine linguistische Theorie schon deshalb nicht wünschenswert, weil eine vollständige Theorie nicht ohne Widerspruch erweitert werden kann, die natürliche Sprache aber Erweiterungen in ihren prinzipiell offenen Teilsystemen zulassen muß. Man müßte also entweder auf Widerspruchsfreiheit oder auf Vollständigkeit verzichten. Einfachheit ist faktisch nicht überprüfbar und z. B. dann nicht angemessen, wenn sprachliche Zusammenhänge zugunsten einer einfacheren, d. h. mathematisch eleganteren Darstellung verdunkelt werden.

Eine Bemerkung soll hier eingefügt werden: Auch in der weiteren Entwicklung der Linguistik, z. B. in frühen Phasen der generativen Grammatik, hat man versucht, den mathematischen Begriff der Einfachheit auf die Beschreibung und Erklärung sprachlicher Sachverhalte anzuwenden. So wurden als Parameter für Einfachheit die Anzahl der Grundeinheiten und die Anzahl der Regeln angesetzt. Es ließen sich nach diesem Prinzip mathematisch sehr elegante Beschreibungen erreichen, jedoch mußte dafür auf viele relevante Fakten der Sprachstruktur verzichtet werden, so daß dieses Verständnis von Einfachheit fallengelassen werden mußte.

Eine Theorie, die dem Empirieprinzip genügt, ist für Hjelmslev **arbiträr** in dem Sinne, daß sie von der Erfahrung unabhängig ist, daß sie nichts über die Möglichkeiten ihrer Anwendung und ihr Verhältnis zu den konkreten Fakten aussagt. Selbstverständlich leugnete auch Hjelmlev nicht, daß eine Theorie generell anwendbar sein muß – auf welchen Praxisbereich auch immer –, sonst wäre sie tatsächlich Selbstzweck. Aber dennoch forderte er, die Theorie solle in sich geschlossen sein, ihre Anwendbarkeit *auf ein bestimmtes Gebiet* dürfe keinen Einfluß auf die Theorie selbst haben. Arbitrarität (als „Berechnung") und Angemessenheit (als „Erfahrung") stehen sich somit unvermittelt gegenüber.

Allerdings muß die Kritik dahingehend abgeschwächt werden, daß die Glossematik ihrem Anspruch nach nicht eine übliche Sprachtheorie ist, sondern eher eine Zeichentheorie mit universeller Anwendbarkeit, deshalb muß auch ihre Überprüfbarkeit und der Begriff der Praxis mit anderen Maßstäben gemessen werden.

5.3.4 Zeichen – Figuren, Invarianten – Varianten

Es muß noch einmal auf Saussures Sprachtheorie (Kapitel 3) und auf die einleitenden Bemerkungen zu 5.3.1 in diesem Kapitel zurückgegriffen werden. Sprache ist danach ein System von Zeichen, das sich von allen anderen semiotischen Systemen nur dadurch unterscheidet, daß natürliche Sprache universell anwendbar ist. Genauso wie für alle anderen semiotischen Systeme gilt auch für das Sprachsystem: Das Zeichen stellt eine Einheit von *signifiant* und *signifié*, d. h. einem Lautbild und einer Vorstellung, dar, einer Einheit, die nur *Zuordnung* ist, nicht durch eine Kausalbeziehung vermittelt. Die Zeichenfunktion ist – in den Termini der Relationen Hjelmslevs gesprochen – eine Interdependenz, denn beide Seiten eines Zeichens bedingen sich wechselseitig.

Für Hjelmslev gibt es nun außer der Universalität noch einen weiteren Unterschied zwischen der natürlichen Sprache und anderen semiotischen Systemen: Die Zeichen der natürlichen Sprache lassen sich in kleinere Einheiten aufspalten, die nicht mehr Zeichen sind. Nur in der Sprache gibt es die beiden Ebenen Ausdruck und Inhalt, was sich wie folgt zeigen läßt:

In anderen semiotischen Systemen besteht eine 1:1-Beziehung zwischen Ausdruck und Inhalt, was die Trennung in 2 Ebenen redundant werden läßt, vgl.:

- Diese Tracht „bedeutet" eine verheiratete Frau, d. h. diese Tracht ist eineindeutig auf eine verheiratete Frau bezogen, niemand anders darf sie tragen, und eine verheiratete Frau darf nichts anderes tragen;

- Diese Uniform „bedeutet" einen Leutnant (analog).

In der natürlichen Sprache dagegen „bedeutet" eine Lautfolge einen Inhalt nicht durch eine 1:1-Beziehung, vgl. im Lateinischen die Endung „- u + s" für „Nominativ + Singular + Maskulinum". Also: 2 Ausdruckseinheiten stehen

3 Inhaltseinheiten gegenüber, Eineindeutigkeit ist – nicht nur in diesem Beispiel, sondern in der Regel – nicht gegeben.

Diese Überlegung führte Hjelmslev dazu, die sprachlichen Zeichen in kleinere Bestandteile zu zerlegen, er nennt sie **Figuren**. Figuren sind Einheiten, die nicht mehr Zeichencharakter haben, weil sie nicht mehr in Ausdruck und Inhalt zerlegbar sind. Figuren der Ausdrucksebene besitzen kein *signifié*, Figuren der Inhaltsebene kein *signifiant*. Figuren sind aber Bestandteile von Zeichen; durch regelgeleitete Kombinationen werden aus ihnen Zeichen aufgebaut.

Die Arbeit mit Figuren hat zwei Vorteile:

(a) Es kann von einer sehr kleinen Anzahl von Grundeinheiten ausgegangen werden, den Figuren, aus denen immer neue Zeichen gebildet werden.

(b) Vorausgeschickt werden muß, daß der Gedanke an sich nicht neu ist; in der Prager Phonologie wurden bereits etwas früher Phoneme in kleinere Einheiten zerlegt, die distinktiven (= differentiellen) Merkmale, vgl. Kapitel **4.4.1**, Trubetzkoy (1939). Neu ist jedoch Hjelmslevs dezidierte Herangehensweise, die beiden Ebenen Ausdruck und Inhalt symmetrisch zu beschreiben und deshalb die besser erforschte Ausdrucksebene für die Beschreibung der Inhaltsebene auszunutzen. Folglich suchte er auch hier Figuren auf, d. h. Bedeutungskomponenten, aus denen sich dann die Bedeutungen von Zeichen zusammensetzen. In den „Prolegomena" findet man dazu nur Ansätze, deutlicher wird Hjelmslevs Anliegen aber in seinem Beitrag zum 8. Linguistenkongreß 1957 in Oslo „In welchem Maße können die Wortbedeutungen als strukturbildend angesehen werden?" (vgl. Hjelmslev (1958)). Hier wird folgendermaßen vorgegangen:

Mädchen: Junge unterscheiden sich durch das Merkmal des Sexus
– *weiblich : männlich;*

Mädchen: Frau unterscheiden sich durch das Merkmal des Alters
– *nichterwachsen : erwachsen;*

Mädchen: junge Katze unterscheiden sich durch das Merkmal der
Art – *Mensch : Tier.*

Daraus folgt, daß sich die Bedeutung von Mädchen aus den Komponenten „weiblich + nichterwachsen + Mensch" zusammensetzt.[7] Mit diesen und ähnlichen Untersuchungen wurde Hjelmslev zum Mitbegründer der strukturellen lexikalischen Semantik. In Kapitel **4.5.2** bei der Erörterung der Arbeiten Roman Jakobsons war bereits darauf hingewiesen worden, daß dieser ähnliche Ansätze

---

[7] Exakter gesagt, auch diese 3 Merkmale sind in der Bedeutung von *Mädchen* enthalten, außerdem noch viele andere Merkmale, die andere Inhalte des Lexems betreffen.

entwickelt hat, jedoch im Unterschied zu Hjelmslev waren dies strukturelle Untersuchungen zu grammatischen Bedeutungen.

Eine weitere Parallele zu Jakobson zeigt sich in Hjelmslevs Suche nach invarianten Einheiten des Systems, denen in der Realisierung (gegebenenfalls mehrere) Varianten entsprechen. Zwischen **Invarianten** besteht „Kommutation", die durch einen **Kommutationstest** überprüft wird: Wenn auf einer der beiden Ebenen – Ausdruck oder Inhalt – eine Veränderung vorgenommen wird und sich daraufhin auf der entsprechenden anderen Ebene ebenfalls etwas verändert, liegt zwischen der Ausgangs- und der Zielform Kommutation vor, die beiden unterschiedlichen Elemente sind Invarianten. Bei negativem Ergebnis des Tests handelt es sich um **Varianten**. Für die Phonologie ist auch dies bereits vor Hjelmslev festgestellt worden, neu ist aber die symmetrische Behandlung beider Ebenen. Das bedeutet, es wird nicht nur gegenübergestellt

Garten : Karten (auf der Bedeutungsebene gibt es daraufhin einen Unterschied, **g** und **k** sind Phoneme, also Invarianten)

Karten : K^{h}arten (auf der Bedeutungsebene ändert sich nichts, **k** und **k^h** sind Varianten),

sondern Hjelmslev geht auch den Weg von der Inhalts- zur Ausdrucksebene. Für das oben angeführte Beispiel „Mädchen" bedeutet das, bei Veränderung eines Inhaltsmerkmals, z. B. dem Austausch von „weiblich" zu „männlich", muß auch eine Veränderung auf der Ausdrucksebene vor sich gehen (zu „Junge"), die Komponenten sind Invarianten.

5.3.5 Louis Hjelmslev, „Résumé of a Theory of Language"

Wie bereits in **5.1** erwähnt wurde, schrieb Louis Hjelmslev 1941 das „Résumé" als umfangreiche (im Original 187 Schreibmaschinenseiten lange), dabei aber außerordentlich verdichtete Zusammenfassung der glossematischen Theorie, während er auf Uldalls Rückkehr nach Kopenhagen wartete. Für das geplante große Werk über die Glossematik hatte Hjelmslev die Darstellung der Theorie übernommen, Uldall die der Algebra der Sprache. Der Text des „Résumé" entstand also gleichzeitig mit dem der „Prolegomena", kursierte aber nur in wenigen Kopien. Erst nach Hjelmslevs Tod erwirkte Francis J. Whitfield 1975 die Erlaubnis der Witwe Vibeke Hjelmslev, dieses Résumé zu veröffentlichen.

Es handelt sich nicht um einen zusammenhängenden Text, sondern um eine komprimierte Auflistung von Definitionen, Regeln, Operationen und Prinzipien, in geringem Maße mit Beispielen belegt. Das Résumé kann nicht ohne Kenntnis der „Prolegomena" gelesen werden. Für eine Einführung wie die vorliegende ist es wegen seines Schwierigkeitsgrades nicht geeignet; neben den Text der „Prolegomena" gelegt, können die Listen von Definitionen, Regeln usw. aber durchaus nützlich sein.

5.4 Louis Hjelmslev, weitere Forschungsgebiete

In seiner „präglossematischen Zeit" schrieb Hjelmslev unter anderem „Die Kategorie Kasus" (La catégorie des cas, 1935). Die Arbeit, etwa zur gleichen Zeit entstanden wie Roman Jakobsons „Beitrag zur allgemeinen Kasuslehre" (1936), war wie diese der Versuch einer paradigmatischen Definition der Glieder einer grammatischen Kategorie. Ausgangspunkt war ebenfalls F. de Saussures *valeur*-Begriff, der Wert einer sprachlichen Einheit, der sich aus der Einordnung dieser Einheit in ein System ergibt und der immer konfrontativ in diesem System definiert ist. Hjelmslev geht von drei „Dimensionen" aus, in denen die einzelnen Kasus aller betrachteten Sprachen, im Idealfall aller überhaupt existierenden Sprachen, angeordnet sind. Es sind dies die Dimensionen „Richtung – Kohäsion – Subjektivität/Objektivität"; als Unterglieder der Dimension „Richtung" können z. B. *Annäherung – Ruhe – Entfernung* realisiert werden. Jede der Dimensionen kann zwischen zwei und sechs Glieder haben, als Maximum ergeben sich also $6^3 = 216$ mögliche Kasus.

In den ersten beiden Bänden der Arbeit werden die allgemeinen Grundlagen dargestellt und u. a. die Kasussysteme von sechs kaukasischen Sprachen – mit bis zu 52 Kasus – beschrieben. Der dritte Band sollte die ide. Sprachen umfassen und mit Schlußbemerkungen enden. Dieser Band ist nie erschienen, da sich Hjelmslevs Interessen in Richtung auf die Glossematik gewandelt hatten.

Wie leicht zu erkennen ist, wird dasselbe Prinzip wie bei Jakobson angewandt, um eine allgemeine Kasuslehre aufzustellen: Es wird mit semantischen Merkmalen gearbeitet, deren jeweilige Kombination es ermöglicht, die Einzelkasus voneinander abzugrenzen, sie aber in einem Gesamtsystem zu behandeln.

Ein weiteres Forschungsgebiet Hjelmslevs, die strukturelle lexikalische Semantik, wurde schon in **5.3.4** angesprochen und soll hier nicht noch einmal aufgegriffen werden.

Erwähnenswert ist, daß sich Hjelmslev auch mit dem Problem der Reihenfolgebeziehungen im Satz beschäftigt hat (vgl. Hjelmslev (1950). Seine Ausgangsthese ist, daß die Reihenfolge der Zeichen innerhalb des Wortes stabil, durch obligatorische Regeln bestimmt ist, während die Reihenfolge zwischen den Zeichen, die Wörter sind, unterschiedlichen Gesetzen gehorcht, in einigen Sprachen „frei" ist, also zu nichtgrammatischen Zwecken genutzt werden kann (vgl. dazu auch in Kapitel **4.6** die Arbeiten von V. Mathesius zur aktuellen Satzgliederung). Hjelmslevs eigener Beitrag zu dieser Thematik besteht in dem Versuch, das glossematische Begriffssystem auf diesen Bereich anzuwenden, insbesondere den Kommutationstest. Die Komplikationen, die stilistische Gegebenheiten in dieses strukturell geprägte Schema hineinbringen, sieht er dabei durchaus.

Erwähnt werden soll zum Schluß noch eine für Hjelmslev ganz ungewöhnliche Publikation, das Büchlein „Die Sprache" (Sproget, 1963). Als Einführung in die Sprachwissenschaft für Studenten gedacht, ist es eine leichtverständliche Lektüre, in der alle Bereiche der Sprachwissenschaft, u. a. Sprachverwandtschaft, Sprachbau, Sprachgebrauch und Sprachveränderung, dargestellt und mit vielen Beispielen belegt werden. Bemerkenswert ist z. B. auch folgende Sentenz:

> Man kann sehr wohl in der Wissenschaft von bleibenden Ergebnissen sprechen – aber kaum von bleibenden Gesichtspunkten. (1968, 11).

Dieser Gedanke wird u. a. mit einem Vergleich zur Astronomie belegt: Tycho Brahe hatte geglaubt, daß sich die Sonne um die Erde dreht, aber seine Beobachtungen müssen deshalb nicht verworfen, sondern nur uminterpretiert werden. So müsse auch mit den Arbeiten der bisherigen Linguistik verfahren werden.

5.5 H. J. Uldalls „Algebra der Sprache"

1957 erschien der erste Band der geplanten gemeinsamen großen Darstellung der Glossematik unter dem Titel „Outline of Glossematics. A Study in the Methodology of the Humanities with Special Reference to Linguistics, Part I: General Theory". Der Titel macht bereits den hohen Anspruch der Glossematik geltend, alle Geisteswissenschaften zu erfassen, die Linguistik sollte nur ein Teil dieses Projekts sein.

Im vorliegenden Abschnitt wird der Hauptteil dieses ersten Bandes besprochen, der sich mit der glossematischen Algebra beschäftigt.

Uldalls Algebra akzeptiert neben negativen auch positive Einheiten; allerdings geht es ihm um die syntagmatischen Verknüpfungen, während Saussures und Hjelmslevs *valeur*-Begriff nur negativ definierte Einheiten erlaubt, die aber im System, also paradigmatisch angeordnet sind. Uldall definiert:

> If two units *ab* and *a* are compared, then *b* is said to be positive in *ab*, negative in *a*, which is now written $a\bar{b}$. (1957, 47; zitiert nach E. Fischer-Jørgensen 1979, 233)

Das Minuszeichen gibt dabei das Fehlen einer speziellen Einheit an einem speziellen Platz an, mit Uldalls Worten einen nichtbelegten glossematischen Platz.

Weitere Beispiele nach Fischer-Jørgensen 1979, 233:

1. play, pay, lay, A werden glossematisch geschrieben als:
   plei, p$\bar{\text{l}}$ei, $\bar{\text{p}}$lei, $\bar{\text{p}}\bar{\text{l}}$ei.

2. Im Deutschen kann „auf" sowohl mit Dativ als auch mit Akkusativ stehen, „um" nur mit Akkusativ. Die algebraische Schreibung bei Uldall lautet:

„auf" (+a +d)

„um" (+a −d)

mit der Besonderheit, daß „−d" nur möglich ist, wenn an einer anderen Stelle „+d" vorkommt.

In Übereinstimmung damit werden die drei glossematischen Hauptrelationen wie folgt geschrieben:

Kombination (= freie Verknüpfbarkeit): +a$\bar{b}$+$\bar{a}$b

Selektion (= einseitige Abhängigkeit): +a$\bar{b}$−$\bar{a}$b oder −a$\bar{b}$+$\bar{a}$b

Solidarität (= gegenseitige Abhängigkeit): −a$\bar{b}$−$\bar{a}$b.

Da auch +$\bar{a}\bar{b}$ und −$\bar{a}$b möglich sind, hat eine Zweierkategorie vier Gruppen: ab, $\bar{a}$b, a$\bar{b}$, $\bar{a}\bar{b}$, die wiederum als Gruppe positiv oder negativ sein können. Uldall erhält auf diese Weise 16 unterschiedliche Kategorien auf der Basis von „a" und „b".

Zum Abschluß noch eine algebraische Analyse aus der Phonologie, die ein wenig leichter nachvollziehbar ist:

Es werden alle möglichen und alle in einer bestimmten Sprache verwirklichten Verbindungen der Konsonanten

$$s, p, t, k, r, l$$

betrachtet. Vorausgesetzt wird, daß es in dieser Sprache real folgende Verbindungen aus diesen Konsonanten gibt:

spr, skl, sp, st, sk, pr, tr, kr, pl, kl

Für die folgende Tabelle gilt die oben verwendete Schreibweise, also „+" vor der Gruppe bedeutet, es gibt diese Gruppe (analog für „−"), „−" über einem Buchstaben negiert diesen allein:

1. +spr, +skl, −spl, −str, −skr

2. +sp$\bar{r}$, +sk$\bar{l}$, +sp$\bar{l}$, +st$\bar{r}$, +sk$\bar{r}$

3. −s$\bar{p}$r, −s$\bar{k}$l, −s$\bar{p}$l, −s$\bar{t}$r, −s$\bar{k}$r

4. +$\bar{s}$pr, +$\bar{s}$kl, +$\bar{s}$pl, +$\bar{s}$tr, +$\bar{s}$kr .

Man kann sich bei der Interpretation dieser Gruppen schnell davon überzeugen, daß Uldall eine erschöpfende Beschreibung der oben angegebenen 10 Konsonantengruppen erhalten hat. Er hat aber keine neuen Erkenntnisse über die Konsonantengruppen in dieser Sprache gewonnen, d. h. dieser glossematischen Analyse muß bereits eine mit deskriptiven Mitteln arbeitende vorausgegangen sein, die algebraische Analyse nimmt eine Art Endkontrolle vor. Dies ist durchaus beabsichtigt, da auf diese Weise eine Brücke geschlagen wird zwischen der natürlichen Sprache und anderen Systemen, die analog analysiert werden, bzw. solchen, die ausschließlich auf diese Weise analysiert werden können.

5.6 Einordnung der Glossematik in die Linguistik des 20. Jahrhunderts

Eine Einordnung der Glossematik ist insofern schwierig, als man zur gerechten Beurteilung einen deutlichen Unterschied machen muß zwischen ihrem Beitrag zur Beschreibung von Einzelsprachen und ihrem Beitrag zur Entwicklung der Sprachtheorie.

Mit glossematischen Methoden sind keine Einzelsprachen beschrieben worden; die wenigen Versuche können nicht als gelungen betrachtet werden. Außerdem fehlt jeder Bezug zu sozialen und situativen Sprachverwendungen, da die Substanz ausgeklammert bleibt.

Jedoch wäre es oberflächlich, dies der Glossematik zum Vorwurf zu machen. Bei konsequenter Weiterführung der Sprachtheorie F. de Saussures und der Verwendung der Logik des Wiener Kreises hat sie einen so hohen Grad an Abstraktheit erreicht, daß sie für die unmittelbare Erforschung sprachlicher Erscheinungen nicht mehr anwendbar war. Dänische Linguisten, die sich mit praktischen Forschungen beschäftigen wollten, konnten deshalb in ihren eigenen Arbeiten nicht auf die Glossematik zurückgreifen. Das deutlichste Beispiel ist Eli Fischer-Jørgensen, die mit all ihrer Autorität sehr viel für die Propagierung der Glossematik getan hat, ihre eigenen Arbeiten aber ohne die glossematische Theorie, zur Phonetik und Phonologie, betrieb.

Es muß aber betont werden, daß die Zielsetzung der Glossematik vielmehr in der Theorieentwicklung lag, und hierin verdient sie unbedingt mehr als nur wissenschaftshistorisches Interesse. Die Glossematik ist nicht eigentlich eine Sprachtheorie, sondern eher teils Wissenschaftstheorie, teils Semiotik. Auch die Reduktion ihres Gegenstandes auf die Relationen ist zunächst durchaus sinnvoll, wie Hjelmslev überhaupt einen starken Einfluß auf die Mathematisierung unserer Wissenschaft von der Sprache ausgeübt hat. Unbedingt positiv zu werten sind seine Bemühungen um eine Abgrenzung von Metasprache und Objektsprache, was insbesondere für die Linguistik bedeutsam ist, die mit Sprache über Sprache spricht, also sprachliche Formen benutzt (benutzen muß!), wenn sie Überlegungen über eine Sprache oder über Sprachtheorien anstellt; vergleiche dazu folgende Zitate aus den „Prolegomena":

> Dies sind die sogenannten *Metasprachen,* worunter Sprachen verstanden werden, die von Sprache handeln, was, umgesetzt in unsere Terminologie, bedeuten muß, Sprachen, deren Inhalt Sprache ist. Eine solche Metasprache muß gerade die Linguistik sein. [...] Gewöhnlich wird (oder kann) eine Metasprache ganz oder teilweise identisch mit ihrer Objektsprache sein. (1974, 115/116)

Zusammenfassend: Hjelmslev erkannte sehr klar, welche Bedeutung deduktive Methoden für die zukünftige Entwicklung der Linguistik haben würden. Er forderte die Mathematisierung der Linguistik und die Einordnung dieser Wissenschaft in eine allgemeine Zeichentheorie, die Semiotik.

Die Glossematik nimmt insofern eine Sonderstellung innerhalb der klassischen Schulen der strukturellen Linguistik ein, denn keine der anderen Schulen legte einen derart großen Wert auf die Ausarbeitung der Theorie.

5.7 Literaturangaben

J. Albrecht (1988): Europäischer Strukturalismus. Ein forschungsgeschichtlicher Überblick. (UTB 1487). Tübingen.

E. Barth (1974): Zur Sprachtheorie von L. Hjelmslev. In: L. Hjelmslev 1974a.

Th. Berchem (1974): Omkring sprogteoriens grundlaeggelse (Prolegomena zu einer Sprachtheorie). In: Kindlers Literaturlexikon. Ergänzungsband (Werke A-Z). München.

H. Brands (1974): Hjelmslevs Prolegomena. In: Linguistische Berichte 30. Wiesbaden.

R. Carnap (1928): Der logische Aufbau der Welt.

R. Carnap (1934, ²1968): Logische Syntax der Sprache. Wien/New York.

R. Carnap (1993): Mein Weg in die Philosophie. Stuttgart: Reclam.

E. Fischer-Jørgensen (1943): Review of Louis Hjelmslev, Omkring sprogteoriens grundlaeggelse. In: Nordisk Tidskrift for Tale og Stemme 7, 81-96 (Wiederabdruck in E. Fischer-Jørgensen 1979).

E. Fischer-Jørgensen (1957): Introduction to H. J. Uldall, Outline of Glossematics I. Kopenhagen (Wiederabdruck in E. Fischer-Jørgensen 1979).

E. Fischer-Jørgensen (1965): Louis Hjelmslev. In: Acta Linguistica Hafniensia IX/1 (Wiederabdruck in E. Fischer-Jørgensen 1979).

E. Fischer-Jørgensen (1966): Form and Substance in Glossematics. In: Acta Linguistica Hafniensia X/1, 1-33 (Wiederabdruck in E. Fischer-Jørgensen 1979).

E. Fischer-Jørgensen (1979): 25 Years' Phonological Comments. München.

G. Harras (1974): Zur Sprachtheorie L. Hjelmslevs und zum gegenwärtigen Stand der Linguistik. In: L. Hjelmslev 1974a.

L. Hjelmslev (1928): Principes de grammaire générale (Prinzipien der allgemeinen Grammatik). Kopenhagen.

L. Hjelmslev (1935+1937, ²1972): La catégorie des cas. Étude de grammaire générale (Die Kategorie Kasus. Skizze einer allgemeinen Grammatik). Aarhus.

L. Hjelmslev (1936): Essai d'une théorie des morphèmes (Essay zu einer Morphemtheorie). Beitrag zum 4. Internationalen Linguistenkongreß (Wiederabdruck in L. Hjelmslev 1974a).

L. Hjelmslev (1949): Structural Analysis. In: Studia Linguistica I (Wiederabdruck in L. Hjelmslev 1974a).

L. Hjelmslev (1950): Rôle structural de l'ordre des mots (Die strukturelle Rolle der Wortfolge). In: Grammaire et Psychologie. Numeró spécial du „Journal de Psychologie" (Grammatik und Psychologie. Sondernummer des „Journal de Psychologie"). Paris.

L. Hjelmslev (1954): La stratification du langage (Der stratische Aufbau der Sprache). In: Word X/2-3 (Wiederabdruck in L. Hjelmlev 1974a).

L. Hjelmslev (1958): Dans quelle mesure les significations des mots peuvent-elles être considérées comme formant une structure? (In welchem Maße können die Wortbedeutungen als strukturbildend angesehen werden?). In: Proceedings of the Eighth International Congress of Linguists. Oslo (Wiederabdruck in L. Hjelmslev 1959, nicht aber in Hjelmslev 1974).

L. Hjelmslev (1959): Essais linguistiques (dt.: Aufsätze zur Sprachwissenschaft. Stuttgart 1974, siehe L. Hjelmslev 1974a).

L. Hjelmslev (1968): Die Sprache. Eine Einführung. (Original dänisch 1963). Übersetzt und herausgegeben von O. Werner. Darmstadt.

L. Hjelmslev (1974): Prolegomena zu einer Sprachtheorie. Übersetzt von R. Keller, U. Scharf und G. Stötzel. München [Original dänisch 1943, ²1976: Omkring sprogteoriens grundlaeggelse].

L. Hjelmslev (1974a): Aufsätze zur Sprachwissenschaft. Stuttgart.

L. Hjelmslev (1975): Résumé of a Theory of Language, edited and translated with an introduction by Francis J. Whitfield. The University of Wisconsin Press.

L. Hjelmslev/H. J. Uldall (1957, ²1967): Outline of Glossematics. A Study in the Methodology of the Humanities with Special Reference to Linguistics, Part I: General Theory. In: Travaux du circle linguistique de Copenhague X/1. Kopenhagen.

B. Siertsema (1955, ²1965): A Study of Glossematics. Critical Survey of the Fundamental Concepts. The Hague.

H. Spang-Hanssen (1963): Glossematics. In: Trends in European and American Linguistics 1930-1960. Utrecht/Antwerpen.

K. Togeby (Hrsg., 1967): La glossématique. L'héritage de Hjelmslev au Danemark (Die Glossematik. Hjelmslevs Erbe an Dänemark). Langages 6.

G. Ungeheuer (1959): Logischer Positivismus und moderne Linguistik. Glossematik. Uppsala.

6. Die deskriptive Linguistik

6.1 Der Stand der Linguistik in den USA zu Beginn des 20. Jahrhunderts: Boas – Sapir – Bloomfield

Die US-amerikanische strukturelle Linguistik entwickelte sich relativ isoliert von den europäischen Schulen und auch nicht mit so direktem Bezug auf F. de Saussure. Eine kurze Erläuterung dazu muß deshalb diesem Kapitel vorangeschickt werden:

Hauptstudienobjekt der amerikanischen Linguisten waren – nach einer Phase der Übernahme indoeuropäistischer Themen und Methoden – zunächst die Indianersprachen Nordamerikas. Diese praktische Herausforderung ließ die Sprachwissenschaftler spezifische Wege gehen: Die Indianersprachen hatten kein Schrifttum, man kannte ihre Vorgeschichte nicht und konnte sie deshalb nicht mit den bislang in der Linguistik üblichen Methoden erforschen. Es wurden deshalb neue Methoden entwickelt unter besonderer Berücksichtigung der Erforschung noch nicht erschlossener Sprachen.

Diese praktische Grundhaltung behielten die US-Linguisten im übrigen auch dann bei, als sie ihr Arbeitsfeld auf bekannte Sprachfamilien und Sprachen ausdehnten. Erinnert sei an die Tradition der für Studierende geschaffenen „workbooks". Die starke Praxisorientiertheit ging allerdings auch einher mit einem zeitweise zu beobachtenden Mangel an Theoriebewußtsein, wie an dieser Stelle schon einmal vorgreifend vermerkt werden soll.

Als Begründer der modernen amerikanischen Linguistik gilt **Franz Boas** (1858-1942). Sein Handbuch der amerikanischen Indianersprachen erschien (englisch) 1911-1922. Dieses Handbuch durchziehen zwei Grundgedanken: der Hinweis, daß die traditionellen, in Europa für die ide. Sprachen entwickelten Methoden nicht auf die Indianersprachen übertragen werden dürfen, und die humanistische These, daß es keine rückständigen Völker und keine rückständigen Sprachen gibt.

Boas hob drei Besonderheiten der Indianersprachen hervor: Sie haben kein Schrifttum, folglich kann man auch nicht die historisch-vergleichende Sprachwissenschaft Europas auf sie übertragen; damit im Zusammenhang können genealogische Zusammenhänge zwischen ihnen nicht aufgedeckt werden; sie weisen schließlich auch eine andere Strukturierung, zum Teil andere grammatische Kategorien auf. Franz Boas kam zu drei interessanten Schlußfolgerungen, die Allgemeingültigkeit besitzen, also nicht auf die Charakterisierung der Indianersprachen beschränkt werden sollten:

1. In jeder Sprache gibt es eine begrenzte Anzahl von Einheiten, aus denen sich die Sprache aufbaut.

2. In jeder Sprache gibt es eine begrenzte Anzahl von grammatischen Kategorien. Diese Auswahl aus einem Kategorieninventar braucht in verschiedenen Sprachen nicht übereinzustimmen. Der Komplex von Kategorien einer Sprache bildet ihre Grammatik.

3. Die Ähnlichkeit zwischen Sprachen kann auch anders als durch Verwandtschaft begründet sein, insbesondere kann sie durch lange während territoriale Nachbarschaft erworben werden.[1]

Die beiden bedeutendsten Schüler von Franz Boas sind Edward Sapir und Leonard Bloomfield, zwei in ihren wissenschaftlichen Interessen sehr verschiedene Linguisten.

Edward Sapir (1884-1939) war ein hervorragender Gelehrter mit weitem wissenschaftlichem Horizont. Er hat fast alle größeren Sprachfamilien erforscht, war außerdem Literaturwissenschaftler und musisch sehr aufgeschlossen. Besonders interessierten ihn die Verbindungen zwischen Sprache und Literatur, Sprache und Kultur, allgemein gesprochen die Verbindungen zwischen Sprache und Sprachträger, d. h. die als „Ethnolinguistik" bekannt gewordene Richtung. Sapir betonte, die Sprachstruktur spiegele psychische Muster, die beim Bilden und Verstehen von Äußerungen verfolgt würden. Diese unserem heutigen Verständnis nach völlig richtige These war in den dreißiger Jahren mit der vorherrschenden linguistischen Strömung in den USA nicht vereinbar; sie wurde als „Mentalismus" bezeichnet und abgewertet, da hierbei Bewußtseinsinhalte in die Linguistik hineingetragen würden. Doch soll hier betont werden, daß an Sapirs Vorstellungen eine ebenfalls beeindruckende Reihe bedeutender Gelehrter anknüpfte, wenn auch nicht in der Traditionslinie, die sich als roter Faden durch das vorliegende Buch zieht. Es seien nur Kenneth L. Pike[2] und H. Hoijer genannt. Erwähnt werden soll schließlich auch Benjamin L. Whorf (1897-1941), dessen „linguistische Relativitätstheorie", auch *Sapir-Whorf-Hypothese* genannt, eine spezifische Ausdeutung der Sapirschen Thesen zum Bezug zwischen

---

[1] Siehe auch den europäischen „Sprachbund"-Ansatz von Baudouin de Courtenay (Kap. **2.2.3**) und N.S. Trubetzkoy (Kap. **4.4.3**).

[2] Pike war im übrigen auch lange Jahre Präsident des „Summer Institute of Linguistics", einer Weiterbildungsstätte für Missionare, deren sprachwissenschaftliches Programm er bestimmte.

sprachlichen Strukturen und Denkstrukturen darstellt und dabei Sapirs Humboldt-Rezeption widerspiegelt: Da jede Sprache eine bestimmte Struktur aufweist, gliedere sie die Wirklichkeit auf eigene Art und zwinge ihren Sprachträgern diese Gliederung der Welt auf.[3]

Der für die Ausarbeitung des grammatischen Beschreibungsapparats einflußreichere der beiden in der Boas-Nachfolge stehenden Linguisten ist jedoch **Leonard Bloomfield** (1887-1949). Er begründete eine wirkliche Schule, die Yale-Schule – genannt nach seiner Wirkungsstätte[4], der Yale-Universität in New Haven/Conn. –, der ihre Anhänger selbst den Namen „deskriptive Linguistik" gaben, da sie die *Beschreibung* einer Sprache in den Mittelpunkt ihrer Arbeit stellte.

Beachte: Für die Erklärung dieser Bezeichnung bietet sich G. L. Tragers Arbeit „The Field of Linguistics" (1949) an. Nach ihm gliedert sich die Sprachwissenschaft in zwei Hauptbereiche, die deskriptive und die kontrastive Linguistik. Die deskriptive Linguistik, die die Grammatik einer Sprache beschreibt, sei synchron, die kontrastive Linguistik, die mit deskriptiven Grammatiken zweier oder mehr Sprachen arbeitet, könne historisch ausgerichtet sein, dann nämlich, wenn sie zeitlich verschiedene Sprachzustände vergleicht, sie könne aber z. B. auch als Dialektgeographie betrieben werden und hierbei nicht zeitlich, sondern örtlich verschiedene Sprachzustände vergleichen.

Mit der europäischen Linguistik wurde Bloomfield durch einen Studienaufenthalt 1913/14 in Leipzig und Göttingen bekannt, in Leipzig besuchte er Vorlesungen von K. Brugmann und A. Leskien, aber auch Vorlesungen des Psychologen W. Wundt. Nach seiner Rückkehr in die USA hatten dann zwei andere Wissenschaftler nachhaltigen Einfluß auf ihn, Franz Boas als Linguist und John Broadus Watson als Psychologe.[5]

1914 war sein Buch „An Introduction to the Study of Language" erschienen, noch ganz unter europäischem Einfluß, insbesondere war Wilhelm Wundts völkerpsychologischer Ansatz erkennbar. Als Anfang der dreißiger Jahre eine Neuauflage gewünscht wurde, hatte Bloomfield Boas' und Watsons Gedanken so stark zu seinen eigenen gemacht, daß er bloße Veränderungen in Details für unmöglich hielt. Er entschloß sich, das Buch völlig zu überarbeiten, es erschien 1933 unter dem Titel „Language" (siehe unter **6.3**). Den Bezug zur europäischen

---

[3] Der interessierte Leser findet Genaueres hierzu in den Literaturangaben unter Whorf und Hoijer.

[4] Von 1940 bis zu seinem Tode; von 1927-1940 hatte er an der Universität von Chicago gelehrt, zuvor an der Ohio State University, Columbus, wo er durch A.P. Weiss auch den Behaviorismus (siehe unter **6.2**) kennengelernt hatte.

[5] Zu Watson siehe unter **6.2**.

Linguistik hat Leonard Bloomfield jedoch nicht verloren, wie die folgenden zwei Beispiele belegen: Durch eine Rezension 1923 stellte er F. de Saussures „Grundfragen der allgemeinen Sprachwissenschaft" den Linguisten in den USA vor, und für den 1939 N. S. Trubetzkoy gewidmeten 8. Band der Prager Reihe „Travaux du Circle Linguistique de Prague" (s. u. **4.1**) schrieb Bloomfield „Menomini morphophonemics", einen Aufsatz, der sowohl Trubetzkoys Morphonologie würdigte (vgl. Kap. **4.4.2**) als auch das Faktenmaterial einer Indianersprache[6] dafür heranzog.

6.2 Einflüsse aus der Sprachwissenschaft und aus Nachbarwissenschaften: Ferdinand de Saussure, der „Behaviorismus" in der Psychologie

Der Einfluß de Saussures ist in der deskriptiven Linguistik nicht so deutlich zu erkennen wie in der europäischen Linguistik des 20. Jahrhunderts. Doch berührten sich seine Ansichten über die Sprachstruktur mit denen von Franz Boas; die Kenntnis beider floß in die Bloomfield-Schule der deskriptiven Linguistik ein und begründete auch hier ein System- und Strukturdenken, wenn auch in anderem Kontext als in Europa. Sprache ist dann auch für Bloomfield ein System von Teilsystemen, das einzelne Element ist durch seinen Platz in diesem System mit seiner Struktur definiert.

Völlig eigenständig ist jedoch der Einfluß einer Nachbarwissenschaft, der Psychologie, in einer spezifischen Ausprägung, nämlich als **Behaviorismus**[7]. Diese in den USA dank ihrer Hauptvertreter J. B. Watson und A. P. Weiss in den zwanziger Jahren führende psychologische Richtung entsprach der deskriptivistischen Ausrichtung der Sprachforschung Bloomfields weitaus besser als Wundts Völkerpsychologie. Watson schrieb:

> Die Psychologie, wie sie der Behaviorist sieht, ist ein völlig objektiver, experimenteller Zweig der Naturwissenschaft. Ihr theoretisches Ziel ist die Vorhersage und Kontrolle von Verhalten. Introspektion spielt keine wesentliche Rolle in ihren Methoden, und auch der wissenschaftliche Wert ihrer Daten hängt nicht davon ab, inwieweit sie sich zu einer Interpretation in Bewußtseinsbegriffen eignen. Bei seinem Bemühen, ein einheitliches Schema der Reaktionen von Lebewesen zu gewinnen, erkennt der Behaviorist keine Trennungslinie zwischen Mensch und Tier an. (1976, 13)

Und an späterer Stelle formuliert Watson, der eigentlich Tierforscher gewesen war, noch schärfer:

---

[6] Menomini gehört zu den Algonkinsprachen.
[7] Abgeleitet von *behavior* = *Verhalten*.

Mensch und Tier sollten möglichst den gleichen experimentellen Bedingungen unterworfen werden. (1976, 24)

Diese Annahmen führten die Behavioristen dazu, menschliches Verhalten ausschließlich aus Reizen, Reaktionen und deren Variationen zu erklären.

Eine gute Übersicht über die Hauptprinzipien des Behaviorismus bringt J. Lyons[8]; man kann sie wie folgt zusammenfassen:

1. Das Weltbild der Behavioristen ist mechanistisch-deterministisch; alles im Universum sei durch dieselben *physikalischen* Gesetze determiniert. Dies gelte für menschliche Handlungen nicht weniger als für Bewegungen und Veränderungen der unbelebten Materie; folglich seien auch sie vorhersagbar.

2. Man könne über die *psychische* Tätigkeit des Menschen nur auf Grund seiner Reaktionen, auf Grund seines Verhaltens, urteilen. D. h., die Introspektion als ein Mittel, um in der Psychologie gültige Daten zu gewinnen, wird abgelehnt; die Forschung habe sich zu konzentrieren auf beobachtbare und reproduzierbare Äußerungen und auf deren Verhältnis zu der unmittelbaren Situation, in der sie produziert werden. Denn: Nur das mit naturwissenschaftlichen Methoden Meßbare, nur das objektiv Beobachtbare könne Gegenstand wissenschaftlicher Untersuchungen sein. Nur das Verhalten der Menschen sei beobachtbar, nicht aber die geistigen Fähigkeiten. Jedermanns persönliche Gedanken und Erfahrungen seien nur ihm eigen, und was er anderen darüber mitteilt, sei bekanntermaßen unzuverlässig. *Wissenschaftliche Aussagen* könne man über diese „black-box-Phänomene" nicht treffen.

3. Es dürfe kein wesentlicher Unterschied zwischen menschlichem und tierischem Verhalten angesetzt werden.

4. Instinkte und allgemeiner formuliert alle angeborenen Triebe und Fähigkeiten werden nur am Rande einbezogen; betont wird die Rolle des *Lernens* zum Erwerb von Verhaltensmustern.

Diese vier Prinzipien hängen nicht untrennbar zusammen, man kann Behaviorist sein und trotzdem eines oder mehrere davon nicht akzeptieren.

Watson kannte die Arbeiten des russischen Physiologen I. P. Pawlow über die höhere Nerventätigkeit bei Tier und Mensch und die Lehre von den bedingten Reflexen (= konditionierten Reaktionen), die zur Grundlage der Verhaltensforschung unseres Jahrhunderts wurden. Während jedoch Pawlow sich eher vorsichtig über Analogieschlüsse von tierischem auf menschliches Verhalten äußerte und die soziale Determiniertheit des menschlichen Verhaltens betonte, blieb der

---

[8] J. Lyons (1980): Semantik I. München, 133-150.

amerikanische Behaviorismus mechanistisch. Das zeigt sich insbesondere in seiner Auffassung der Bedeutung, die von Bloomfield übernommen wurde (Bloomfield (1926), (1933) und (1936)): Nach Watson fungieren Wörter beim Hervorrufen von Reaktionen genau wie Objekte, *Wörter sind Ersatz für Objekte.* Folgerichtig definierte Bloomfield die Bedeutung einer sprachlichen Form als die Situation, in der der Sprecher diese Form äußert, und die Reaktion, die sie im Hörer hervorruft. Genauer wird hierauf bei der Behandlung von „Language" (1933) eingegangen. An dieser Stelle soll aber bereits betont werden, daß sich Bloomfields Thesen zu Sprachgebrauch und Spracherlernung nicht ohne seine Akzeptierung eines behavioristischen Denkschemas verstehen lassen.

6.3 Leonard Bloomfield, „Language"

Über die Entstehungsgeschichte dieses Buches wurde bereits unter **6.1** berichtet.[9] „Language" ist als Einführung in die Sprachwissenschaft für interessierte Leser und Studenten jüngerer Semester angelegt. Seine 28 Kapitel beinhalten infolgedessen die gesamte Palette einer solchen Einführung, also neben der Beschreibung der einzelnen Ebenen des Sprachsystems auch Sprachverwandtschaft und Sprachfamilien, Sprachwandel, Sprachgebrauch, Schriftsysteme u. v. a. m. Die meisten Themen werden in jeder anderen Einführung ähnlich behandelt, sie sind wissenschaftsgeschichtlich betrachtet nicht bemerkenswert. Es bleiben zwei wichtige Komplexe – die Beschreibung der einzelnen Ebenen und der Sprachgebrauch. Die Behandlung der *Sprachbeschreibung,* die zum Ausgangspunkt der deskriptiven Linguistik wurde, soll im Abschnitt **6.4** anhand des Bloomfield-Aufsatzes „A Set of Postulates for the Science of Language" (1926) erläutert werden, da in diesem Artikel die komprimierte und formale Darstellung besser zur Geltung kommt. Als Schwerpunkt des vorliegenden Abschnittes wurden der **Sprachgebrauch** (Language, Kap. 2) und die Behandlung der **Bedeutung** (Language, Kap. 9) ausgewählt, also die Themen, in denen Bloomfields Affinität zum Behaviorismus deutlich wird und damit u. a. auch sein „Mechanismus"[10] gegenüber Sapirs „Mentalismus".

Die **sprachliche Bedeutung** wird von Bloomfield im Anschluß an Watsons Behaviorismus mittels der Situation definiert, in der der Sprecher eine Form äußert:

---

[9] Es ist 1933 erschienen und seitdem in einer Reihe von Reprints wiederaufgelegt; ins Deutsche übersetzt wurde es nicht. Im Text dieses Kapitels wird nach der Auflage von 1962, London, Ruskin House, zitiert.

[10] Mechanismus wird von den Anhängern dieser Richtung positiv gewertet.

Leonard Bloomfield, „Language"

We have defined the *meaning* of a linguistic form as the situation in which the speaker utters it and the response which it calls force in the hearer. (1962, 139)

Bloomfields Ziel war es, die Intuition auszuschalten, die mit der Bedeutung und den Bewußtseinsvorgängen, die an ihrer Verarbeitung beteiligt sind, verknüpft sind, und Sprache so formal, mechanistisch, wie möglich zu beschreiben. „Bedeutung" ist folgerichtig nicht eigenständiger Gegenstand einer Subdisziplin, sondern ihr wird als *black-box-Phänomen* gerade diese Eigenständigkeit abgesprochen. Die Bedeutung der Wörter *an sich* gebe es nicht, man könne sie also auch nicht *an sich* beschreiben; die Bedeutung ergebe sich erst durch die Beobachtung des Sprachgebrauchs. Was sich dabei zeige, seien nicht Bedeutungen selbst, sondern Unterschiede in den Bedeutungen, „die distinktive oder sprachliche Bedeutung" (1962, 141).

Die Skepsis gegenüber den Bedeutungsphänomenen rührt auch daher, daß seiner Meinung nach sprachliche Bedeutung nicht von außersprachlichem Wissen abgetrennt werden könne. Dieses für Bloomfield grundsätzliche Problem erfordert ein etwas längeres Zitat:

> In order to give a scientifically accurate definition of meaning for every form of a language, we should have to have a scientifically accurate knowledge of everything in the speaker's world. The actual extent of human knowledge is very small, compared to this. We can define the meaning of a speech-form accurately when this meaning has to do with some matter of which we possess scientific knowledge. We can define the names of minerals, for example, in terms of chemistry and mineralogy, as when we say that the ordinary meaning of the English word *salt* is ,sodium chloride (NaCl)', [...], but we have no precise way of defining words like *love* or *hate*, which concern situations that have not been accurately classified – and these latter are in the great majority. (1962, 139)

> The statement of meanings is therefore the weak point in language-study, and will remain so until human knowledge advances very far beyond its present stage. (1962, 140)

In der Tat ist hier ein schwieriges Abgrenzungsproblem angesprochen, doch erscheint es Bloomfield nur deshalb als völlig unlösbar, weil er eine linguistikinterne Beschreibung der Bedeutung ablehnt, mit der Begründung, dies sei mentalistisch. Die Anerkennung von *differentiellen Bedeutungen*, die den Hörer in allen Situationen jeweils identisch reagieren lassen auf zwei sprachliche Formen, ist ein Zugeständnis an die realen Abläufe des Sprachgebrauchs, ein Zugeständnis, das manche Bloomfield-Schüler später auch noch aufgaben.

Der **Sprachgebrauch** ist definiert durch die Situation, er wird rein behavioristisch interpretiert, als Folge von Reiz und Reaktion (stimulus – response).

Oft zitiert wird folgendes Beispiel, das hier ins Deutsche übersetzt ist:

> Nehmen wir an, daß Jack und Jill spazierengehen. Jill ist hungrig. Sie sieht einen Apfel an einem Baum. Sie macht ein Geräusch mit ihrem Kehlkopf, ihrer Zunge und ihren Lippen. Jack springt über den Zaun, klettert auf den Baum, nimmt den Apfel, bringt ihn Jill und legt ihn in ihre Hand. Jill ißt den Apfel. (1962, 22)

135

Für Bloomfield läßt sich diese Situation als Folge von Reiz und Reaktion wie folgt beschreiben:

$$S \rightarrow r \dots s \rightarrow R,$$

wobei die Großbuchstaben den praktischen Reiz (= Stimulus) und die praktische Reaktion bezeichnen, die Kleinbuchstaben den sprachlichen Reiz bzw. die sprachliche Reaktion. Das „sprachlose" Tier und die einsame Jill könnten nur auf folgende Weise agieren:

$$S \rightarrow R$$

Das Charakteristische der oben beschriebenen Situation besteht nun aber gerade darin, daß ein anderes Individuum reagiert als dasjenige, das den Reiz (den Hunger) verspürt, und dies über die Vermittlung der Sprache, eine eigentlich unwesentliche kurze Schwingung, die an Jacks Trommelfell geraten ist. D. h.:

> Languages enables one person to make a reaction (R) when another person has the stimulus (S). (1962, 24)

Freilich räumt auch Bloomfield ein, daß dies nicht die einzige Auflösung der Situation ist, daß viele Faktoren bis hin zur gesamten Lebensgeschichte der beiden Einfluß nehmen können, so daß Jill vielleicht doch den Apfel nicht erhält. Lyons (1980, 133 ff.) spinnt die Geschichte wie folgt weiter: Jack hätte den Apfel zwar holen, aber selbst essen können; er hätte, statt Jill den Apfel zu holen, auch *sprachlich* reagieren können, und zwar auf verschiedene Weise, z. B. zunächst mit einer Bestätigung, den Apfel holen zu wollen, aber auch mit „Du kannst nicht hungrig sein, wir kommen gerade vom Mittagessen!" oder mit „Willst du den Apfel wirklich, du bekommst danach doch immer Magenschmerzen!" o. ä.

Sollte nicht nur die Situation, sondern auch die Bedeutung jedesmal unterschiedlich sein, nur weil Jacks Reaktionen unterschiedlich sind? Es ist doch vielmehr so, daß der Hörer die Äußerung *versteht* und dies geht seiner Reaktion voraus, auch bei Äußerungen, die zusätzlich ergänzende Informationen aus der Situation benötigen.

Man bedenke zudem, daß auf diese Weise nur eine sehr geringe Zahl von Situationen überhaupt analysiert werden kann; über alle Teile des Wortschatzes, die auf keine beobachtbaren Dinge, Eigenschaften u. a. referieren, kann ein Behaviorist keine Aussage machen.

Darüber hinaus wird auf dieselbe Weise wie der Sprachgebrauch bei Bloomfield auch die **Spracherlernung** erklärt. Auch Spracherlernung geschieht durch Training, durch Verkopplung von Reiz-Reaktions-Mustern, also mechanistisch. Es ist offensichtlich, daß eine Sprache nicht auf diese Weise erlernt werden kann. Nur kleine Teile des Wortschatzes können durch „Training" erworben werden, die Grammatik einer Sprache läßt sich so überhaupt nicht erlernen. Folgerichtig setzte an dieser mechanistischen These Bloomfields auch spätere Kritik an.

Es muß jedoch betont werden, daß Bloomfields praktische Sprachbeschreibungen von diesen auf ungeeigneter psychologischer Grundlage beruhenden Vorstellungen von Sprachverwendung und Spracherlernung nicht negativ beeinflußt wurden. Hier führte vielmehr das mechanistische Herangehen zunächst zu der methodisch wichtigen Etappe der formalen Beschreibung von Sprache. Dies war auch der Grund für den nachhaltigen Einfluß Bloomfields und seiner Schule auf die amerikanische Linguistik bis zur Mitte dieses Jahrhunderts. Eine gute Illustration liefert der im folgenden Abschnitt behandelte Aufsatz Bloomfields „A Set of Postulates for the Science of Language".

6.4 Leonard Bloomfield, „A Set of Postulates for the Science of Language"

Dieser Artikel erschien im zweiten Jahrgang der auch heute noch bedeutenden Zeitschrift „Language". Er zeigt seinen Verfasser als Deskriptivisten, der bemüht ist, die Sprache so formal wie möglich zu beschreiben. Bloomfield greift dafür das Begriffssystem der Mathematik auf und arbeitet mit Postulaten (Axiomen und Definitionen) und darauf beruhenden Annahmen. Er räumt ein, daß Wissenschaften mit einem komplexeren Gegenstand als die Mathematik schwieriger mit diesem Apparat arbeiten können – die Linguistik gehöre zu diesem Kreis von Wissenschaften –, daß der Versuch aber dennoch gemacht werden sollte, weil mindestens zweierlei damit erreicht würde: Man muß sich zu expliziten Angaben und zu einer eindeutigen Terminologie zwingen, und man kann auf psychologische Argumente verzichten.

In 77 durchnumerierten kurzen Abschnitten werden Definitionen und Annahmen zu folgenden Bereichen gegeben:

1. Form und Bedeutung

2. Phonem – Morphem – Wort – Wortgruppe (phrase)

3. Konstruktion – Kategorie – Wortart

4. Alternationen im synchronen Bereich

5. Historische Linguistik.

Auf diese fünf Bereiche wird im folgenden unterschiedlich ausführlich eingegangen, die Zitate sind der deutschen Übersetzung entnommen, die unter dem Titel „Eine Grundlegung der Sprachwissenschaft in Definitionen und Annahmen" in E. Bense et al. (1976) erschienen ist.

Zu 1.

Die Beziehung zwischen Form und Bedeutung wird auch in diesem Artikel bereits behavioristisch gesehen. Vgl. die 6. Definition:

> Die lautlichen Merkmale, die identischen oder teilweise identischen Äußerungen gemeinsam sind, heißen FORMEN; die entsprechenden Stimulus-Reaktions-Merkmale heißen BEDEUTUNGEN. (1976, 38)

Zu 2.

Hier werden Definitionen für Phonem (16. Definition), Morphem (9. Def.), Formativ (13. Def.), Wort (11. Def.) und Wortgruppe (phrase, 12. Def.) gegeben, dazu die Unterscheidung in „frei" und „gebunden". Dabei wird deskriptiv vorgegangen: Enthaltensein in, analysierbar oder nicht, selbständig vorkommend oder nicht – dies sind die Kriterien, nach denen die Beschreibung aufgebaut ist.

Ausgangspunkt der Beschreibung sind die Definitionen für **minimal**:

> 8. Definition. Ein MINIMALES (oder KLEINSTES) X ist ein X, das nicht vollständig aus kleineren Xen besteht. Daher ist X_1, wenn es aus $X_2 X_3 X_4$ besteht, kein minimales X. Wenn es aber aus $X_2 X_3 A$ oder aus $X_2 A$ oder aus $A_1 A_2$ besteht oder wenn es nicht analysierbar ist, ist X_1 ein minimales X. (1976, 38)

sowie für **frei** und **gebunden**:

> 10. Definition. Eine Form, die eine Äußerung sein kann, ist FREI. Eine Form, die nicht frei ist, ist GEBUNDEN. (1976, 38)

Darauf bauen die Definitionen der sprachlichen Einheiten auf, einige werden im folgenden – ohne Bloomfields Kommentierungen – aufgeführt:

> 9. Definition. Eine minimale Form ist ein MORPHEM; ihre Bedeutung ist ein SEMEM. [...]

> 11. Definition. Eine minimale freie Form ist ein WORT. [...]

> 12. Definition. Eine nicht-minimale freie Form ist eine PHRASE.

> 26. Definition. Ein MAXIMALES (oder GRÖSSTES) X ist ein X, das nicht Teil eines größeren X ist.

> 27. Definition. Eine maximale Form in irgendeiner Äußerung ist ein SATZ. (1976, 38-41)

Beachte die 6. Annahme:

> Jede Form besteht vollständig aus Phonemen. (1976, 40)

Phoneme tragen keine Bedeutung; die Bedeutungen der *Morpheme*, die *Sememe*, können mit linguistischen Methoden nicht weiter analysiert werden, was sich aus der Behandlung als Reiz-Reaktions-Schema ergibt: Bedeutung ist ein undifferenziertes Ganzes, nämlich die *Situation*.

Zu 3.

Für Morphologie und Syntax wird der Begriff **Konstituent** eingeführt, als Bestandteil einer Konstruktion – innerhalb eines Wortes oder einer Wortgruppe –, allerdings zunächst mit dem Terminus „constituent form". Solche Formen sind in der Konstruktion (linear) geordnet und füllen die **Positionen** in dieser Konstruktion. So enthält die Konstruktion „Nomen im Numerus Plural" zwei Positionen: Nominalstamm + Pluralsuffix, die Konstruktion „Agens wirkt ein auf etwas" enthält drei Positionen: Nomen + Verb + Nomen.

Dabei zeigt sich, daß eine feste Relation zwischen den Positionen und den Formen besteht – nur bestimmte Formen können in eine bestimmte Position eingesetzt werden bzw. eine bestimmte Form kann nur in bestimmten Positionen vorkommen. Die **Position,** in der eine bestimmte Form vorkommen kann, ist ihre **Funktion,** Bloomfield setzt also Position und Funktion gleich. Die **Bedeutung einer Position** ist eine *funktionale* Bedeutung.

Alle Formen mit gleicher Funktion bilden eine **Formklasse,** Beispiele dafür sind: Nominalstamm, finite Verbform, Pluralsuffix (33. Definition).

„**Wortart**" schließlich wird definiert als diejenige Formklasse, die jeweils ausschließlich aus Wörtern besteht:

> 37. Definition. Eine Formklasse von Wörtern ist eine Wortklasse.

> 38. Definition. Die maximalen Wortklassen einer Sprache sind die WORTARTEN dieser Sprache. (1976, 43)

Als deskriptive Begriffsbestimmungen betrachtet sind diese Definitionen völlig in Ordnung. Lediglich die Definition der **Kategorie** ist nicht exakt, da sowohl morphologische (z. B. Numerus) als auch syntaktische Kategorien (Agens, Objekt) dazu gezählt werden[11], eine Folge der ausschließlichen Berücksichtigung funktionaler Bedeutungen.

Zu 4.

Unter **Alternation** versteht Bloomfield phonetisch oder morphologisch bedingte Wechsel im synchronen Bereich. Er stellt undifferenziert nebeneinander: morphonologische Erscheinungen – um Trubetzkoys Terminus zu verwenden (siehe im Kapitel 4 unter **4.4.2**) – also z. B. Sandhi, stammabhängiges Pluralsuffix im Englischen u. a., aber auch morphologische Erscheinungen wie Suppletivismus und Derivation.

---

[11] Vgl. die 35. Definition (1976, 43).

Zu 5.

Die Definitionen und Annahmen zu Laut- und Bedeutungswandel, Analogiewirkung, Entlehnung u. a. sind selbst als Analogieversuch zur Beschreibung der
Fakten aus den Punkten 1. bis 4. zu verstehen. Bloomfield bezeichnet sie als
Versuch einer formalen Beschreibung dieses Bereichs. Ein solcher Versuch ist
durchaus legitim, er steht am Beginn einer ganzen Reihe von Arbeiten, die die bei
der Beschreibung eines synchronen Zustandes gewonnenen Methoden und Erkenntnisse auf die Sprachgeschichte übertragen.

Der soeben behandelte Aufsatz ist beispielhaft in bezug auf Bloomfields Konsequenz bei der formalen Beschreibung der Grammatik. Ausschnittweise aufgenommen in „Language" (s. u. **6.3**), wurde seine Gedankenführung zum Vorbild für alle Arbeiten zur deskriptiven Linguistik, insbesondere auch für die in
den folgenden Abschnitten dieses Kapitels besprochenen Autoren und Werke.

6.5 Der Schwerpunkt Syntax in der Bloomfield-Nachfolge

Die Beschreibung der Sprache besteht im Verständnis Leonard Bloomfields vor
allem in der Erfassung der Positionen, in denen eine Form vorkommen kann, und
der Abgrenzung der Formen bzw. Positionen voneinander. Wichtigste Methode
zur Auffindung sprachlicher Einheiten[12] ist folglich die Analyse der Regularitäten
zur Verteilung von Einheiten in der Äußerung, d. h. der **Distributionen**, also die
Distributionsanalyse. Distributionen wurden zuerst auf der phonologischen
Ebene untersucht und diese Untersuchungen dann auf die anderen Ebenen aus-
geweitet – die morphologische, syntaktische und lexikalische Ebene. Bedeutende
Modelle im Rahmen der deskriptiven Linguistik entwickelten z. B. B. Bloch, Ch.
F. Hockett, R. S. Wells (IC-Grammatik), K. L. Pike, R. Longacre (Tagmemik), S.
Lamb (Stratifikationsgrammatik).

In der direkten Bloomfield-Nachfolge konzentrierte sich die Forschung auf
Distributionen auf der syntaktischen Ebene, die zuvor weithin vernachlässigte
Syntax geriet in den Mittelpunkt der Untersuchungen. Aus diesem Grunde wird
im vorliegenden Abschnitt gerade diese Ebene exemplarisch herausgegriffen.

L. Bloomfield verwendete in seinem Buch „Language" im Kapitel 10 („Grammatical Forms") den Begriff **immediate constituent** (unmittelbarer Konstituent,
IC) in folgendem Zusammenhang[13]: Jede komplexe Form ist aufgebaut aus Mor-

---

[12] Korrekter: Einheiten des *Sprechens,* denn untersucht werden in der deskriptiven
Linguistik *parole*-Ereignisse, siehe auch unter **6.7**.
[13] Nach Bloomfield 1962, 161.

phemen, den „ultimate constituents" (Elementarkonstituenten). „Poor John ran away" z. B. besteht aus 5 Morphemen, aus *poor, John, ran, a-, way.* Lediglich diese Elementarkonstituenten festzustellen bedeutet aber, Strukturverlust in Kauf zu nehmen. Das läßt sich vermeiden durch schrittweises Operieren mit den unmittelbaren Konstituenten einer jeweils komplexen Form: *poor John + ran away; poor + John; ran + away; a + way,* wobei man ebenfalls bei den Elementarkonstituenten anlangt, aber erst am Ende der Zerlegung. Die Analyse nach ICs kann also von der Syntax ausgehend bis in die Morphologie fortgesetzt werden, sie erfaßt dann alle bedeutungstragenden segmentierbaren Einheiten.

In der Bloomfield-Nachfolge wurde dieses Verfahren erheblich ausgebaut, es ging später in die Basiskomponente der Syntax aller generativen Grammatikmodelle ein. Rulon S. Wells formulierte in seinem Aufsatz „Immediate Constituents" die gewissermaßen klassische Version der IC-Analyse, ihm ist der folgende Abschnitt **6.5.1** gewidmet.

6.5.1 R. S. Wells, „Immediate Constituents"

Rulon Wells veröffentlichte diesen Aufsatz 1947 in der Zeitschrift „Language" (Band XXIII), eine deutsche Übersetzung mit dem Titel „Unmittelbare Konstituenten" ist in E. Bense et al. (1976) erschienen, nach ihr wird im folgenden zitiert. Wells griff für diesen Aufsatz die erwähnten Anregungen aus Bloomfields Buch „Language" auf, aber auch einen 1946 in Language XXII veröffentlichten Artikel von Z. S. Harris, „From Morpheme to Utterance", dessen Übersetzung ins Deutsche ebenfalls E. Bense et al. 1976 vorgelegt haben.

Rulon Wells' IC-Analyse beruht auf den beiden „taxonomischen" Verfahren **Segmentieren** und **Klassifizieren**, Verfahren, die auf F. de Saussures paradigmatische und syntagmatische Relationen bezogen werden können. Die Einstufung als „taxonomisch[14]" wurde von Vertretern der späteren, mit Transformationen arbeitenden syntaktischen Schulen vorgenommen; sie wird in Kapitel **8** wieder aufgegriffen.

Die IC-Analyse ist technisch eine hierarchische nichtetikettierte Klammerung („unlabelled bracketing"); dies bedeutet, das jeweilige Konstitut, das sich aus den betrachteten ICs zusammensetzt, bekommt keine Knotenbezeichnung, keine Angabe für syntaktische Kategorienzugehörigkeit; so sind *eats well* und *nice man* nichtunterschiedene Konstitute.

---

[14] Der Terminus wurde aus der Biologie entlehnt.

Wells geht für sein Modell u. a. von folgenden Annahmen aus:

1. Er erlaubt in einem Konstitut im Normalfall zwei Konstituenten, gelegentlich auch mehr als zwei, nie aber nur einen einzigen Konstituenten[15];

2. er erlaubt diskontinuierliche Konstituenten;

3. das IC-Modell ist für beide Wege offen, als Analyse vom Gesamtsatz zu den Morphemen oder als Synthese von den Morphemen zum Gesamtsatz;

4. das IC-Modell benötigt die Einheit „Wort", nicht nur das Morphem und die syntaktische Gruppe, wie die bisherige deskriptive Linguistik z. T. vermutet hatte;

5. als Ausgleich für die Mängel der nichtetikettierten Klammerung wird im Bedarfsfall die „Konstruktion" eingeführt, in dieser hat jeder IC seine Position. Die Konstruktion insgesamt braucht zu ihrer Erklärung die Bedeutung (sic!).

Diese 5 Annahmen sollen nun, auch anhand von Zitaten, näher erläutert werden.

Zu 1.

In Wells Beispielsatz *The king of England opened Parliament* (1976, 214 ff.) sind auch *the* und *parliament* Konstituenten des Satzes, insofern als sie in diesem Satz beide vorkommen, und zwar als erstes und letztes Wort. Sie sind aber nicht *unmittelbare* Konstituenten, ICs, eines Konstituts; um dies zu sein, müßten sie beide enger zueinander gehören als jeder von ihnen zu irgendeinem anderen Bestandteil des Satzes, was nicht der Fall ist. Die ICs stellt Wells durch **Substitutionen** und **Expansionen** fest, so analysiert er zunächst „the | king of England"[16], weil zwar *the king* eine Expansion von *John* ist, bei einer solchen Substitution aber *of England* nirgends angeschlossen werden könnte; andererseits darf aber auch für *king of England* nicht *John* eingesetzt werden, denn dann entstünde das nichtsprachgerechte Konstitut *the John. Erst für das Gesamtkonstitut *the king of England* ist also *John* substituierbar. Dieses Beispiel sollte zeigen, daß Konstitute selbst also auch ICs für größere Konstitute sind.

Die Analyse ist korrekt, wenn sie mit formalen Mitteln die vorkommenden ICs von Konstituten ermittelt, sie benötigt nicht die Bedeutung der Formen. Vgl. folgende Argumentation: In manchen Sequenzen ist *Tom and Dick* – bzw. *they* – für *the stars* substituierbar, also:

---

[15] Im Deutschen sind *der Konstituent* und *die Konstituente* gebräuchlich.

[16] Diese Segmentierung gibt er erst bei der Einführung diskontinuierlicher Konstituenten auf (1976, 245), vgl. unter Punkt 2.

Die Sätze *The stars look small because they are far away* und *The stars look small because Tom and Dick are far away* [sind] beide grammatisch, wobei der zweite lediglich aus semantischen Gründen ungebräuchlich ist (oder gar nicht gebraucht wird). (1976, 214)

Für Wells ist der Normalfall eine binäre Gliederung, d. h. ein Konstitut besteht aus zwei unmittelbaren Konstituenten. Ein Konstitut mit nur einem IC wird nicht akzeptiert, dagegen kann in bestimmten Fällen ein Konstitut aus mehr als zwei ICs bestehen; Wells führt dafür die Koordination an – bei **A, B und C** spricht nichts für **A | B und C** oder **A, B | und C**, also muß man hier die drei ICs **A, B, C** ansetzen, vgl.:

Wir schlagen vor, multiple (drei oder mehr) ICs nur unter bestimmten, festgelegten Bedingungen anzuerkennen. **Eine gegebene Konstituente, die aus drei zusammenhängenden Sequenzen A, B und C besteht, ist, wenn kein Grund dafür gefunden werden kann, sie eher in AB | C als in A | BC, oder eher in A | BC als in AB | C zu zerlegen, in drei gleichgeordnete ICs A | B | C zu zerlegen** [Hervorhebung R. S. Wells]. Ähnlich können vier ICs anerkannt werden, wenn keine Zerlegung in zwei und keine Zerlegung in drei ICs vorzuziehen ist, und so fort. (1976, 241)

Zu 2.

Als **diskontinuierlicher Konstituent** wird eine Sequenz bezeichnet, die nicht linear nebeneinandersteht, sondern durch eine andere Sequenz unterbrochen wird, vgl.:

Eine diskontinuierliche Sequenz ist eine Konstituente, wenn die entsprechende zusammenhängende Sequenz in irgendeiner Umgebung als Konstituente in einer Konstruktion vorkommt, die semantisch mit den Konstruktionen, in denen die gegebene diskontinuierliche Sequenz vorkommt, übereinstimmt [Hervorhebung R. S. Wells]. Die Phrase ‚semantisch übereinstimmt‘ bleibt undefiniert und wird lediglich durch Beispiele erläutert. (1976, 242)

Es ist sinnvoll, z. B. in *wake your friend up* „*wake … up*" so zu behandeln, da es auch *wake up your friend* gibt – ohne Diskontinuität – und beide Sequenzen fast synonym sind.

Mit diskontinuierlichen ICs wird nun auch die Sequenz *the king of England* noch einmal neu analysiert, in *the king* und *of England,* und zwar auf Grund folgender Annahme: *The English king* ist wie *wake … up* in *the … king* und *English* zu segmentieren, denn es gibt diese Konstituenten auch ohne Diskontinuität *(wake up; the king).* Zur diskontinuierlichen Form besteht nach Wells eine „semantisch harmonische Beziehung"[17] – was darunter zu verstehen ist, bleibt

---

[17] In der deutschen Übersetzung wird von „semantisch übereinstimmen" gesprochen.

allerdings bei der Vernachlässigung der Bedeutung offen. Folglich, so sagt Wells dann, sollten auch in *the king of England* die ICs *the king* und *of England* angesetzt werden. Diese Folgerung ist jedoch nicht schlüssig, denn im Rahmen seines Modells gedacht könnte *of England* dann genau wie unter 1. dargestellt bei einer Substitution von *the king* nicht angeschlossen werden.

Zu 3.

Wells betont, daß man mit diesem Verfahren ICs zu Konstituenten kombinieren und diese wieder als ICs größerer Konstitute auffassen kann usw., bis man den Satz insgesamt erfaßt hat, oder umgekehrt den Satz schrittweise bis hin zu den kleinsten ICs analysieren kann. Sein Modell legt also nicht von vornherein die Richtung der Beschreibung fest:

> [...] eine IC-Theorie ist nicht notwendigerweise an die Reihenfolge des 'nach unten Arbeitens' gebunden. Ohne Hinblick darauf, ob die Darstellung der deskriptiven Grammatik nach oben oder nach unten arbeitet, sind die Konstituenten einer jeden Äußerung dieselben. (1976, 238)

Zu 4.

Die IC-Analyse wird in der deskriptiven Linguistik, wie oben erwähnt, bis zu den kleinsten bedeutungstragenden Einheiten – den Morphemen – durchgeführt. Wells weist nun aber nach, daß auch die Einheit „Wort" gebraucht wird, daß Wörter ICs von Konstituten sind. Genauer: Bis auf bestimmte Ausnahmen (er bringt japanische Beispiele) ist jedes Wort ein Konstituent. Zu diesem Zweck definiert Wells die Einheit „Wort" phonologisch und morphologisch, u. a. durch Wortgrenzen, Endungen, feste Reihenfolge der Morpheme in dieser Einheit (im Gegensatz zur freieren Reihenfolge in der Syntax). Außerdem kann die Reihenfolge der Morpheme innerhalb eines Wortes, weil automatisch festgelegt, keine Bedeutung vermitteln, bei der Reihenfolge von Wörtern innerhalb der Syntax ist das dagegen möglich.

Dazu muß angemerkt werden, daß solche Kriterien in der europäischen Sprachwissenschaft bereits bekannt waren, aber wegen der an Morphemen orientierten Verfahrensweise der deskriptiven Linguistik hier zunächst nicht gebraucht und nun gewissermaßen „neu" erfunden wurden. Wells schreibt die Urheberschaft E.A. Nida zu.

Zu 5.

Unter 1. wurde gezeigt, daß Wells eine formale Analyse anstrebt. Es wird nicht danach gefragt, *welche* Äußerungen vorkommen, sondern nur danach, in welche Konstituenten die – vorgegebenen – Äußerungen formal zerlegbar sind; die Bedeutung der Äußerungen wird dabei zunächst außer acht gelassen. Jedoch muß Wells akzeptieren, daß es Sequenzen gibt, die mehr als eine IC-Analyse zulassen und parallel dazu auch Bedeutungsunterschiede aufweisen. Vgl.: *old men and women* – (a) *old* bezieht sich nur auf *men*, (b) *old* bezieht sich auf *men and women.* Wells erkennt deshalb neben Morphem, Wort und Sequenz noch die Anordnung der Konstituenten als Einheit an, vgl.:

> Diese Art der Mehrdeutigkeit ist, wenn nicht in allen Sprachen der Welt vorhanden, auf jeden Fall sehr weit verbreitet. Sie ist für die Grammatik von großer Wichtigkeit. Ihre Existenz bedeutet nämlich, daß der Grammatiker in seinen Datenkorpus mehr aufnehmen muß als Morpheme und ihre Sequenzen. Grammatische 'Ordnung' ist mehr als die bloße Sequenz. Wir schlagen vor, dem 'Mehr' den Namen *Konstruktion* zu geben. (1976, 228)

Konstruktionen erfassen, was in späteren Syntaxmodellen mit etikettierten Graphen dargestellt wird, nämlich die syntaktische Struktur. Für *old men and women* z. B. gibt Wells folgende alternierende Konstruktionen an:

(a) NP + *and* + NP; 1. NP: Modifizierer + NP;

(b) Modifizierer + NP; NP: NP + *and* + NP.

Solche Konstruktionen sind nach ihm **homonyme Konstruktionen**, und nur in diesen Fällen, wenn also Strukturunterschiede vorliegen, zieht er die Bedeutung hinzu, und zwar auch nur in Form der differentiellen Bedeutung: Zwei Vorkommensfälle *(token)* ein und derselben Sequenz haben einander ausschließende Bedeutungen.

6.6 Zellig S. Harris

Die außergewöhnliche Stellung Z. S. Harris' in der Wissenschaftsgeschichte der US-amerikanischen Linguistik rechtfertigt es, ihm ein eigenes Teilkapitel zu widmen. Zellig Sabbettai Harris (1909-1992) gilt im allgemeinen als der orthodoxe Vertreter der deskriptiven Linguistik und seine große Publikation „(Methods in) Structural Linguistics" (1951/1960) als die Bibel dieser Schule. Sein Leben und Wirken ist eng mit der University of Pennsylvania in Philadelphia verbunden, an der er von Beginn seiner wissenschaftlichen Laufbahn bis zu seiner Emeritierung 1979 gewirkt hat. Die Erscheinungsdaten seiner Publikationen erstrecken sich von 1932 (Magisterarbeit zur Entstehung des Alphabets) und 1936 (Ph.D. mit einer phoenikischen Grammatik) bis zum Jahre 1991; seine letzte wissenschaftliche Publikation erschien unter dem Titel „A Theory of Language and Information: A mathematical approach". Selbst einige gute Kenner seiner linguistischen Arbeiten und zeitweilige wissenschaftliche Weggefährten zeigten sich überrascht, daß Harris fast bis zu seinem Tode an seiner Grammatikkonzeption gefeilt hatte. Diese Überraschung wird verständlich, wenn man den Text des vorliegenden Abschnittes **6.6** und das Kapitel **8** über Chomskys generative Grammatiken liest und die großen Veränderungen in Betracht zieht, die in der USA-Linguistik seit Ende der fünfziger Jahre stattgefunden haben. Die Darstellung verfolgt deshalb unter anderem das Ziel, Harris' Sprachbeschreibung in ihrer sich wandelnden Schwerpunktsetzung nachzuzeichnen und aufzuzeigen, daß Harris als Hauptvertreter der deskriptiven Linguistik gleichzeitig auf Grund der eigenen Forschungen den Weg zur Überwindung der Mängel dieser Richtung fand. Auf die Besprechung der Einzelaufsätze zum IC-Modell kann in Hinblick auf den vorigen Abschnitt über R. S. Wells verzichtet werden, der nun folgende Text bezieht sich deshalb einerseits auf Harris' zusammenfassende Publikation „Structural Linguistics" und andererseits auf Diskurs- und Transformationsanalyse als die Bereiche, mit denen Harris den zu eng gewordenen Rahmen der deskriptiven Linguistik zu sprengen versuchte.

6.6.1 „Structural Linguistics"

Dieses Buch erschien 1951 zunächst unter dem Titel „Methods in Structural Linguistics", eine im Inhalt der Kapitel selbst nicht veränderte Fassung dann 1960 als „Structural Linguistics". Folgende Schwerpunkte sollen helfen, die Gedankenführung des Buches zu erkennen:

1. Das Buch ist heuristisch angelegt, d. h. es stellt selbst eine Beschreibung dazu dar, wie bei der Beschreibung einer Grammatik vorgegangen werden muß; Harris spricht deshalb von „discovery procedures" (Entdeckungsprozeduren). Die 19 Hauptkapitel erfassen das Analyseprogramm in bezug auf Phonologie und Morphologie (einschließlich Morphemsequenzen und Konstruktionen, d. h. Syntax). Alle Kapitel sind nach demselben Muster aufgebaut: Zuerst werden die Sprachdaten eingeführt, diese werden durch Segmentieren und Klassifizieren bearbeitet, am Ende erhält man die grammatische Struktur. Im Kapitel selbst werden jeweils nur die Vorgehensweisen umrissen und Sprachdaten als Beispiele angeführt, die Diskussion spezieller Probleme erfolgt in den – zum Teil bemerkenswert umfangreichen – Appendices zu den Einzelkapiteln.

Dies erinnert an die Erläuterungen zu Bloomfield und Wells. Harris machte in klassischem Sinne deutlich, daß die deskriptive Linguistik ihre Aufgabe nicht in der Schaffung einer Sprachtheorie sah, sondern vielmehr in der Entwicklung von Methoden zur Beschreibung von Sprachen, jedoch mit dem Anspruch, Analyseprozeduren zur Verfügung zu stellen, die auf alle Sprachen anwendbar seien und nur in Sonderfällen an Einzelsprachen angepaßt werden müßten. Diese Prozeduren werden an einem beliebigen Textkorpus durchgeführt und liefern automatisch die zugehörige Grammatik. Den eigenen Forderungen folgend, müßte der Durchlauf durch die Prozeduren in genau festgelegten Einzelschritten erfolgen, als Algorithmus, jedoch sucht jeder Forscher in der Praxis Abkürzungswege, denn ein vollständiges Abarbeiten der Prozeduren ist sehr zeitaufwendig, vielleicht sogar völlig unmöglich.

Auf die lexikalische Bedeutung der Bestandteile der Äußerung wird dabei nicht Bezug genommen; Harris glaubt auf sie verzichten zu können, wenn er formal distinktive Elemente auffinden und deren Distribution erfassen kann.

Zellig S. Harris

2. Zu dem entscheidenden Faktor wird auf diese Weise die **Distribution**, eine Relation zwischen den Elementen einer Äußerung, die es zu erkennen gilt:

The present survey is thus explicitly limited to questions of distributions, i. e. of the freedom of occurence of portions of an utterance relatively to each other. All terms and statements will be relative to this criterion. (1951, 5)

Dafür ist es nötig, für eine bestimmte Position in der Äußerung alle in sie einsetzbaren, d. h. füreinander substituierbaren Einheiten aufzufinden bzw. für eine Einheit alle Positionen zu finden, in die sie eingesetzt werden kann. Beispiel: *he ___ ed:* In die Position „___" können Einheiten eingesetzt werden, die Verbstämme sind, also *work-, spell-, learn-* usw., nicht aber z. B. Nominalstämme (allerdings auch nicht alle Verbalstämme); andersherum betrachtet: Die Einheit *learn-* kann in die Position *he ___ ed* eingesetzt werden, darüber hinaus aber auch noch in eine Reihe anderer Positionen, z. B. *he ___ s, she ___ ed* u. a., nicht aber z. B. in die Position *the ___* .

Die Auskunft über Gemeinsamkeiten aller in derselben Position möglichen Einheiten genügt Harris als „Bedeutung", darüber hinausgehende semantische Information lehnt er als mentalistisch und subjektiv ab. Er vertritt also eine streng taxonomische Sprachbeschreibung, die sich auf Segmentieren und Klassifizieren beschränkt: Der Redestrom („flow of speech") wird segmentiert in Elemente, die unabhängig, selbständig vorkommen können, dann wird die Distribution dieser Elemente mit Hilfe des zur Verfügung stehenden Sprachdatenkorpus festgestellt, darauf aufbauend schließlich werden die Elemente zu Klassen mit gleicher Distribution zusammengefaßt.

Die beiden wichtigsten Methoden für diese Sprachbeschreibung sind die **Substitution** und die **Konstitutentenanalyse**. Mit Hilfe der Substitution[18] werden die Distributionsklassen aufgefunden, mit Hilfe der Konstituentenanalyse (= IC-Analyse, s. u. **6.5.1**) wird festgestellt, nach welchen Regeln Elemente verschiedener Klassen miteinander verbunden werden können. Solche zusammen vorkommenden Elemente nennt Harris **co-occurents**, die Relation zwischen ihnen **co-occurence**. Für ihn ist eine solche Struktur von Kookurrenzen in der Sprache objektiv vorhanden und nicht dem Sprachforscher zuzuschreiben.

3. Die Distributionsanalyse ist zweifellos eine wertvolle Methode der linguistischen Forschung. Ihre Vorzüge liegen im möglichst weitgehenden Ausschalten subjektiver Faktoren (der Intuition, dem Anspruch der Deskriptivisten nach auch der Bedeutung), in ihrer Allgemeingültigkeit (sie ist im Prinzip auf alle Sprachen anwendbar) und in ihrer Einheitlichkeit auch beim Ebenendurchlauf (sie ist auf allen Ebenen des Sprachsystems anwendbar). Jedoch darf die Distri-

---

[18] Der vergleichbare Terminus in der deutschen Germanistik ist „Ersatzprobe".

butionsanalyse nicht die einzig gültige Methode für die Sprachbeschreibung sein. Sie hat einige Grenzen, die eine Ergänzung durch andere Methoden nötig machen:

(a) Sie ist sehr schwerfällig – eigentlich müßten *alle* Vorkommen und *alle* Positionen geprüft werden –, weshalb auch so engagierte Vertreter dieser Analyse wie Z. Harris zu approximativem Vorgehen gezwungen sind. Er schreibt, gewissermaßen als Rechtfertigung dafür:

> The argument for using approximations in morpheme classification is strengthened by the fact that the predictive usefulness of an exact morpheme classification need not be greater than that of an approximate one. (1951, 254)

(b) Sie versucht, ohne die Bedeutung der sprachlichen Einheiten auszukommen. Gerade die Distributionsanalyse zwang Harris jedoch zur Überprüfung seiner Ansichten, denn er erkannte, daß die Wahrscheinlichkeit des gemeinsamen Vorkommens zweier sprachlicher Einheiten unter anderem bestimmt wird durch den Grad der Ähnlichkeit ihrer Bedeutung. Mit anderen Worten: z. B. *Sprachstruktur* und *schwimmen* werden vermutlich nicht als Kookurrenten zu finden sein.

(c) Die deskriptive Linguistik wollte die Distributionen statt über die Bedeutung über Informantenbefragungen klären. Dies kann aber die unerwünschte Subjektivität vom Linguisten auf den Informanten verlagern, ohne sie auszuschalten; außerdem erfährt der Linguist dadurch zwar eventuell etwas über die Beziehung eines Elements zu den ihm in der Struktur benachbarten Elementen, wenig oder nichts jedoch über das Element selbst. Harris versuchte deshalb, die Informantenbefragung von eventueller Subjektivität zu säubern. Seine Überlegungen dazu werden besonders deutlich in einer Fußnote (1951, 12) (deutsch zitiert nach Bense et al.):

> Wenn der Linguist in seinem Corpus *ax, bx,* aber nicht *cx* vorfindet (wobei *a, b* und *c* Elemente sind, deren Distribution im großen und ganzen ähnlich ist), so wünscht er vielleicht beim Informanten nachzuprüfen, ob *cx* überhaupt vorkommt. [...] Anstatt eine Form *cx* zu bilden und den Informanten zu fragen: 'Sagt man *cx*?' oder so, kann der Sprachwissenschaftler in den meisten Fällen Fragen stellen, die den Informanten dazu bringen sollten, *cx* zu verwenden – wenn die Form in der Sprache *(speech)* des Informanten vorkommt. (1976, 16)

4. Die deskriptive Linguistik arbeitet mit einem strengen Ebenendurchlauf: Einheiten einer höheren Ebene bauen sich vollständig aus Einheiten der nächstniedrigen Ebene auf. Im strengen Sinne muß deshalb jede Ebene erschöpfend beschrieben sein, ehe die Beschreibung der nächsthöheren in Angriff genommen wird; denn keine Prozedur darf auf Resultaten aufbauen, die eine andere Prozedur erst in einer späteren Anwendung erarbeitet.

In der Wirklichkeit der Sprachbeschreibung muß man hier natürlich jedoch Abstriche machen. Außerdem unterstreicht Harris andererseits auch, daß jede

Ebene den Redestrom vollständig abdeckt, also eine Äußerung vollständig in Phoneme, aber auch vollständig in Morpheme, vollständig in ICs zerlegt werden kann, je nach Analyseprogramm und Zielstellung.

Im Vorwort zur Auflage von 1960 weist Zellig Harris u. a. auf zwei Bereiche hin, die seit der Publikation seiner „Strukturellen Linguistik" neu in den Mittelpunkt der linguistischen Forschung gerückt und auch für ihn selbst wichtig geworden sind, die Arbeit mit Transformationen und die Textanalyse („discourse analysis"). Im Buch selbst begründet er, daß die Äußerung, die als Sprachdatenkorpus genommen wird, nicht den Rahmen eines Satzes[19] zu überschreiten braucht:

> The utterances with which the linguist works will often come in longer discourses [...]. However, the linguist usually considers the interrelations of elements only within one utterance at a time. This yields a possible description of the material, since the interrelations of elements within each utterance (ore utterance type) are worked out, and any longer discourse is describable as a succession of elements having the stated interrelation. (1951, 11/12)

1960 sieht er jedoch die Notwendigkeit, die Spezifika von Texten gegenüber Einzelsätzen hinzuzuziehen. Im Buch selbst beschränkt er sich auf die Auffindung von unmittelbaren Konstituenten und Kookkurrenzen; 1960 hat er bereits sein Konzept der Transformationsanalyse erarbeitet, das die Mängel der IC-Analyse überwinden soll. Der folgende Abschnitt wird deshalb diese beiden Arbeitsgebiete von Zellig Harris behandeln.

6.6.2 Arbeiten zur Textanalyse und Transformationstheorie

In dem umfangreichen Aufsatz „Discourse analysis" (1952; dt. „Textanalyse" (1976), nach dieser Übersetzung wird zitiert) unternahm Harris den Schritt vom Satz zum Text. Es gab dafür zwei Gründe:

1. Harris hatte erkannt, daß die Einheit der Rede nicht der Einzelsatz sein konnte, vgl.:

> Sprache tritt nicht auf in Form von vagabundierenden Wörtern oder Sätzen, sondern als fortlaufender Text, vom Einwortsatz bis zum zehnbändigen Werk, vom Monolog bis zur Diskussion auf dem Union Square. Beliebige Anhäufungen von Sätzen sind in der Tat ohne Interesse, ausgenommen zur Überprüfung grammatischer Beschreibungen [...]. Die aufeinanderfolgenden Sätze eines fortlaufenden Textes dagegen sind ein fruchtbarer Boden für die Methoden der deskriptiven Linguistik, denn diese Methoden untersuchen die relative Verteilung von Elementen innerhalb einer fortlaufenden Sprachspanne. (1976, 263/264)

---

[19] Harris verwendet häufig nicht „Satz", sondern „Äußerung", womit der Bezug auf konkrete Sprech-/Schreibereignisse statt auf das abstrakte Sprachsystem betont wird.

2. Die Methoden der deskriptiven Linguistik wollte Harris bei der Ausweitung auf den Text weitestgehend beibehalten. Unter anderem konnten sie die Beschränkungen für die Distribution eines Elements auch über die Satzgrenze hinweg handhaben, z. B. die Verteilung der Tempusmorpheme auf Verben benachbarter Sätze.

Die Grundannahmen einer taxonomischen Sprachbetrachtung macht auch das folgende Zitat deutlich:

> Die Operationen stützen sich nicht auf Wissen über die Bedeutung der Morpheme oder die Absichten des Autors. Sie erfordern nur die Kenntnis der Morphemgrenzen einschließlich der Satzgrenzen und anderer morphemischer Intonation (oder Interpunktion). (1976, 297)

Doch geht Harris davon aus, daß auf diese Weise Information über einen Text gewonnen werden kann – und zwar über seine Struktur –, daß man zwar nichts darüber erfährt „WAS ein Text sagt, aber [...] WIE er etwas sagt, nämlich wie das Schema des Wiederauftretens seiner Hauptmorpheme ist" (1976, 261) – und damit wird folglich auch Information dazu vermittelt, wie ein Text aufgebaut werden sollte.

Die wichtigste Prozedur für die Textanalyse ist das Auffinden von **Äquivalenzen.** Harris schreibt:

> Wenn wir in einem Text die Folgen *AM* und *AN* vorfinden, so sagen wir, daß *M* und *N* äquivalent sind, oder daß *M* und *N* in der gleichen Umgebung *A* vorkommen oder daß *M* und *N* beide als Umgebungen des gleichen Elementes (oder Folge von Elementen) *A* erscheinen, und wir schreiben *M = N*. Wenn wir dann im Text auf die Sequenzen *B* und *CN* (oder *MB* und *NC*) stoßen, sagen wir, daß *B* (sekundär) äquivalent mit *C* ist, denn sie kommen in den beiden Umgebungen *M* und *N* vor, die äquivalent sind, und wir schreiben *B = C*. (1976, 268).

Damit sagt Harris also nicht, daß die jeweils zwei Sequenzen dasselbe *bedeuten,* sondern lediglich, daß sie in bezug auf ihre Distribution äquivalent sind.

Elemente mit gleicher Äquivalenz werden zu einer **Äquivalenzklasse** zusammengefaßt. Im obigen Beispiel gehören *A, B* und *C* zu ein und derselben Äquivalenzklasse.

Der nächste Schritt der Prozedur: Ein Text wird vollständig in „Intervalle" segmentiert, wobei ein Intervall eine Aufeinanderfolge von Äquivalenzklassen ist. Harris erhält so

> für den Gesamttext ein zweidimensionales Feld, bei dem die horizontale Achse die Äquivalenzklasse in den einzelnen Sätzen und die vertikale Achse die aufeinanderfolgenden Sätze repräsentiert. Es handelt sich dabei nicht um eine tabellarische Anordnung von Satzstrukturen (Subjekte, Verben usw.), sondern vom schematisierten Vorkommen der Äquivalenzklassen über den Text hin. (1976, 272)

Allerdings muß der Linguist das Zugeständnis machen, daß ein Text sehr oft nicht vollständig in Intervalle analysierbar ist. Es können nämlich Sätze auftreten, die die für große Teile des Textes beschriebenen Äquivalenzklassen nicht enthalten, das sind z. B. einführende Sätze, Einschübsel aus einer anderen Menge von Äquivalenzklassen o. ä. Davon abgesehen gilt jedoch generell, daß die Prozedur zur Aufstellung von Äquivalenzklassen für die Textanalyse wichtig ist. Außerdem gilt es festzuhalten: Zum ersten Mal wird auf diese Weise nicht nur die *Distribution*, sondern auch die *Reihenfolge* der Elemente, ihre Anordnung im Text, für die Beschreibung relevant.

In dieser Arbeit zur Textanalyse führte Harris auch zum ersten Mal systematisch den Begriff der **grammatischen Transformation** ein, und zwar als eine der zusätzlichen Techniken, die zur Verfeinerung der Textanalyse dienen, ohne sie zu ersetzen: Bestimmte Sätze des Textes werden in grammatisch äquivalente Sätze transformiert

> derart, daß die Anwendung der Methode der Textanalyse bequemer wird, oder daß sie in bestimmten Textabschnitten anwendbar wird, oder daß sie vorher nicht anwendbar war. (1976, 265)

Ein Beispiel: $N_1 \, V \, N_2$ wird transformiert in $N_2 \, V^* \, N_1$[20] für: *The boss fired John – John was fired by the boss.*

Harris geht von einer endlichen Liste von solcherart möglichen Äquivalenten aus, dazu gehört z. B. auch

– $N \, V \, A \, N_1 = N \, V \, N_1 \, ; \, N_1$ *is A* für: *They read the interdicted books = They read the books; The books were interdicted.*

– $N_1 \, V \, N_2 \, P \, N_3 = N_1 \, V \, N_2 : N_1 \, V \, P \, N_3$ für: *I bought it for you = I bought it : I bought for you* – ein doppeltes Objekt kann ersetzt werden durch zwei getrennte Objekte in zwei Intervallen, die das Subjekt und das Verb wiederholen.

Auch hier werden Äquivalenzklassen aufgestellt, aber nun nicht mehr durch einen Vergleich zweier Sätze im selben Text, sondern durch einen Vergleich eines Satzes aus einem Text mit Sätzen von außerhalb dieses Textes, also aus anderen Texten. Äquivalent sind folglich nicht mehr Elemente eines Satzes, sondern Sätze einer Sprache. Damit gab Harris die methodische Grundthese der taxonomischen Linguistik „Der Text signalisiert seine Struktur" auf, nach der alle benötigte Information aus einem Text selbst gewonnen werden kann.

---

[20] N_1 = Subjekt, N_2 = Objekt, V = Verb, V^* = veränderte Verform zu einer Ausgangsverbform; in den folgenden Formeln außerdem: A = Adjektiv, P = Präposition, N_3 = zweites Objekt.

Für die Ausarbeitung der Transformationsanalyse sind in der Folge zwei weitere Publikationen von Harris wichtig geworden, „Co-Occurrence and Transformation in Linguistic Structure" (1957) und „Transformational Theory" (1965). Sie entstanden innerhalb eines Forschungsprojekts an der Pennsylvania University, das sich mit den Möglichkeiten von Transformationen in der Sprachanalyse befaßte, speziell in der Informationsverarbeitung und in der maschinellen Sprachübersetzung. 1957 begann in diesem Rahmen das Projekt „Transformationen und Diskursanalyse" unter Harris' Leitung, an dem im übrigen auch Linguisten anderer Universitäten mitarbeiteten.

In den oben genannten Aufsätzen (1957 und 1965) begründete Harris die Einbeziehung von grammatischen Transformationen aus einer anderen, methodisch bedeutsameren Sicht: Mit ihrer Hilfe können Unzulänglichkeiten der IC-Analyse überwunden werden. Harris zählte dazu:

– Syntaktische Homonymien konnten bisher nicht aufgelöst werden: Die IC-Analyse ist z. B. nicht in der Lage, die Homonymie von *Flying planes can be dangerous* deutlich zu machen, die daraus entsteht, daß *flying* Attribut oder *ing*-Form des Verbs sein kann;

– kompliziert konstruierte Sätze sind umständlich oder gar nicht in ICs analysierbar;

– es gibt offensichtliche Beziehungen zwischen Satzpaaren, die festen Bedingungen unterliegen. Solche Beziehungen können ebenfalls nicht mit einer Analyse nach ICs beschrieben werden.

Entscheidend ist folglich die Frage nach der Art dieser Bedingungen.

Unter welchen Bedingungen also sind zwei Sätze Transforme voneinander?

1. In beiden Sätzen müssen die gleichen Tupel von Elementen vorkommen. Das trifft zu z. B. für:

He meets us = N V N

His meeting us = N's Ving N;

denn in beiden Sätzen sind die Elemente *he – meet – we* enthalten. Erlaubt ist also eine Veränderung der Satzform, nicht aber der Morpheme; mehr noch: Die grammatischen Beziehungen in einem Satz müssen in seinem Transform erhalten bleiben.

2. Eine Transformation liegt bei erfüllter 1. Bedingung aber nur dann vor, wenn auch andere Tupel diese Konstruktion erfüllen und innerhalb der Tupel die Kookkurrenzbeziehungen unverändert bleiben. Das trifft zu z. B. für:

(i) $N_1 \, V \, N_2$; (ii) $N_2 \, V^* \, N_1$,

bei Harris die Formel für die Aktiv-Passiv-Transformation: Jeder Tupel, der (i) erfüllt, erfüllt auch (ii); in diesem speziellen Fall gilt aber nicht umgekehrt, daß alle (ii) erfüllen[21], was zufällig ist. An und für sich ist eine Transformation bei Harris eine *symmetrische Relation* und damit umkehrbar. Für Durchbrechungen der Symmetrie fordert er zusätzliche Regeln. Das betrifft auch die oft als Beispiel angeführten Frage- und Negationstransformationen, bei denen Elemente *hinzugefügt* werden (Fragepronomen, Negationspartikel). Harris muß hier Bedeutungsveränderungen akzeptieren; er klassifiziert die Möglichkeiten dafür auf folgende Weise: Es gibt

(i) Transformationen mit einem Bedeutungsunterschied „Null", das sind Sätze, die Transforme von sich selbst sind, in denen also nichts verändert wurde;

(ii) Transformationen mit „geringem" Bedeutungsunterschied, z. B. Aktiv – Passiv, diese Transformationen sah er als stilistische an;

(iii) Transformationen mit „sehr großem" Bedeutungsunterschied, insbesondere Frage- und Negationstransformation.

3. Bei Harris kann man folglich nicht von Ausgangsformen und Transformen, also Ergebnissen einer Transformation, sprechen.[22] Es geht um Relationen zwischen fertigen Sätzen, um verfeinerte Distributionsbeziehungen, wie weiter oben schon erläutert. Als Ergebnis stellt die Transformationsanalyse Sätze mit gleichem Transformationsverhalten zu Klassen zusammen.

4. Transformationen sind bei Harris kein geordnetes Regelwerk, denn es ist nicht sinnvoll, zwischen Relationen dieser Art Reihenfolgebeziehungen aufzustellen.

Zusammengefaßt: Eine grammatische Transformation ist eine symmetrische Relation, die zwischen zwei Konstruktionen besteht, wenn korrespondierende Positionen in den zwei Konstruktionen durch dieselben n-Tupel von Ausdrücken erfüllt werden können. Vgl.:

If two or more constructions (or sequences of constructions) which contain the same n classes (whatever else they may contain) occur with the same n-tupel of members of these classes in the same sentence environment [...], we say that the constructions are transforms of each other, and that each may be derived from any other of them by a particular transformation. (1970, 394)

---

[21] D. h. nicht alle Konstruktionen mit *by* sind passivisch; daß es auch in der umgekehrten Richtung Ausnahmen gibt – nicht alle aktivischen Sätze lassen sich passivieren – braucht Harris nicht zu erfassen, da hierbei *semantische* Restriktionen vorliegen.

[22] Wenn im Kapitel **8** die Unterschiede in der Handhabung grammatischer Transformationen bei Harris und Chomsky diskutiert werden, wird gezeigt, daß ein operationales Konzept der Transformation durchaus auch in den späteren Arbeiten von Z. Harris erkennbar ist.

Als mögliche Anwendungsgebiete für das grammatische Instrument „Transformation" gibt Harris Sprachvergleich und Sprachübersetzung an.

Harris hat durch seine Ausweitung der Deskription auf Texte einerseits und durch seine Ergänzung der Methoden mit dem Instrumentarium der grammatischen Transformationen andererseits den Weg geebnet für ein neues Grammatikverständnis, das seinen theoretisch wichtigsten Pfeiler in der generativen Grammatik, in den Modellen Noam Chomskys, gefunden hat; in Kapitel 8 wird ein Ausblick auf die Entwicklung dieser Modelle gegeben.

6.7 Einordnung der deskriptiven Linguistik in die Linguistik des 20. Jahrhunderts

Auch die deskriptive Linguistik, d. h. die US-amerikanische strukturelle Linguistik, kann einerseits durch Bezug zu anderen Richtungen in der Sprachwissenschaft des 20. Jahrhunderts und andererseits durch markante Besonderheiten charakterisiert werden. Den ersten Gesichtspunkt wird Kapitel 7 verfolgen, der zweite wird an dieser Stelle resümiert.

In der Theoriengeschichte der Sprachwissenschaft dieses Jahrhunderts spielt die deskriptive Linguistik eine wichtige Rolle, obwohl sie selbst gar nicht den Anspruch erhob, Theorien zu entwickeln: Auf ihrer Grundlage entstand die generative Grammatik, Noam Chomsky entwickelte seine ersten Modelle mit direktem Bezug auf die Arbeiten der Deskriptivisten.

Welches also sind die markanten Charakteristika der US-amerikanischen deskriptiven Linguistik?

1. Auch wenn sie ebenfalls als eine der klassischen Schulen der strukturellen Linguistik gilt, da sie Sprache im Saussureschen Verständnis als strukturiertes System behandelte und der Synchronie den Vorrang bei der Beschreibung einräumte, hat sie – nicht nur durch ihre geographische Entfernung von Europa – spezifische Eigenheiten entwickelt. Anstöße dazu gab vor allem die Erforschung der nicht verschrifteten und nicht erforschten Sprachen der Indianer Nordamerikas. Die so gewonnene Praxisnähe blieb auch erhalten, als Englisch und andere indoeuropäische Sprachen in die Untersuchung einbezogen wurden. Sie äußerte sich dann z. B. in deutlichen Bemühungen um eine Effektivierung des Fremdsprachenunterrichts[23].

---

[23] In vielen Veröffentlichungen findet man den Hinweis, daß die kriegsbedingten Kommunikationserfordernisse hierfür relevant waren und daß durch sie auch Gelder in die linguistische Forschung flossen. In der Tat waren führende US-Linguisten damit befaßt.

2. Die Deskriptivisten arbeiteten heuristisch, d. h. sie konstruierten ein striktes Analyseprogramm, ein Schema von Prozessen, das, angewendet auf ein Datenkorpus, zur Auffindung der Grammatik einer Sprache führt. Die linguistische Beschreibung hat danach vor sich zu gehen als Befolgung bestimmter Prozeduren, die unabhängig von einer konkreten Sprache gelten und automatisch jeder gegebenen Sprache ihre Strukturbeschreibung zuschreiben. Einzige Realität ist der Text[24], alle Information wird allein aus ihm gewonnen. Aus dem Text erfährt man jedoch nichts über Wortbedeutungen, Sprachgeschichte, genetische Beziehungen zu anderen Sprachen, Sprachvergleich und vieles andere mehr, – diese Themen gehörten deshalb auch nicht zum Forschungsprogramm der Deskriptivisten. Im Text gibt es nur seine Elemente, deren Distribution erforscht werden kann. Dazu siehe im folgenden unter 4.

3. Es wird ein strenger Ebenenaufbau angenommen, von unten nach oben: Phonologie – Morphologie – Syntax. Die Einheiten jeder höheren Ebene bauen sich vollkommen aus den Einheiten der jeweils direkt niedrigeren auf: Morpheme sind Folgen von Phonemen[25], Konstruktionen Folgen von Morphemen. Der Linguist muß auf der untersten Ebene beginnen und jede einzelne erschöpfend analysieren, damit es nicht zu Fehlinterpretationen kommt. Die Hauptforderung der Deskriptivisten war die nach der Objektivität der linguistischen Beschreibungen. – In Wirklichkeit wurde dann aber approximativ gearbeitet.

4. Die sprachlichen Einheiten sind für die deskriptive Linguistik Klassen von distributiv äquivalenten Texteinheiten. Im Mittelpunkt der Beschreibung stand deshalb die Distribution. Die Distribution eines Elements ist die Menge aller möglichen (kontextuellen) Umgebungen, in denen dieses Element auftreten kann.

Es wurden drei Arten von Distribution unterschieden:

– komplementäre Distribution; sie führt zum Auffinden von Varianten, in der deskriptiven Terminologie „Allo"-Einheiten (Allophone, Allomorphe),

– Kontrastdistribution; sie führt zum Auffinden der Einheiten selbst,

– freie Kombination; sie führt zum Auffinden der freien Varianten.

Es sind dies die auch aus der europäischen Linguistik, insbesondere vom Prager Kreis her bekannten Unterscheidungen.

---

[24] Vgl. ihr Motto „Der Text signalisiert seine Struktur!"

[25] Exakt betrachtet, da vom konkreten Text ausgegangen wird, sind die Einheiten die Allomorphe (= Morphemvarianten) und Allophone (= Phonemvarianten).

Eine erschöpfende Beschreibung erfordert nun aus deskriptiver Sicht eine schrittweise Vorgehensweise derart, daß

(a) die elementaren Einheiten auf allen Ebenen festgestellt werden (= Segmentierung),

(b) die so identifizierten Einheiten in Klassen zusammengefaßt werden (= Klassifizierung),

(c) die Regeln zur Kombination der Klassen formuliert werden (= syntagmatische Relationen), also morphologische und syntaktische Regeln – in der deskriptiven Terminologie wurden die so geschaffenen Ebenen auch „Phonotaktik" und „Morphotaktik" genannt.[26]

Die konkrete – im Gegensatz zur distributiven – Bedeutung sowie die konkrete Lautgestalt gehörten in dieser Beschreibung nicht zur Sprachstruktur, deshalb wurden Phonetik und Semantik von der deskriptiven Linguistik auch nicht zur Linguistik im engeren Sinne gerechnet.

Für die drei Schritte (a) – (c) wurden folgende Techniken verwendet:

Für (a): Segmentierung, u. a. durch Informantenbefragungen, und Distributionsanalyse.

Für (b): Substitution, d. h. Austausch von Einheiten mit gleicher Distribution füreinander und Überprüfung der Ergebnisse auf (formale) Sprachgerechtheit.

Für (c): Analyse nach unmittelbaren Konstituenten, also IC's.

Aus diesem Instrumentarium ist fast alles in die Linguistik des 20. Jahrhunderts aufgenommen worden: **Substitution** und **Distributionsanalyse** gehören zum Handwerkszeug jedes praktisch arbeitenden Linguisten, sind in der sprachwissenschaftlichen Feldarbeit unerläßlich. Die **IC-Analyse** schließlich ist in der generativen Grammatik aufgegangen, in ihr im dialektischen Sinne aufgehoben[27], insofern als sie den Grundstock für den Phrasenstrukturteil der generativen Syntax bildete. Zwar kam von Seiten der Generativisten massive Kritik an den sehr wohl vorhandenen Mängeln der deskriptiven Linguistik (vgl. Kapitel 8), doch wäre die Entwicklung der generativen Grammatik ohne die Vorarbeit der Deskriptivisten nicht denkbar bzw. in ganz anderen Bahnen verlaufen.

---

[26] In Klammern sind die Termini angegeben, die auf das übereinstimmende Saussuresche Begriffssystem hinweisen.

[27] D. h. erhalten, negiert und auf eine höhere Stufe gehoben.

6.8 Literaturangaben

E. Bense, P. Eisenberg, H. Haberland (Hrsg., 1976): Beschreibungsmethoden des amerikanischen Strukturalismus. München.

L. Bloomfield (1914): An Introduction to the Study of Language.

L. Bloomfield (1923/24): Rezension zu: F. de Saussure, Cours de linguistique générale, Paris ^{2}1922. In: Modern Language Journal 8 (Wiederabdruck in Hockett 1970).

L. Bloomfield (1926): A Set of Postulates for the Science of Language. In: Language II (deutsch: Eine Grundlegung der Sprachwissenschaft in Definitionen und Annahmen. In: E. Bense et al. 1976).

L. Bloomfield (1933): Language. New York/London.

L. Bloomfield (1936): Languages or Ideas? In: Language XI/2.

L. Bloomfield (1939): Menomini morphophonemics. In: Travaux du Circle Linguistique de Prague 8.

F. Boas (1911/22): Handbook of American Indian Languages, v. I 1911, vol. II 1922. Washington.

H. A. Gleason (1955, ^{2}1961): An Introduction to Descriptive Linguistics. New York.

Z. S. Harris (1945): Discontinuous Morphemes. In: Language XXI/2 (Wiederabdruck in Harris 1970).

Z. S. Harris (1946): From Morpheme to Utterance. In: Language XXII/3 (deutsch: Vom Morphem zur Äußerung. In: E. Bense et al. 1976).

Z. S. Harris (1951): Methods in Structural Linguistics. (Neuauflage 1960 unter dem Titel „Structural Linguistics").Chicago.

Z. S. Harris (1952): Discourse Analysis. In: Language XXVIII/1 (deutsch: Textanalyse. In: E. Bense et al. 1976).

Z. S. Harris (1954): Distributional Structure. In: Word 10/2-3 (Wiederabdruck in Harris 1970).

Z. S. Harris (1957): Co-Occurence and Transformation in Linguistic Structure. In: Language XXXIII/3 (Wiederabdruck in Harris 1970 und Plötz 1972).

Z. S. Harris (1965): Transformational Theory. In: Language XLI/3 (Wiederabdruck in Harris 1970 und Plötz 1972).

Z. S. Harris (1970): Papers in Structural and Transformational Linguistics. Dordrecht.

Z. S. Harris (1972): s. u. S. Plötz 1972.

Z. S. Harris (1991): A Theory of Language and Information: A mathematical approach. Oxford & New York.

Ch. Hockett (1958): A Course on Modern Linguistics. New York.

Ch. Hockett (1967): Language, Mathematics and Linguistics. Mouton.

Ch. Hockett (1968): The State of the Art. Mouton.

Ch. Hockett (Hrsg., 1970): A L. Bloomfield Anthology. Bloomington/London.

H. Hoijer (1954): The Sapir-Whorf-Hypothesis. In: Language in Culture. Chicago.

M. Joos (Hrsg., 1957, ^{4}1966): Readings in Linguistics I. The Development of Descriptive Linguistics in America since 1925. Chicago/London.

E. F. Koerner (1993): Zellig Sabbettai Harris: A comprehensive bibliography of his writings, 1932-1991. In: Historiographia Linguistica XX/2-3.

E. F. K. Koerner (Hrsg., 1984): Edward Sapir, appraisals of his life and work, edited with an introduction by Konrad Koerner. Amsterdam.

R. Longacre (1960): String Constituent Analysis. In: Language XXXVI/1.

B. E. Nevin (1993): A Minimalist Program for Linguistics: The work of Zellig Harris on meaning and information. In: Historiographia Linguistica XX/2-3.

S. Plötz (Hrsg., 1972): Transformationelle Analyse: Die Transformationstheorie von Zellig Harris und ihre Entwicklung. Frankfurt/M.

E. Sapir (1921): Language. New York (deutsch 1961: Die Sprache. Eine Einführung in das Wesen der Sprache. Hrsg. und Übers. von P. Hamburger. München).

E. Sapir (1990 ff.): The collected works (ed. board; editor-in-chief Philip Sapir). Berlin/New York.

O. Szemerényi (1971): Richtungen der modernen Sprachwissenschaft, Teil I: Von Saussure bis Bloomfield 1916-1950. Heidelberg.

J. B. Watson (1913): Psychology as the Behaviorist Views it. In: Psychological Review 20.

J. B. Watson (1968, [2]1976): Der Behaviorismus. Ergänzt durch den Aufsatz „Psychologie, wie sie der Behaviorist sieht". Mit Verzeichnis der Schriften Watsons zum Behaviorismus. Hrsg. und Vorwort von C. F. Grammann. Frankfurt/M.

A. P. Weiss (1924, [2]1929): A Theoretical Basis of Human Behavior. Columbus/Ohio.

A. P. Weiss (1925): Linguistics and Psychology. In: Language I/1.

R. S. Wells (1947): Immediate Constituents. In: Language XXIII (deutsch: Unmittelbare Konstituenten. In: E. Bense et al. 1976).

B. L. Whorf (1956): Language, Thought and Reality. Cambridge/Mass. (deutsch 1965: Sprache, Denken, Wirklichkeit. Beiträge zur Metalinguistik und Sprachphilosophie. Hrsg. und Übers. von P. Krausser. Hamburg).

7. Die klassischen Schulen der strukturellen Linguistik – Gemeinsamkeiten und Unterschiede. Ein Resümee

Nach den Einzeldarstellungen in den Kapiteln 4 bis 6 und vor dem wissenschaftshistorisch bedeutenden Schritt hin zur generativen Grammatik ist es sinnvoll, ein Resümee einzufügen, in dem in knapper Zusammenschau Gemeinsamkeiten und Unterschiede zwischen den Richtungen der strukturellen Linguistik vorgestellt werden. Dies soll thesenhaft anhand durchnumerierter Abschnitte zu den theoretischen und methodischen Positionen der bisher behandelten Schulen geschehen.

1. Der wissenschaftstheoretische Hintergrund

Für alle drei Richtungen – Prager Linguistenkreis, Glossematik und deskriptive Linguistik – ist Sprache ein strukturiertes System, also ein Ganzes, in dem die Teile unselbständig gebunden sind. Die Teile sind die sprachlichen Einheiten, unselbständige Bindung bedeutet, daß sie in einen strukturierten Zusammenhang gestellt sind, einen festen Platz in der Ordnung einnehmen. Hinzu kommt eine offensichtliche Betonung synchroner Beziehungen. Dies sind Vorstellungen, die gemeinhin mit der Sprachtheorie Ferdinand de Saussures verknüpft werden; obwohl strenggenommen eine differenziertere Behandlung nötig wäre, soll für diese Übersicht deshalb davon ausgegangen werden, daß die vorgenannten drei Richtungen, die auch als „klassische Schulen der strukturellen Linguistik" bezeichnet werden, Saussures Sprachtheorie als ihre linguistische Basis betrachteten. Das geschah mehr oder weniger explizit:

Am direktesten legte sich Louis Hjelmslev fest, der in seinen Arbeiten mehrfach auf seine theoretische Nähe zu F. de Saussure hinwies.

Die Linguisten des Prager Kreises sind auf mehrfache Weise mit Saussure verbunden. Zwar entwickelte der Gründer des Kreises Vilém Mathesius seine Ansichten insbesondere zur synchronen Behandlung der sprachlichen Fakten bereits vor Veröffentlichung des „Cours de linguistique générale" von Saussure, jedoch griff er diesen dann sehr bald auf. Dazu kam, daß Serge Karcevski während seiner Genfer Zeit mit Saussures Ideen bekanntgeworden war und bei Nikolaj S. Trubetzkoy und Roman Jakobson, die durch die Lehren Baudouins bereits sensibilisiert waren, Interesse für sie wecken konnte.

Am wenigsten spürt man den direkten Einfluß Saussures in der US-amerikanischen deskriptiven Linguistik. Jedoch hat Leonard Bloomfield durch seine Rezension des „Cours" und durch seine Bezüge zur europäischen Linguistik eine Brücke geschlagen, auch wenn die eigenständige Entwicklung in der Linguistik der USA nicht übersehen werden kann. Insgesamt gilt für diese Schule wie für die anderen beiden die Grundannahme eines strukturierten Systems Sprache.

Deutliche Unterschiede zeigen sich in den im folgenden diskutierten Punkten zwei bis zehn, begründet unter anderem in den unterschiedlichen Bezügen zu außerlinguistischen wissenschaftlichen Theorien:

Hjelmslev fühlte sich sehr stark dem logischen Positivismus in Gestalt des Wiener Kreises verbunden (vgl. dazu Kapitel **5.2**). Der Prager Linguistenkreis und die deskriptive Linguistik stützten sich auf die Psychologie, jedoch auf unterschiedliche Richtungen. Die Prager fanden in der Gestaltpsychologie eine ebenfalls am Systemdenken orientierte Wissenschaft, aus der sie Bestätigung für ihre Ansichten ziehen konnten (vgl. dazu unter **4.2**). Für Bloomfield stellte die Bekanntschaft mit der behavioristischen Psychologie einen Einschnitt in seiner wissenschaftlichen Biographie und einen teilweisen Bruch mit der europäischen Tradition dar (vgl. dazu unter **6.2**).

2. Der Gegenstand der Linguistik

Es war das erklärte Ziel F. de Saussures, die Linguistik als Wissenschaft zu installieren, sie von anderen Wissenschaften abzugrenzen, indem er ihren Gegenstand und ihre spezifischen Methoden definierte. Zur Entstehungszeit des „Cours" war dies eine legitime Aufgabe, denn immer wieder hatten entweder Philosophie oder Psychologie ihre Ansprüche auf sprachwissenschaftliche Themen geltend gemacht, als Sonderfall kann auch August Schleichers Bemühen erwähnt werden, die Sprachwissenschaft nahe an die Naturwissenschaften heranzuführen (vgl. unter **1.2**). Saussure definierte den Gegenstand der Sprachwissenschaft, der folglich ausschließlich für sie galt, als *la langue*, das Sprachsystem. *La parole*, das konkrete Sprechen, schloß er als Gegenstand aus, weil es seiner Meinung nach individuell, zufällig und ohne innere Ordnung ist. Die Fragwürdigkeit dieser Ausgrenzung von *parole* wurde in **3.4.1** diskutiert.

Welche Entscheidung trafen nun die drei strukturellen Schulen in bezug auf den Gegenstand der Linguistik?

Der Prager Kreis ist dieser Annahme Saussures nicht gefolgt. Sowohl in seinen Arbeiten zur poetischen Sprache, zur Dialektforschung und zur Normierung der Schriftsprache als auch z. B. in den Bezügen der Phonologie zur Phonetik wurden *parole*-Ereignisse als Untersuchungsgegenstand benötigt und zugelassen.

Für die Glossematik hingegen war Gegenstand der Linguistik ausdrücklich nur das Sprachsystem, *la langue*, die Abstraktionshöhe dieser Richtung ließ die Berücksichtigung konkreter Sprechereignisse nicht zu.

Die deskriptive Linguistik läßt einen Bruch zwischen theoretischem Anspruch und empirischem Vorgehen erkennen. Das Diktum „Der Text signalisiert seine Struktur" gab vor, daß nur konkrete Sprechereignisse untersucht werden dürften; in der praktischen linguistischen Arbeit wurden die im Text aufgefundenen Einheiten jedoch klassifiziert und dabei abstrakte Einheiten, Einheiten des Sprachsystems, geschaffen.

3. Das Ziel: Theorie oder Methode?

In bezug auf diese Fragestellung sowie auf die damit verbundene Entscheidung über Theorie und Praxis der linguistischen Forschung zeigen sich deutliche Unterschiede zwischen den drei Schulen.

Der Prager Linguistenkreis schloß keines dieser Ziele aus. Er leistete einen beachtlichen Beitrag zur Entwicklung der Theorie in allen Bereichen der Sprachwissenschaft, man denke vor allem an die Phonologie als Lehre von den Phonemsystemen, insbesondere aber auch an den theoretischen Ansatz, Ergebnisse auf einer Ebene des Sprachsystems methodisch für andere Ebenen nutzbar zu machen. Im Prager Kreis wurden demzufolge auch eigene Methoden zur Sprachbeschreibung entwickelt; Beispiele sind das Auffinden von Phonemen und ihre Aufgliederung in distinktive/differentielle Merkmale. – Linguistische Forschung war für die Prager nicht Selbstzweck, sondern auf praktische Bedürfnisse gerichtet, sowohl der Linguistik selbst: in Form von Beschreibungen der Grammatik einzelner Sprachen (vgl. Trubetzkoys kartographierte Phonemsysteme, Jakobsons Beschreibung grammatischer Kategorien insbesondere des Russischen), als auch der Sprachgemeinschaft – bekannt ist die führende Rolle der Prager Linguisten bei der Normierung der Schriftsprache und bei der Verbesserung des Sprachunterrichts an den Gymnasien.

Die Glossematik gab sich eine rein theoretische Aufgabenstellung, ihr Ziel war die Entwicklung einer Sprachtheorie, eigentlich sogar einer Wissenschaftstheorie. Praktische Bedürfnisse bezog sie in ihre Überlegungen nicht ein; stärker noch: per definitionem war die Theorie unabhängig von ihrer praktischen Anwendbarkeit, hatte ausschließlich in sich selbst kohärent zu sein. Auch die Methoden der linguistischen Forschung, z. B. die analoge Behandlung von Ausdrucks- und Inhaltsebene, waren der Theorieentwicklung untergeordnet. So entstand eine sehr abstrakte Theorie, kaum exemplifiziert an praktischen Sprachdaten.

Die deskriptive Linguistik dagegen richtete ihr Hauptaugenmerk auf die Ausarbeitung von Methoden zur Sprachforschung, sie arbeitete heuristisch, *beschrieb* Sprache bzw. – genauer – gab Anleitungen zur Beschreibung von Sprache. Den

Anspruch, zur Theorieentwicklung der Linguistik beizutragen, erhob sie nicht (vgl. u. a. unter **6.6.1**). Praktische Bedürfnisse bestimmten Entstehung und Zielsetzung der deskriptiven Linguistik in entscheidendem Maße, genannt wurden in Kapitel **6.1** vor allem die Erforschung der indigenen Sprachen Nordamerikas und später der (Fremd-)Sprachenunterricht.

4. Hauptforderungen an die linguistische Forschung

Auch hier lassen sich Unterschiede erkennen.

Die Prager Linguisten formulierten keine expliziten Forderungen an die linguistische Forschung, für sie war insgesamt wichtig, daß die Linguistik die Sprache *angemessen* beschreiben können müsse.

Die Glossematik definierte als ihre Hauptforderung die *formale Eindeutigkeit.* Richtlinie dafür war das „Empirieprinzip" mit seinen Forderungen nach Widerspruchsfreiheit, erschöpfender Beschreibung und Einfachheit, die Hjelmslev in Anlehnung an die Neopositivisten des Wiener Kreises formulierte (vgl. dazu unter **5.3.3**).

Für die deskriptive Linguistik war die Hauptforderung an die linguistische Forschung die nach der *Objektivität* der sprachlichen Beschreibung. Objektivität sollte durch Verzicht auf kognitive Zusammenhänge bei der Beschreibung erreicht werden, also durch den als Positivum aufgefaßten „Mechanismus". Dazu gehörte auch die Verdrängung der Intuition und die Beachtung, die der Informantenbefragung zuteil wurde, wie in **6.3** und **6.6.1** erläutert.

5. Synchronie : Diachronie

Als Reaktion auf die streng diachron ausgerichtete historisch-vergleichende Sprachwissenschaft des 19. Jahrhunderts forderte F. de Saussure die Berücksichtigung der Synchronie, speziell die Erforschung des gegenwärtigen Sprachzustandes. Er selbst schloß diachrone Untersuchungen nicht ausdrücklich aus, wenn auch die Herausgeber des „Cours ..." einen solchen Eindruck entstehen ließen; so ist zu erklären, daß sich die Richtungen der strukturellen Linguistik in bezug auf diese Dichotomie unterschiedlich verhielten:

Der Prager Kreis stellte beide Herangehensweisen von Anfang an gleichberechtigt nebeneinander, wie in **4.4.1** und **4.5.1** am Beispiel des Entstehens von Phonologie und diachroner Phonologie aufgezeigt wurde.

Für die Glossematik besteht das Problem des zeitbezogenen Herangehens an Sprachuntersuchungen generell nicht, man hat im Zusammenhang mit ihr sogar von „Panchronie" gesprochen.

Die deskriptive Linguistik arbeitete in ihrer klassischen Zeit ausdrücklich synchron; einen der wenigen Ansätze für diachrone Untersuchungen stellen die abschließenden Paragraphen in Leonard Bloomfields „A Set of Postulates ..."

dar, in denen er in Form von Analogieschlüssen Ergebnisse seiner synchronen Beschreibungen auf diachrone Fakten zu übertragen versuchte.[1]

6. Ebenen des Sprachsystems

Ausgangspunkt für alle drei klassischen Schulen der strukturellen Linguistik bei dieser Thematik sind

• die Kenntnis der traditionellen sprachlichen Ebenen Phonetik – Morphologie – Syntax – Lexikologie – Semasiologie/Semantik,

• die Kenntnis des Saussureschen Relationensystems aus paradigmatischen und syntagmatischen Relationen (s. u. **3.4.1**).

Die Unterschiede zwischen den Schulen liegen nicht so sehr in der Anerkennung dieser Ebenen und Relationen als vielmehr in der unterschiedlichen Schwerpunktsetzung:

Der Prager Linguistenkreis behandelte alle Ebenen, mit Trubetzkoys „Morphonologie" (**4.4.2**) wurde sogar eine zusätzliche Zwischenebene geschaffen. Als systemimmanent entstand neben der Phonetik die Phonologie (**4.4.1** und **4.5.1**), die Morphologie wurde anhand von asymmetrischen Korrelationen und dem Invarianzprinzip als Beschreibung grammatischer Kategorien vorgenommen (**4.5.2**), Semantik vor allem als Erforschung der Bedeutung grammatischer Kategorien gesehen (ebenfalls **4.5.2**); lediglich in der Syntaxbehandlung scheint die Ausgrenzung der Syntax aus dem Sprachsystem bei F. de Saussure durch: Die Prager betrieben nicht eigentlich Syntaxforschung, sondern einflußreich wurden ihre Forschungen auf dem Grenzgebiet zwischen Sprachsystem und extralinguistischen Faktoren, insbesondere V. Mathesius' „aktuelle Satzgliederung", wie in **4.6** erläutert.

In der Glossematik wurden die traditionellen Ebenen durch das Netzwerk von Relationen ersetzt, das in **5.3.2** erläutert wurde. Jedoch blieb die Haupteinteilung in Lautform und Bedeutung erhalten, da als Ausgangspunkt die Einteilung in „Ausdrucksebene" und „Inhaltsebene" angenommen wurde (s. u. **5.3.1**).

Die amerikanischen Deskriptivisten legten besonderen Wert auf die Aufgliederung des Sprachsystems in Ebenen. Sie nahmen einen hierarchischen Aufbau des Systems an und erstrebten einen Durchlauf durch die Ebenen von der untersten bis zur höchsten, forderten sogar, daß jede Ebene erschöpfend beschrieben sein sollte, ehe die Beschreibung der nächsthöheren in Angriff genommen werden durfte (vgl. unter **6.7**). Dennoch zeigte sich in der praktischen Arbeit ein

---

[1] Ein ähnliches Vorgehen kann später auch innerhalb der generativen Grammatik beobachtet werden.

deutliches Übergewicht syntaktischer Forschungen. Dies war zum einen bedingt durch die mechanistische Analyse nach unmittelbaren Konstituenten, immediate constituents, die je nach Bedarf bis zu Wörtern, Morphemen oder Phonemen vorgenommen werden konnte, so daß die Grenze zwischen Syntax und Morphologie unscharf wurde (s. u. 6.5)[2]; zum anderen stand auch deshalb die Syntax im Mittelpunkt, weil keine eigene Ebene für die Beschreibung der Bedeutung vorgesehen wurde, die Bedeutung der Lautformen für die deskriptive Linguistik also nur methodisches Mittel, nicht eigener Untersuchungsgegenstand war.

7. Form : Substanz

Mit *la langue*, dem Sprachsystem, führte F. de Saussure auch die Frage nach dem Verhältnis zwischen den abstrakten Einheiten des Sprachsystems und den konkreten Einheiten des Sprechens und ihrer Berechtigung in der Linguistik ein (vgl. in diesem Kapitel unter 2., „Der Gegenstand der Linguistik"). Diese Frage wurde von allen klassischen Schulen der strukturellen Linguistik aufgegriffen, unter dem Thema „Ist Sprache Form oder Substanz oder beides?" diskutiert und kontrovers entschieden:

Der Prager Kreis definierte: „Sprache ist Form in der Substanz, ist geformte Substanz", und damit hielt er die Linguistik offen auch für die Untersuchung konkreter Einheiten, nicht nur der Struktur. Die Prager berücksichtigten sowohl die Laut- als auch die Bedeutungssubstanz (vgl. ihre phonetische Basis für phonologische Untersuchungen und ihre semantischen Forschungen).

Die Glossematik definierte: „Sprache ist Form, nicht Substanz". Wie in 5.3.1 erläutert, war für Hjelmslev die Substanz übereinzelsprachlich und deshalb zur Erforschung des Sprachsystems, das je einzelsprachlich ist, nicht geeignet. Sowohl Phonetik als auch Semantik wurden damit zu bloßen Hilfswissenschaften der Linguistik degradiert.

Die deskriptive Linguistik ging differenziert vor. Sie akzeptierte die phonetische Substanz, die sie ja in den konkreten Texten vorfand, lehnte aber die Berücksichtigung der Bedeutungssubstanz ab.

8. „Funktion"

Wohl bei keinem der strukturalistischen Termini klafft der Begriffsinhalt so weit auseinander wie bei dem Terminus „Funktion":

Abweichend von der bisherigen Reihenfolge der Darstellung sollen in diesem Fall die Ansichten der Prager Linguisten zur Funktion an den Schluß dieses

---

[2] Ohnehin war bei den Arbeiten zum Englischen die Morphologie nicht so wichtig, und sie wurde deshalb auch späterhin lange nicht als eigene Ebene angesetzt.

Gliederungspunktes gestellt werden, weil dadurch die Überleitung zum nächsten Punkt organischer vollzogen werden kann.

Die Glossematik betrachtete „Funktion" in streng mathematischem Verständnis als Abhängigkeitsbeziehung zwischen zwei Polen, als Relation, die zwischen den Fixpunkten dieser Relation, den Funktiven, besteht (siehe dazu auch **5.3.2**). Nach Hjelmslev dürfen sprachliche Einheiten nur nach ihrer Funktion, nicht nach ihrer Bedeutung, klassifiziert werden.

Die Deskriptivisten setzten „Funktion" gleich „Position", die Funktion eines Elements ist die Summe der Positionen, in die es eingesetzt werden kann, eruiert durch Tests zu den möglichen Distributionen, siehe dazu insbesondere unter „Distributionsanalyse" in **6.7**.

Der Prager Linguistenkreis, der auch unter dem Namen „Funktionale Linguistik" bekanntgeworden ist, verstand „Funktion" im allgemeinsprachlichen Sinn als das, wozu eine Einheit dient. Eine Sprache dient als Verständigungsmittel zwischen Menschen, aus dieser Funktion in der Kommunikation ergeben sich deshalb also auch Aufgaben, die über die Erforschung des Sprachsystems hinausreichen.

9. Sprache und Gesellschaft

Wenn Sprache wie im Prager Linguistenkreis als Mittel zur Verständigung betrachtet wird, rückt selbstverständlich das Verhältnis zwischen der Sprache und den Sprachträgern, zwischen denen sie die Verständigung ermöglicht, mit ins Blickfeld des Linguisten. Sprache wird in Abhängigkeit von ihrer sozialen Einbindung realisiert; folglich gehörten bei den Pragern auch Dialekte, Funktionalstile, Literatursprache und andere auf praktische Zielstellungen orientierte Bereiche mit in die Linguistik und wurden im Rahmen dieser Schule ebenfalls erforscht (vgl. unter **4.3**). Der Prager Kreis ist damit die einzige der betrachteten Richtungen, die diese Aspekte mit einbezog.

Die Glossematik verstand Sprache als immanentes System, unabhängig von seiner Realisierung; Bezüge zum Sprachträger, die Thematik „Sprache und Gesellschaft", waren deshalb nicht vorgesehen in der glossematischen Theorie (s. u. **5.3**).

Die deskriptive Linguistik entstand zwar u. a. aus praktischen Bedürfnissen heraus, aber sie bezog die Realisierung im sozialen Umfeld als solche nicht in die Sprachforschung ein. „Der Text signalisiert seine Struktur" weist letztlich ebenso auf eine immanente Beschreibung der Sprache hin, wie es die Glossematik forderte. Bezüge zwischen Sprache und Sprachträger wurden in der US-amerikanischen Linguistik dieses Jahrhunderts vielmehr außerhalb der deskriptiven Linguistik, im „Mentalismus" E. Sapirs und seiner Schüler, berücksichtigt (vgl. **6.1**).

10. Ein Beispiel: Der Phonembegriff

Zum Abschluß dieser Zusammenschau soll am Beispiel der Phonemdefinitionen die unterschiedliche Vorgehensweise der drei klassischen Schulen der strukturellen Linguistik noch einmal verdeutlicht werden.

Ausgangspunkt ist F. de Saussures Begriff des sprachlichen Wertes (*valeur*), mit dem Einheiten des sprachlichen Systems negativ definiert werden, gekennzeichnet durch genau das, was sie von anderen Einheiten unterscheidet. So ist bei ihm auch das Phonem eine Lautklasse, die sich von allen anderen Lautklassen unterscheidet.

Die drei Schulen griffen diese Definition je nach ihrem theoretischen und methodischen Gesamtgerüst unterschiedlich auf:

Die Prager Linguisten, insbesondere N. S. Trubetzkoy, definierten das Phonem als kleinste lineare bedeutungsunterscheidende Einheit des Sprachsystems (s. u. **4.4.1**), übernahmen demnach die negative Definition Saussures, bezogen aber die Unterscheidung auf *Bedeutungsunterscheidung*.[3] Die unterschiedliche Stellungnahme zur Bedeutung als linguistischem Kriterium läßt sich z. B. auch daran ablesen, daß den Pragern von Seiten der anderen Schulen daraufhin der Vorwurf gemacht wurde, ein noch nicht genügend definiertes Element, die Bedeutung, als Definiens für das Phonem eingesetzt zu haben. Jedoch wurde die Prager Phonemdefinition zum Allgemeingut der Linguistik mindestens bis zur Mitte unseres Jahrhunderts.

Die Glossematik untersuchte ausschließlich die Form, nicht die Substanz der Sprache. Folglich ist auch beim Phonembegriff keine Abweichung von der Definition F. de Saussures zu erkennen.

Hauptmethode der deskriptiven Linguistik war die Distributionsanalyse. Auch das Phonem als sprachliche Einheit wurde distributiv definiert, als eine Klasse von Lauten, die sich in bezug auf ihre Distribution gleich verhalten. Die Bedeutung dieser Lautklassen blieb dabei ausgeklammert.

Mit dieser Zusammenschau wird die Darstellung der Geschichte der Sprachwissenschaft bis etwa 1950 in dem als *mainstream* angesetzten Entwicklungsgang beendet.

Das abschließende achte Kapitel wird einen Ausblick geben auf Entstehung und erste Modelle der generativen Grammatik.

---

[3] Auf die andere Definition des Phonems bei Trubetzkoy, die das Phonem als Summe der phonologisch relevanten Eigenschaften ansah, Phoneme also in kleinere Bestandteile – Merkmale – auflöste, soll an dieser Stelle nicht eingegangen werden.

8. Noam Chomsky

Wie im Kapitel **6** angekündigt, soll am Schluß dieses Buches ein Ausblick auf die generativen Modelle von Noam Chomsky gegeben werden. Wenn einem der bedeutendsten lebenden Linguisten nur ein schmales Kapitel zugebilligt wird, bedarf dies natürlich einer Rechtfertigung, zumal im Fall von Chomsky, im Zusammenhang mit dessen Arbeiten gelegentlich sogar von einer „kopernikanischen Wende" in der Linguistik gesprochen worden ist, und dessen generative Grammatik in der Gegenwart jeden Linguisten – Anhänger wie Gegner – zur Begründung der eigenen Position zwingt. Doch ist die Intention dieses Buches eine andere: In der Betrachtungsweise des Wissenschaftshistorikers steht das Zusammenwirken von Kontinuität und Diskontinuität der Wissenschaftsentwicklung im Vordergrund; das bedeutet in diesem Fall, die Entstehung der generativen Grammatik aus dem amerikanischen Strukturalismus aufzuzeigen, ohne den Chomskys Grammatiktheorie nicht verstanden werden kann und von dem sie sich zugleich so signifikant fortentwickelt hat.

Außer in quantitativer Hinsicht muß noch auf mehrere andere Einschränkungen hingewiesen werden. Zunächst wird – in diesem Buch eine verständliche Eingrenzung – Noam Chomsky nur als Linguist besprochen. Aber auch die Mehrzahl der Leser dieses Buches hat wahrscheinlich schon von dem politischen Engagement dieses Mannes gehört. Deshalb wurden bei der Darstellung seiner wissenschaftlichen Biographie unter **8.1** einige Bemerkungen auch aus diesem Bereich aufgenommen. Als Abschluß von **8.1** ist für daran interessierte Leser eine Reihe von bibliographischen Angaben zu diesem Wirkungsfeld Chomskys zusammengestellt; damit konnte das Literaturverzeichnis am Ende des achten Kapitels überschaubarer und „linguistischer" gehalten werden.

Aber selbst alle linguistischen Arbeiten Chomskys konnten nicht berücksichtigt werden. Nur kursorisch behandelt werden sprachphilosophische Themen und damit Chomskys Arbeiten zu konzeptuellen Modellen, seine Bemühungen, die Linguistik als Teil der kognitiven Psychologie zu begründen. Auch wenn dieser Aspekt für seine Sprachtheorie immer stärker ins Zentrum seiner Aufmerksamkeit gerückt ist, wird er hier nur am Rande erwähnt, und zwar wiederum deshalb, weil er in den hier erörterten frühen Modellen und bei der Reaktion auf die deskriptive Linguistik zunächst gerade nicht im Vordergrund stand.

Schließlich ist auch der *grammatiktheoretische Ansatz* Chomskys nicht bis in die Gegenwart weitergeführt worden. Dem Anliegen des Buches gemäß werden nur die ersten Modelle der generativen Grammatik behandelt, in denen sich die oben erwähnte Kontinuität und Diskontinuität in der Entwicklung des grammatischen Denkens manifestiert. Die Weiterführung bis hin zur derzeitigen Diskussion seines Konzepts einer „minimalistischen Syntax" verlangt mehr Theorieverständnis als für den angesprochenen Leserkreis angesetzt werden darf. Jedoch kann der interessierte (und informierte) Leser mit Hilfe der in das Literaturverzeichnis aufgenommenen Publikationen Chomskys aus jüngerer Zeit, bis einschließlich 1994, in dieser Richtung weiterarbeiten.

Im Mittelpunkt des vorliegenden Kapitels steht also der theorien- und methodengeschichtliche Aspekt.

8.1 Chomskys wissenschaftliche Biographie

Avram Noam Chomsky wurde am 7. 12. 1928 in Philadelphia geboren. Sein Vater, Hebraist am dortigen Gratz College, bezog ihn schon sehr früh in seine grammatikographischen Arbeiten ein. Noam Chomsky studierte an der University of Pennsylvania in Philadelphia bei Zellig S. Harris und interessierte sich daneben für die Grundlagen der Mathematik und für Logik. Harris erwähnt im Vorwort zu seinen „Methods in Structural Linguistics" die Mitarbeit des Studenten N. Chomsky an der Fertigstellung des Manuskripts (erschienen 1951). 1951 erwarb Chomsky den Magistergrad (M.A.) mit „Morphophonemics of Modern Hebrew", einer zunächst unveröffentlicht gebliebenen Arbeit, die dann aber 1979 in der Reihe „Outstanding Dissertations in Linguistics" in den Niederlanden publiziert wurde. Von dieser Arbeit sagte Chomsky in einem Rückblick, sie habe die Keime seiner Transformationsgrammatik enthalten. 1951-1955 war Chomsky Junior Fellow in Harvard, hier begannen z. B. auch seine Kontakte zu Roman Jakobson und Morris Halle, mit letzterem schrieb er später „The Sound Pattern of English" (1968).[1]

Seit 1955 lehrt Chomsky am Massachusetts Institute of Technology (MIT) in Cambridge/Mass., zunächst war er Sprachlehrer für Deutsch und Französisch, von 1958-1961 „Associate Professor", seit 1961 ist er „Full Professor". Frühe bekannt gewordene Arbeiten sind die als Mikrofilm bzw. Kopie erhaltenen „The Logical Structure of Linguistic Theory", „Transformational Analysis" und (gemeinsam mit F. Lukoff) „Construction of the German Verb Phrase", alle aus dem Jahre 1955, sowie „Logical Syntax and Semantics. Their Linguistic Relevance", veröffentlicht in *Language* Bd. 31, ebenfalls 1955. Zu den weiteren linguistischen Arbeiten vergleiche die folgenden Teilkapitel.

---

[1] Vgl. auch M. Halle/R. Jakobson (1959): The Sound Pattern of Russian.

Seit der zweiten Hälfte der sechziger Jahre engagierte sich Noam Chomsky verstärkt politisch, zunächst in der Widerstandsbewegung gegen den Vietnamkrieg,
später auch gegen die USA-Politik im gesamten südostasiatischen Raum, in
Mittel- und Südamerika und kürzlich erst im Golfkrieg. 1970 unternahm er z. B.
als Mitglied einer internationalen Kontrollkommission eine Reise nach Hanoi,
eingeladen vom „Komitee der demokratischen Republik Vietnam für Solidarität
mit dem amerikanischen Volk".

Zu diesem Engagement gehört auch Chomskys Polemik gegen Wissenschaftler
und andere Intellektuelle, die die aggressive Politik der USA stützten und noch
stützen, und die er die „neuen Mandarine des Imperium Americanum" nannte.
In einem Band „American Power and the New Mandarins" (1967; dt. „Amerika
und die neuen Mandarine" 1969), den er *„To the brave young man who refuse to
serve in a criminal war"* widmete, sind u. a. folgende Essays zusammengefaßt:

• „Objektivität und liberales Gelehrtentum"

• „Die Verantwortlichkeit der Intellektuellen"

• „Über den Widerstand".

In einem weiteren Sammelband „For Reasons of State" (1973; dt. „Aus Staatsraison" 1974) sind neben anderen folgende, für seine Haltung und seine Gesell-
schaftskritik typische Studien abgedruckt:

• „An den Grenzen des zivilen Ungehorsams"

• „Die Funktion der Universität in einer Zeit der Krise"

• „Psychologie und Ideologie"
  (zu B. F. Skinners „Jenseits von Freiheit und Würde")

• „Bemerkungen zum Anarchismus"

• „Sprache und Freiheit".

Im Klappentext zur deutschen Ausgabe dieses Sammelbands heißt es dazu:
„Noam Chomsky zählt zu den wenigen Wissenschaftlern unserer Zeit, die nicht
nur in ihrem Fach, als Spezialisten, sondern auch im öffentlichen Sektor hohes
Ansehen genießen. Chomsky hat sich nie gescheut, in den politischen Tages-
kampf einzugreifen; seine ebenso kenntnisreiche wie scharfsinnige Kritik an der
Kriegführung der USA in Vietnam ist dafür ein Beispiel." In der Tat ist Chomsky durch Publikationen und Reden, Diskussionen und Demonstrationen einer
breiten amerikanischen Öffentlichkeit bekannt geworden. Er hat auch auf Fragen von Interviewern geantwortet, in denen dieses Engagement zu seiner Arbeit
als Linguist in Beziehung gesetzt wurde, vgl.:

> Sicher können soziale und politische Folgerungen nicht einfach aus den Kenntnissen
> über die Sprache abgeleitet werden. Aber vielleicht ist es möglich, wenn auch vorerst
> nur sehr vage, verstehen zu beginnen [sic! B.B.], inwieweit angeborene Strukturen des

Geistes zu einer außergewöhnlichen Fülle von Verständnis führen und das menschliche Denken und Handeln beeinflussen. (1985, dt. 1988, 331/2)

Der interessierte Leser kann sich über Chomskys politisches Engagement anhand z. B. der folgenden Publikationen informieren:

N. Chomsky (1967): American Power and the New Mandarins [deutsch: Amerika und die neuen Mandarine. Politische und zeitgeschichtliche Essays. Übersetzung von A. Kamp. Frankfurt/M. 1969].

N. Chomsky (1969): Cambodia; Laos; North Vienam; On War Crimes [deutsch: Kambodscha, Laos, Nordvietnam. Im Krieg mit Asien Bd. II. Übersetzung von J. Behrens (Bd. I: Indochina und die amerikanische Krise). Frankfurt/M. 1972].

N. Chomsky (1973): For Reasons of State [deutsch: Aus Staatsraison. Übersetzung von B. Kroeber. Frankfurt/M. 1974].

N. Chomsky (1978): ‚Human Rights' and American foreign policy. Nottingham.

N. Chomsky (1985): Turning the Tide [deutsch: Vom politischen Gebrauch der Waffen: zur politischen Kultur der USA und den Perspektiven des Friedens. Aus dem Amerikanischen von S. Harringer u. a. Berlin 1988].

N. Chomsky (1992): Die neue Weltordnung und der Golfkrieg. Grafenau.

N. Chomsky (1993): Year 501. The Conquest continues [deutsch: Wirtschaft und Gewalt: vom Kolonialismus zur Neuen Weltordnung. Aus dem Amerikanischen von M. Haupt. Lüneburg 1993].

8.2 Die generativen Modelle: Phase I

Bereits zu Beginn seiner wissenschaftlichen Arbeit entwickelte Chomsky seine Vorstellungen über die Aufgaben der Linguistik und die Methoden der linguistischen Forschung. Die drei Hauptfragen, die er sich stellte, waren:

• Was gehört in die Linguistik; genauer: Welche Bereiche sollte er als den für sie gültigen Gegenstand definieren?

• Kann bei der Forschung die Form von der Substanz getrennt werden, d. h. kann die formale Struktur der Sprache für sich untersucht werden?

• Damit im Zusammenhang: Ist es möglich, die formale Struktur in der Theorie ohne mindestens gelegentlichen Zugriff auf die Bedeutung zu beschreiben?

Chomsky fand in der deskriptiven Linguistik entwickelte Methoden vor, die er als Ausgangspunkt für die eigene Forschung nutzen konnte. Dazu gehörte insbesondere das Konzept der Konstituentenstruktur und die Distribution.

In der Arbeit „Morphophonemics of Modern Hebrew" (1951) umriß er das Ziel, eine geschlossene Menge von Sätzen zu generieren, und zwar von im voraus gegebenen Sätzen. Die dafür formulierte Grammatik sollte das effizienteste, ökonomischste und mathematisch eleganteste Instrument für diese Aufgabe sein. Eine solche Grammatik besteht nach Chomsky aus syntaktischen Aussagen über die erlaubte Anordnung der Einheiten in Sätzen, aus Regeln zur Morphemanordnung und – der Hauptteil dieser Publikation – aus einer Reihe von morphonologischen Aussagen, die jede Morphemsequenz in eine Sequenz von Phonemen transformieren. Für die technische Handhabung verwendete er bereits Knotenbezeichnungen wie NP, VP, PP (für Nominal-, Verbal- und Präpositionalphrase) u. a., die Konstituentenzugehörigkeit gab er durch unterschiedlich gestaltete Klammersymbole – ( ), [ ], < > – an, also noch nicht durch Baumgraphen.

1956 und 1957 erschienen diejenigen Publikationen, die die Aufmerksamkeit der Fachwelt erregten[2], insbesondere die für Linguisten aufbereitete und für sie auch besser zugängliche Fassung „Syntactic Structures" (1957).[3] Ziel des Buches ist die Konstruktion einer Grammatik zur Generierung von Sätzen, die Beschreibung der Eigenschaften von Grammatiken und letztlich die Aufstellung einer Theorie der Sprachstruktur ohne Bezug auf Einzelsprachen. Gearbeitet wird an Sätzen des Englischen. Die angestrebte Grammatik G soll ein Mechanismus sein, der alle grammatischen Formen erzeugt und nur sie, d. h. alle Sätze in L (= language) und keinen Satz, der nicht in L vorkommt. Für die Sätze in L muß G eine Strukturbeschreibung liefern. „Grammatisch" darf hierbei nicht mit „bedeutungtragend" oder „sinnvoll" in Zusammenhang gebracht werden; sehr bekannt geworden ist Chomskys Beispiel zweier Sätze, die beide in gleicher Weise sinnlos sind – „wild schlafende farblose grüne Ideen" gibt es nicht –, von denen aber der erste in dieser Phase I der Chomskyschen Theoriebildung als grammatisch bezeichnet wird:

(1) Colorless green ideas sleep furiously.

(2) Furiously sleep ideas green colorless.

„Grammatisch" darf weiterhin nicht mit „möglich" oder „statistisch signifikant vorkommend" gleichgesetzt werden, denn keiner dieser beiden Sätze ist – nach Chomskys eigenen Worten – vermutlich jemals zuvor in englischer Rede benutzt worden.

---

[2] Man beachte, daß die „Morphophonemics ..." lediglich als Manuskript existierten, bei ihrer Veröffentlichung 1979 konnten sie nur noch historische Aufmerksamkeit beanspruchen.

[3] Die deutsche Übersetzung – sprachlich an vielen Stellen eher unbeholfen – erschien 1973, also noch nach der Übersetzung des zentralen Werkes der zweiten Phase „Aspects of the Theory of Syntax" (dt. 1970).

Chomsky prüfte in den „Syntactic Structures" dann drei Modelle für die Beschreibung der syntaktischen Struktur; für jedes Modell wurden zum Abschluß die Schwächen aufgezeigt, die ihn dazu veranlaßten, zum nächsten Modell überzugehen.

Das erste Modell ist ein einfaches kommunikationstheoretisches Modell, das mit Markov-Prozessen[4] arbeitet, d. h. **ein Automat mit endlich vielen Zuständen,** der von einem Anfangszustand startet und bis zu einem Endzustand fortschreitet, bei jeder Zustandsänderung wird eine sprachliche Einheit erzeugt. Der Automat hat kein „Gedächtnis", die von ihm generierte Sprache, eine Sprache mit endlichen Zuständen (*finite state language*), wird auf nur einer Ebene durch links-rechts-Generierung erzeugt, sie ist für natürliche Sprachen nicht angemessen. Die Begründung, weshalb solche Automaten sowohl zu komplex sind als auch mehr als nur die grammatischen Sätze erzeugen, soll hier ausgespart werden. Wie Weydt (1976) hervorhebt, richtete sich Chomskys Argumentation insbesondere gegen die am MIT damals vorherrschende Euphorie in bezug auf die Kybernetik, von der man sich zeitweilig die entscheidenden Einsichten in die Struktur des Denkens erhoffte.

Da die Mängel dieses ersten Modells gravierend sind, ging Chomsky zu einem zweiten Modell über, dem **Phrasenstrukturmodell.** Hierin werden die Erkenntnisse der IC-Grammatik verwertet, d. h. die Konstituentenstruktur wird für die Generierung nutzbar gemacht. In diesem Modell ist eine Ableitung eine endliche Folge von Ketten, die mit einer Anfangskette S (= Satz) beginnt und im weiteren durch schrittweise Anwendung je einer Ersetzungsregel *(rewrite rule)* auf die jeweils aktuelle Kette abläuft. Beendete Ableitungen ergeben grammatische Sätze, nichtbeendete/nichtbeendbare Ableitungen kennzeichnen Sequenzen, die keine grammatischen Sätze der Sprache sind. Die Ersetzungsregeln haben die Form

$$S \rightarrow NP + VP$$

$$NP \rightarrow A + NP \text{ usw.}^5,$$

als Baumgraph:

(1)

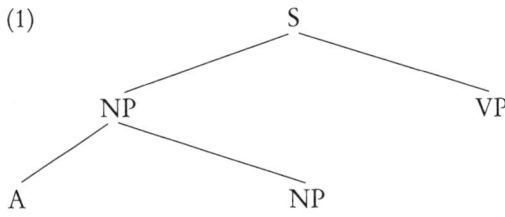

---

[4] Benannt nach dem russischen Mathematiker A. A. Markov (1856-1922).
[5] Die Symbole sind zu lesen: NP = Nominalphrase, VP = Verbalphrase, A = Adjektiv.

Chomsky sagt dazu, die Darstellung durch einen Baumgraphen habe gegenüber der mit Ersetzungsregeln geschriebenen Ableitung den Nachteil, daß im Baumgraphen die Reihenfolge der Regelanwendungen im Verhältnis der Knoten zueinander nicht dargestellt werden kann.

Dieses zweite Modell ist geeigneter für die Beschreibung natürlicher Sprachen als das zuerst vorgestellte, hat aber dennoch einige Mängel. Chomsky diskutiert neben schon bekannten Punkten wie der Handhabung von Homonymien insbesondere Mängel technischer Art, die sich aus den Anforderungen für den Aufbau der Regeln ergeben. Da diese in den späteren Modellen weggefallen sind, werden sie hier nicht aufgelistet.

Alle diese Mängel können durch das dritte Modell, ein **Transformationsmodell** mit integrierter Regelordnung, überwunden werden. Transformationen sind in diesem Modell keine symmetrischen Relationen zwischen fertigen Sätzen, sondern Regeln, die Ketten in andere Ketten überführen. Werden ausschließlich „obligatorische Transformationen" angewendet, entstehen einfache, fertige Sätze, die „Kernsätze" genannt werden; dies sind grammatische Sätze der Sprache L. Werden dann noch „optionale Transformationen" durchlaufen, entstehen – ebenfalls grammatische – Sätze mit genau definierten Strukturunterschieden zu den Kernsätzen, z. B. Passiv, Frage, Negation. Um solche Sätze korrekt beschreiben zu können, benötigt man Informationen über den Ablauf der Ableitung, d. h. über die „Transformationsgeschichte". Transformationen sind in diesem Modell also asymmetrisch, nicht umkehrbar.

Die Beschreibung der Grammatik G einer Sprache L besteht jetzt aus den folgenden drei Komponenten:

Phrasenstruktur – Transformationsstruktur – morphonologische Struktur;

die Regeln der morphonologischen Struktur überführen Ketten von Wörtern in Ketten von Phonemen, z. B. „take + Präteritum → /tuk/". Während man für die Anwendung der Transformationsregeln die Ableitungsgeschichte kennen muß, genügt es für die beiden anderen Komponenten, die zur Zeit bearbeitete Kette zu kennen.

So verstandene Grammatiken sind

• neutral in bezug auf Sprecher und Hörer, sie sind allein eine Beschreibung von Äußerungen, ohne Bezug auf den Sprachbenutzer;

• ohne Bezug auf die Bedeutung der Äußerung konstruiert.

Mehr noch: Die Fragestellung „Wie kann man eine Grammatik ohne Rücksicht auf die Bedeutung konstruieren?" lehnt Chomsky generell als unangemessen ab, weil sie unterstellt, man könne eine Grammatik *mit* Rücksicht auf die Bedeutung konstruieren, was ebenfalls unsinnig sei. Chomsky führt die Fragestellung insgesamt ad absurdum, indem er als weitere Fragestellung formuliert: „Wie kann man eine Grammatik ohne Kenntnis der Haarfarbe des Sprechers konstruieren?". Wechselbeziehungen zwischen Sprachstruktur und semantischer Struktur werden erst relevant als Gegenstand einer allgemeineren *Sprachtheorie*, die sich mit Syntax und Semantik und ihren Verknüpfungen befaßt – in denen auch der Sprachbenutzer berücksichtigt werden soll –, nicht also in der Syntaxtheorie selbst.

Zusammenfassend sei eine Einordnung von „Syntactic Structures" in die Grammatikkonzeption der US-amerikanischen Linguistik gegeben:

Chomsky sagte später über diese Phase seiner Forschung, er habe bei der Formulierung der Phrasenstrukturregeln nichts weiter getan als Harris' Prozeduren aus „From Morpheme to Utterance" zu modifizieren und zu zeigen, wie diese Ideen eine *generative Grammatik* liefern können. Tatsächlich nutzte auch Chomsky die generelle Strategie, Konstituentenrelationen als einziges Grundelement zu behandeln und alle anderen Relationen aus ihnen abzuleiten.

Neu ist hingegen, daß nicht mehr das *mögliche Vorkommen* einer Äußerung entscheidend ist, sondern ihre *Grammatikalität*. Neu ist auch die regelfolgende Ableitung von Äußerungen mit Hilfe von obligatorischen und optionalen Transformationen. Neu ist aber insbesondere der Anspruch an die Grammatiktheorie: Während Harris „Entdeckungsprozeduren" (*discovery procedures*), mit Hilfe derer aus einem gegebenen Textkorpus die Grammatik abgeleitet wird, erarbeiten wollte, hielt Chomsky dies für unmöglich und stellte die schwächere Forderung nach „Bewertungsprozeduren" (*evaluation procedures*) auf, die für ein gegebenes Textkorpus und zwei darauf bezogene Grammatiken die Auswahl zwischen diesen beiden Grammatiken treffen.

Die „Syntactic Structures" sind also insgesamt gesehen ein hervorragender Beispielfall für Kontinuität und Diskontinuität in der Entwicklung des linguistischen Denkens.

8.3 Die generativen Modelle: Phase II

Zu Beginn der sechziger Jahre entwickelte Chomsky aus dem dritten Modell der „Syntactic Structures" eine umfassendere syntaktische Theorie, die er zusammenhängend in den „Aspects of the Theory of Syntax" (1965, dt. 1970) darlegte. Dieses „Aspects-Modell" ist unter der Bezeichnung „Standardtheorie" bekannt geworden. Die wichtigsten ihrer Charakteristika werden im folgenden in Form von durchnumerierten Abschnitten erläutert. Hierbei gilt, daß es sich in diesem Kapitel nicht um eine Einführung in die generative Grammatik handelt – und deshalb auch keine vollständige Darstellung angestrebt ist –, sondern um einen wissenschaftshistorischen Überblick, der den Bezug zu früheren und späteren Etappen der Theorieentwicklung herstellt und die Orientierung erleichtern soll.

1. Komponenten der Grammatik und Regelaufbau

Im Zentrum der Standardtheorie steht wie bisher Aufbau und Funktionieren der Syntax, sie ist die generative Komponente. Neu ist ihr interner Aufbau. Es werden zwei syntaktische Strukturen angesetzt: Die Basiskomponente mit Phrasenstrukturregeln (PS-Regeln) generiert die „Tiefenstruktur" (*deep structure*), diese wird mittels Transformationsregeln (T-Regeln) in die „Oberflächenstruktur" (*surface structure*) überführt. Die Basiskomponente erzeugt also abstrakte Strukturen, erst die Oberflächenstruktur entspricht den konkreten – wohlgeformten – Sätzen der Sprache.

Die syntaktische Komponente wird nun in dem Gesamtmodell der Grammatiktheorie, das die Standardtheorie sein will, mit anderen Komponenten der Grammatik verknüpft. Das geschieht auf dieser Etappe der Theorieentwicklung noch durch eine lineare Zuordnung je einer syntaktischen Teilkomponente zu je einer anderen Komponente; daß es eigentlich um ein Netzwerk von Relationen geht, arbeitet Chomsky erst in späteren Modellen heraus. Die Tiefenstruktur determiniert die semantische Interpretation eines Satzes, die Oberflächenstruktur die phonetische Interpretation. Die Tiefenstruktur hat damit eine doppelte Anbindung: Sie ist zugleich Eingabe für die Transformationsregeln, die die Oberflächenstruktur herstellen, und Eingabe für die „Projektionsregeln", bei deren Anwendung man die semantische Repräsentation erhält. Auf die Oberflächenstruktur werden dann nur noch phonologische Regeln zur Herstellung der phonetischen Repräsentation angewendet.

Mit anderen Worten: **Die syntaktische Komponente vermittelt die Laut-Bedeutungs-Zuordnung.**

Das generative Modell II, die Standardtheorie, hat demnach den folgenden schematisierten Aufbau:[6]

(2)   Syntaktische Komponente

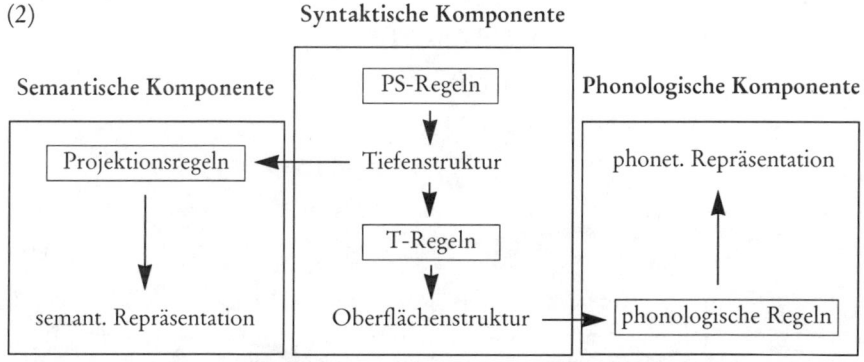

Semantische Komponente   PS-Regeln   Phonologische Komponente

Projektionsregeln ◄——— Tiefenstruktur   phonet. Repräsentation

T-Regeln

semant. Repräsentation   Oberflächenstruktur ——► phonologische Regeln

---

[6] Die Graphik ist entnommen aus: G. Fanselow/S. Felix 1984, 44.

Eine *morphologische Komponente* ist nicht vorgesehen. Gewöhnlich merken Vertreter dieser Theorie an, daß für das damals im Zentrum der generativen Beschreibungen stehende Englische die wenigen morphologischen Informationen in der phonologischen Komponente mitbearbeitet werden konnten; erst die Hinzuziehung morphologiereicherer Sprachen hätte Korrekturen erforderlich gemacht. Daß es hier aber nicht ausschließlich um die zu generierenden Sprachen, sondern vielmehr auch um Theorieverständnis und methodisches Vorgehen generell geht, zeigt die frühe Arbeit Chomskys „Morphophonemics of Modern Hebrew" (1951/1979), in der das morphologiereichere Neuhebräisch (= Iwrith) ebenfalls ohne eine morphologische Ebene, mit ausschließlich morphonologischen Regeln, beschrieben wurde.

Ebenfalls nicht vorgesehen ist eine eigene *Lexikonkomponente*. Lexikalische Informationen werden in der Tiefenstruktur in Form einer ungeordneten Liste aller lexikalischen Einheiten eingeführt, die der Basiskomponente nebengeordnet ist. Dabei werden lexikalische Einheiten durch sowohl syntaktische als auch phonologische Merkmale dargestellt, die bei der Einsetzung konkreter sprachlicher Elemente in die Endknoten der Baumgraphen berücksichtigt werden müssen, damit wohlgeformte Sätze der Sprache entstehen können.

Auf die speziellen Untertypen von Regeln der Basiskomponente (die *Subkategorisierungs-* und *Selektionsregeln*) wird hier nicht näher eingegangen. Der interessierte Leser kann hierzu in den „Aspekten der Syntaxtheorie" selbst nachlesen. Man beachte jedoch insgesamt, daß die Regeln in geordneter Reihenfolge angewendet werden müssen und daß die Einsetzung lexikalischen Materials kontextabhängig vorgenommen wird.

Als Illustration folgt nun ein Auszug aus der Generierung der Tiefenstruktur für den Satz *Sincerity may frighten the boy*, vgl. Chomsky, „Aspects...", dt. 1970, 88-89:[7]

Ersetzungsregeln: S   → NP Aux VP

VP   → V NP

NP   → Det N

NP   → N

Det   → the

Aux   → M

---

[7] Noch nicht erklärte Abkürzungen: Aux(iliar-, Hilfsverbkomplex), Det(erminierer), M(odalverb), App(ellativum), Ind(ividuativum), Bel(ebt), Abstr(aktum); im Graphen (3) dazu noch: Q = durch Regeln analysiertes V(erb).

Subkategorisierungsregeln:

$$N \rightarrow [+N, \pm App]$$
$$[+App] \rightarrow [\pm Ind]$$
$$[+Ind] \rightarrow [\pm Belebt]$$
$$[-App] \rightarrow [\pm Belebt]$$
$$[+Bel] \rightarrow [\pm Mensch]$$
$$[-Ind] \rightarrow [\pm Abstr]$$

Lexikon: (*sincerity*, [+N, –Ind, +Abstr)

                 (*boy*, [+N, +Ind, +App, +Bel, +Mensch]

                 (*may*, [+M])

Repräsentation als Baumgraph (*P-Marker*):

(3)

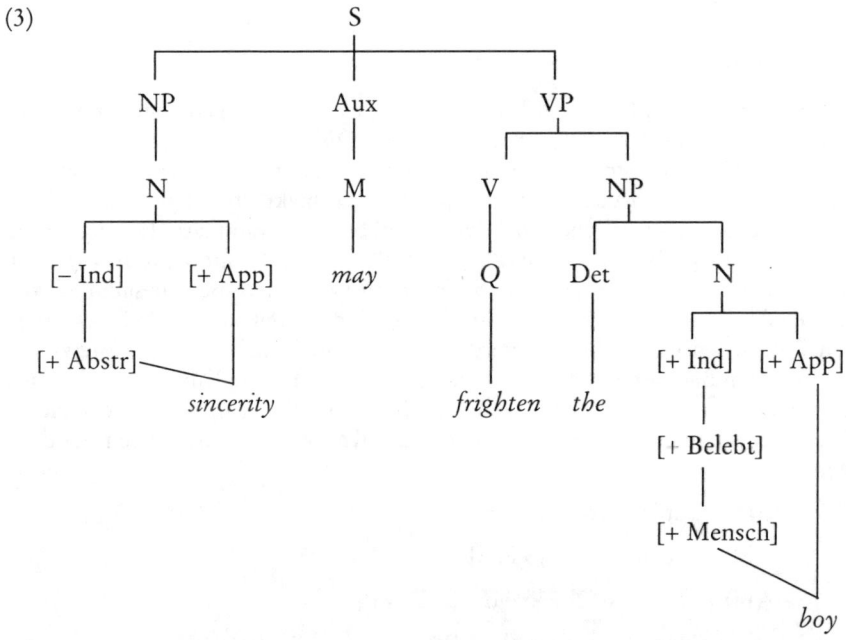

Der Graph repräsentiert die Tiefenstruktur, auf die die T-Regeln angewendet werden, um dadurch die Oberflächenstruktur, die syntaktische Form des Satzes *Sincerity may frighten the boy*, zu erhalten.

177

Die größere Angemessenheit einer solchen Strukturbeschreibung wird besonders deutlich in der Gegenüberstellung zu der in den „Syntactic Structures" (s. u. **8.2**). Dort hätte diesem Satz die folgende syntaktische Beschreibung entsprochen:

(4)

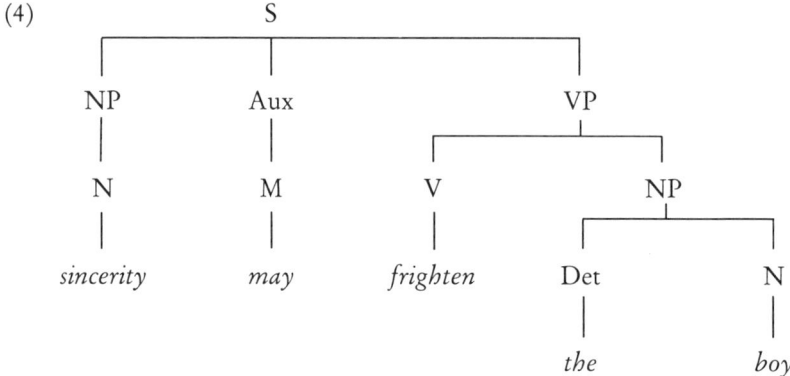

2. Darstellung der syntaktischen Funktionen

In der traditionellen Grammatik werden neben grammatischen Kategorien auch Satzgliedfunktionen beschrieben, also *Subjekt, Objekt, Prädikat* usw. Die ersten Chomsky-Modelle berücksichtigten derartige Funktionen nicht, jedoch die Standardtheorie, also das „Aspects"-Modell. „Subjekt" bezeichnet hier theorieintern eine grammatische *Funktion* gegenüber der grammatischen *Kategorie* „Nominalphrase (NP)". „Subjekt", „Objekt" usw. sind *relationale Begriffe*, sie sind immer auf den Satz bezogen. So **ist** *sincerity* aus dem Beispielsatz des vorherigen Abschnittes eine NP und **fungiert** als Subjekt des Satzes. Da Funktionen von Kategorien unterschieden werden, sind sie auch nicht analog zu letzteren direkt in den Baumgraphen eingearbeitet, bezeichnen keine Knoten; Funktionen sind vielmehr implizit in den Graphen (z. B. im Graphen (3)) bereits vorhanden, sie sind durch hierarchische Beziehungen der Knoten zueinander wie folgt definiert:

(i) Subjekt-von: [NP, S]

(ii) Prädikat-von: [VP, S]

(iii) Direktes-Objekt-von: [NP, VP]

(iv) Hauptverb-von: [V, VP][8]

---

[8] Aus: Chomsky dt. 1970, 75.

Zum Beispiel (i) muß gelesen werden: Subjekt des Satzes ist diejenige NP, die direkt von S dominiert wird. Vergleiche damit (iii): Direktes Objekt eines Satzes ist diejenige NP, die direkt von VP dominiert wird und nur indirekt von S.

Die Handhabung der syntaktischen Funktionen bildet eine wichtige Neuerung in der Theorieentwicklung der generativen Grammatik.

3. Adäquatheit von Grammatiken

Wie im Kapitel **8.2** bereits erwähnt, forderte Chomsky im Gegensatz zu Harris keine Entdeckungsprozeduren (*discovery procedures*), er sah es als unmöglich an, über solche Prozeduren aus einem Text eine Grammatik zu gewinnen. Statt dessen arbeitete er mit Bewertungen (*evaluations*), verglich also Grammatiken in bezug auf ihre Kapazität. Im „Aspects"-Modell ist dabei das entscheidende Kriterium, wie adäquat eine Grammatik das Verständnis des Sprechers einer Sprache über diese modellieren kann. Chomsky stellte drei Stufen der Adäquatheit auf: Beobachtungsadäquatheit, deskriptive Adäquatheit und Erklärungsadäquatheit. Die drei Stufen bilden eine Hierarchie, in der auch die niedrigste Stufe keinesfalls trivial ist, denn für ihr Erreichen müssen die beobachteten Daten richtig erkannt sein. Deskriptive Adäquatheit erreicht eine Grammatik dann, wenn sie

> ihren Gegenstand – nämlich die Intuition, die Sprachkompetenz des Sprechers [s. u. **5.**, B. B.] – korrekt beschreibt. In diesem Sinne ist die Grammatik aus *äußeren* Gründen gerechtfertigt, aus Gründen der Übereinstimmung mit den sprachlichen Fakten. (1970, 35)

Dazu gehört u. a. auch, die unter Oberflächenähnlichkeiten versteckt liegenden Strukturunterschiede erkennen zu können.

Erklärungsadäquatheit schließlich kann nur eine Theorie beanspruchen, die die Auswahl aus mehreren ausgearbeiteten Grammatiken erlaubt,

> bei gegebenen primären sprachlichen Daten, mit denen alle zur Auswahl stehenden Grammatiken kompatibel sind. In diesem Sinne ist die Grammatik aus *inneren* Gründen gerechtfertigt, aus Gründen ihrer Beziehung zu einer linguistischen Theorie, die eine explanative Hypothese über die Form der Sprache als solche darstellt. (1970, 35)

Diese höchste Stufe der Adäquatheit ist sehr schwer zu erreichen, für Chomsky wird dazu nur eine generative Grammatik in der Lage sein. Sein „Aspects"-Modell ist für dieses Anliegen konzipiert.

4. Das Universalienproblem

Mit dem Anspruch auf Erklärungsadäquatheit verbunden ist auch der Anspruch, sprachliche Universalien behandeln zu können, also Eigenschaften, die allen natürlichen Sprachen gemeinsam sind. In den sechziger Jahren begann Chomsky, seine generative Grammatik in Beziehung zu setzen zur philosophischen Tradition der allgemeinen Grammatiken des 17./18. Jahrhunderts. Ergebnis dieser

Bemühungen war dann zunächst die wegen philosophischer Ungenauigkeiten häufig kritisierte Monographie „Cartesian Linguistics" (1966). Aber bereits im „Aspects"-Modell beschäftigte sich Chomsky mit dem Universalienproblem, eine Thematik, die ihn von da an immer interessierte und die später in der Ausarbeitung der „Universalgrammatik" (UG) ihren Höhepunkt erreichte.

Im „Aspects"-Modell stellte er zwei Typen von Universalien auf, *substantielle* und *formale Universalien.*

Substantielle Universalien sind die Kategorien und Merkmale, die das Material für die Beschreibung der Sprachen bilden; vgl.:

> Eine Theorie der substantiellen Universalien behauptet, daß bestimmte Einheiten, die in jeder Sprache vorkommen, aus einer festgesetzten Klasse von Einheiten entnommen werden. (1970, 36)

Als Beispiel nennt Chomsky R. Jakobsons Theorie der distinktiven Merkmale (vgl. Kap. **4.5.1**), ein substantielles Universale in Form von 12 Merkmalpaaren, aus denen die Sprachen der Welt jeweils Merkmale für den Aufbau ihres Phonemsystems auswählen.

Formale Universalien dagegen sind universelle Eigenschaften abstrakterer Art. Sie beziehen sich auf die Typen von Regeln in der Grammatik und die Möglichkeiten zur Verknüpfung von Regeln. Den internen Aufbau generativer Grammatiken wie der generativen Transformationsgrammatik betrachtet Chomsky als einen Kandidaten für formale Universalien. Dies

> impliziert, daß alle Sprachen nach demselben Muster angelegt sind, aber impliziert nicht, daß es irgendeine Punkt-für-Punkt-Entsprechung zwischen einzelnen Sprachen gibt. (1970, 37)

In der weiteren Theorieentwicklung betrachtete Chomsky das Universalienproblem insbesondere in Verbindung mit der Spracherlernung des Kindes. Solche Überlegungen sowie die Thematik der Sprachkompetenz insgesamt (siehe im folgenden Abschnitt) führten dann in den siebziger/achtziger Jahren zur Konstruktion der Universalgrammatik (UG).

5. Sprachkompetenz *(competence)* und Sprachverwendung *(performance)*

Chomsky beginnt die Erläuterung dieser Dichotomie mit den folgenden Definitionen:

> Der Gegenstand einer linguistischen Theorie ist in erster Linie ein idealer Sprecher-Hörer, der in einer völlig homogenen Sprachgemeinschaft lebt, seine Sprache ausgezeichnet kennt und bei der Anwendung seiner Sprachkenntnis in der aktuellen Rede von solchen grammatisch irrelevanten Bedingungen wie

- begrenztes Gedächtnis

- Zerstreutheit und Verwirrung

- Verschiebung in der Aufmerksamkeit und im Interesse

- Fehler (zufällige oder typische)

nicht affiziert wird. [...] Bei der Erforschung der aktuellen Sprachverwendung muß man die wechselseitige Beeinflussung einer Vielzahl von Faktoren in Betracht ziehen, von denen die zugrunde liegende Kompetenz des Sprecher-Hörers nur einen darstellt. (1970, 13)

Auf diese Weise grenzt er die Kenntnis des Sprecher-Hörers einer Sprache (*competence*) vom aktuellen Gebrauch der Sprache in konkreten Situationen (*performance*) ab. Dazu ist zu beachten: Generative Grammatiken sind nicht als Sprecher- oder Hörermodell angelegt, sie charakterisieren die Sprachkenntnis neutral in bezug auf diese Unterscheidung, die erst bei der Sprachverwendung relevant wird. Deshalb betont Chomsky (1970, 19), daß „einen Satz generieren" hier nicht sprecherbezogen verstanden werden darf, sondern daß dieser Begriff[9] – mit Bezug auf die moderne Logik – in eben diesem Sinne „einem Satz seine Strukturbeschreibung zuschreiben" bedeutet.

Der „ideale Sprecher-Hörer" ist für Chomsky eine notwendige Idealisierung; nur mit Hilfe dieser methodischen Annahme kann er das zugrundeliegende Regelsystem *Grammatik* aufdecken, das für ihn „mentale Realität" besitzt, also nicht vom Linguisten geschaffen wird, sondern im menschlichen Kognitionssystem angelegt ist.[10]

Die Annahme der mentalen Realität der Sprachkompetenz weist auf zwei weitere ihrer Aspekte, und zwar auf die Kreativität und auf die Lernbarkeitsbedingungen:

Kreativität ist für Chomsky kein Werturteil; er versteht sie nicht als künstlerische Kreativität, sondern als den normalen Umgang mit Sprache, im Sinne Humboldts als den „unendlichen Gebrauch von endlichen Mitteln", zu dem die Sprecher fähig sind, also die Erscheinung, daß aus einem endlichen Inventar von sprachlichen Einheiten und Regeln zu ihrer Kombination immer neue, im mathematischen Sinne unendlich viele sprachliche Äußerungen gebildet und auch verstanden werden können. Humboldts Formulierung ist eine geniale Vorwegnahme eines Prozesses, der erst heute, nachdem die Grundlagenforschung der

---

[9] Nach Chomsky ein Synonym zu W. v. Humboldts „erzeugen".

[10] In Chomsky (1979b) sagt er dazu, man *müsse* ideale Systeme erforschen, *dann* erst könne man fragen, wie diese Systeme repräsentiert sind in den realen Individuen und wie sie interagieren.

Mathematik *rekursive Prozesse* analysiert hat, wirklich handhabbar geworden ist. Diese Prozesse wie auch die generative Grammatik insgesamt sind dem Sprachbenutzer nicht bewußt, er kann sie sich wahrscheinlich auch nicht bewußtmachen, sondern der Linguist konstruiert sie als *Modell der Sprachkompetenz.*

Untersuchungen zum **Spracherwerb** benutzte Chomsky als Kriterium für die Adäquatheit seiner linguistischen Theorie. Der Spracherwerb des Kindes, der innerhalb von ca. 5 Jahren – im wesentlichen bis zur Schulreife – abgeschlossen ist, läßt sich mit mechanisch-behavioristischen Modellen nicht erklären. Diese Zeitspanne ist sehr kurz, das Kind kann in dieser Zeit nur eine kleine Untermenge aller in einer Sprache möglichen Sätze hören, schafft es aber dennoch, sich ein Regelsystem anzuzeigen, das es ihm erlaubt, sich in allen Situationen der Sprache kompetent zu bedienen. Erklären kann dies nur das seit dem 17. Jahrhundert bekannte Konzept der „innate ideas"[11], genetisch vorgegebene Prinzipien der Kognition, die beim Spracherwerb aktiviert werden und diesen verkürzen – es braucht nicht alles „gelernt" zu werden, „lernen" bedeutet das Aktivieren dieser Prozesse, die erstens für alle Sprachen genetisch gleich und zweitens im Gehirn mit anderen kognitiven Prozessen vernetzt sind.

6. Zusammenfassung

Die generative Grammatik des „Aspects"-Modells ist der erste Entwurf einer generativen Gesamtgrammatik, bisher waren nur Ausschnitte aus einer Grammatiktheorie erarbeitet worden. Eine der weitreichendsten Neuerungen ist die Einbeziehung der semantischen Komponente[12], ihre Verknüpfung mit den übrigen Komponenten der Grammatik. Ebenso wegweisend für die weitere Entwicklung der generativen Grammatik war der Hinweis auf den kognitiven Aspekt der Sprachkompetenz und auf die Universalien, die ihr zugrunde liegen.

Mit dieser „Standardtheorie" erwarb sich Chomsky endgültig die Aufmerksamkeit der internationalen Fachwelt. Anhänger wie Kontrahenten hatten eine Gesamtdarstellung in die Hand bekommen, mit der sie arbeiten oder an der sie sich reiben konnten.

---

[11] Vgl. Leibniz' „eingeborene Ideen".

[12] Vgl. dazu auch die mit demselben Grammatikverständnis erarbeitete Monographie von J.J. Katz/P.M. Postal (1964).

8.4 Ausblick auf die weitere Entwicklung

8.4.1 Die weitere Entwicklung der Grammatiktheorie im Ausblick

Seit etwa 1970 hat Chomsky mehrere, zum Teil gravierende Veränderungen an seiner Grammatiktheorie vorgenommen, als bekannteste sollen hier erwähnt werden: EST (= Extended Standard Theory), also die Erweiterte Standardtheorie – vgl. dazu insbesondere Chomsky (1972), – und REST (= Revised EST), die Revidierte Erweiterte Standardtheorie. Er selbst bezeichnet die Nachfolgetheorien des „Aspects"-Modells zumeist gemeinsam als „Extended Standard Theory". Einige der grundlegenden Veränderungen werden im folgenden stichpunktartig und ohne genauere Erklärungen aufgelistet, wobei jedoch zu beachten ist, daß dies Veränderungen in der Ausarbeitung der *Grammatiktheorie* sind, daß für ihn aber noch wichtiger die Bezüge der Grammatiktheorie zum Aufbau der menschlichen Kognition wurden, daß die wahre Triebfeder seiner Theorienentwicklung das Bemühen ist, die Sprachwissenschaft als einen Zweig der kognitiven Psychologie zu konstituieren, worauf weiter unten in **8.4.2** hingewiesen wird.

Für die erste Etappe der Weiterentwicklung – EST – gilt:

1. Es wird eine Revision der Einordnung der Semantik begonnen (Chomsky 1972). Die Tiefenstruktur bleibt zwar nach wie vor entscheidend für die semantische Repräsentation, aber nun können auch Oberflächenstrukturen Einfluß nehmen auf die Semantik. Diese bleibt bei Chomsky interpretativ, generiert wird nach wie vor in der Syntax.[13]

2. Das Lexikon bekommt den Status einer eigenen Subkomponente innerhalb der Basiskomponente. Lexikoneintragungen bestehen aus phonologischen, semantischen und syntaktischen Merkmalen, durch *lexikalische Transformationen* werden sie in die abstrakten P-Marker (PM) der Basiskomponente eingesetzt. Auf das Ergebnis werden dann *grammatische Transformationen* angewendet, die die Oberflächenstrukturen herstellen.

Für die zweite Etappe der Weiterentwicklung – REST – gilt:

1. Die Basisregeln bilden das „X-Bar-Schema", sie erzeugen Tiefenstrukturen. Es gibt keinen Transformationsteil mehr, alle Transformationen fallen in einer einzigen, einer Bewegungstransformation, zusammen: *move* α; bei ihrer Anwendung werden Tiefen- in Oberflächenstrukturen überführt. Beachte: Diese

---

[13] Auf die konkurrierende Theorie der „Generativen Semantik" (G. Lakoff, J. Ross u. a.) kann hier nicht eingegangen werden. Sie setzte sich auch nicht durch.

beiden Typen syntaktischer Strukturen sind nicht mehr identisch mit denen der Standardtheorie.

2. Die Oberflächenstruktur wird in zwei Richtungen interpretiert: Die semantische Interpretation verläuft in der Teilkomponente der „Logischen Form" (LF), die phonologische Interpretation in der Teilkomponente der „Phonetischen Form" (PF).

3. Mit der sinkenden Bedeutung des Transformationsteils steigt die Bedeutung des Lexikons. In der Standardtheorie nur peripher, Ansammlung von zufälligen Besonderheiten, Idiosynkrasien einer Sprache, wird das Lexikon seit REST immer wichtiger. Es ist der Brennpunkt, in dem sich die Informationen aus den anderen Komponenten treffen und in dem sie zueinander in Beziehung gesetzt werden. In sich wird das Lexikon von nun an immer stärker strukturiert, es gibt spezielle Regelmengen, die die interne Organisation steuern.

4. Das REST-Modell kann in Form des folgenden Schemas dargestellt werden:

(5)

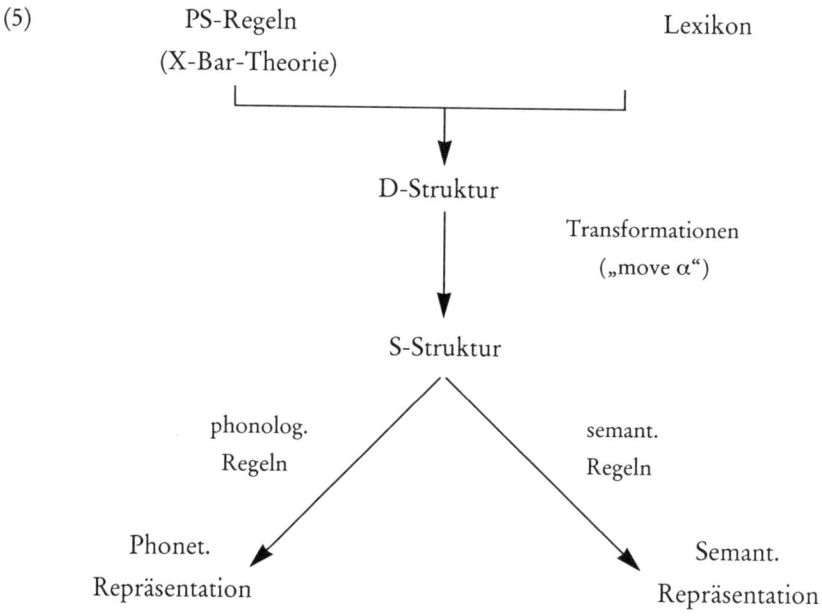

5. Die Komponenten der generativen Grammatik werden systematisch aufeinander bezogen. Jede Komponente der generativen Grammatik hat ihre autonome Struktur und Funktion, sie alle interagieren aber *modular*. Die einzelnen eigenständigen Komponenten sind die „Module" – ein Begriff, der aus der KI-

Forschung (KI = Künstliche Intelligenz) übernommen wurde. In **8.4.2** wird gezeigt, wie Modularität über das Sprachsystem hinaus als organisierendes Prinzip der gesamten kognitiven Anlagen des Menschen betrachtet wird.

Mit diesen Veränderungen sind die Vorbereitungen getroffen für die Ausarbeitung der „GB-Theorie" (*Government and Binding Theory,* vgl. Chomsky 1981), für die „Barrierentheorie" (*Barriers,* vgl. Chomsky 1986/1990) und für die jüngste Entwicklung bis hin zur „Minimalistischen Syntax" (vgl. Chomsky 1992 und 1994).

8.4.2 Grammatiktheorie und Modularität des menschlichen Wissens

Probleme des Spracherwerbs, die Universalgrammmatik UG und das Modularitätsprinzip kennzeichnen das eigentliche Anliegen Chomskys, für das seine Grammatikmodelle in gewisser Weise nur Zuarbeiten waren.

In Weiterführung seiner Thesen aus dem „Aspects"-Modell untersuchte er das Problem (vgl. insbesondere Chomsky 1979), wieso Kinder mit sehr unterschiedlichen Erfahrungen zu vergleichbaren, eigentlich sogar identischen Grammatiken gelangen, und zwar in dem schon erwähnten kurzen Zeitraum. Chomsky nimmt an, daß alle Kinder dieselben genetisch bedingten Begrenzungen (*constraints*) haben in bezug auf Grammatikerwerb. Die genetische Vorgabe erklärt dann auch, weshalb der Erstspracherwerb an einen bestimmten Reifungsgrad geknüpft ist, wodurch (ältere) „Wolfskinder" nicht mehr sprechen lernen, Erwachsene eine zweite Sprache anders erlernen als Kinder und diese mit Akzent sprechen u. a. m. Er betont, es wäre absurd anzunehmen, allein das, was man bei der Geburt hat bzw. sieht, sei genetisch bedingt; weitaus mehr als dies sei zu berücksichtigen.

Die für den Spracherwerb relevanten genetischen Anlagen sind für Chomsky die **Universalgrammatik** (UG). Sie ist ein System von *Prinzipien,* die mit Hilfe von *Parametern* auf die konkreten Sprachen bezogen werden. Ein Parameter ist hierbei eine Variable, für die Werte aus einer gegebenen Menge eingesetzt werden auf dem Weg von der UG zur Einzelgrammatik.

Und schließlich: Die Grammatiktheorie – mit allen Verfeinerungen, die er selbst oder seine Mitarbeiter vorgenommen haben und weiterhin vornehmen und die insbesondere durch die Einbeziehung immer neuer Sprachen erforderlich wurden – möchte Chomsky einarbeiten in das gesamte Wissenssystem des Menschen. Strikte Anwendung des bereits erwähnten „Modularitätsprinzips" bedeutet: Das menschliche Wissen in all seiner Komplexität ist modular aufgebaut insofern, als autonome Teilsysteme als Module eines Gesamtsystems zusammenwirken bei seiner Repräsentation. Eines dieser Module ist die Sprache, weitere Module sind z. B. die akustischen und optischen Systeme. Keines dieser Module ist durch ein anderes definiert, deshalb müssen sie als autonom angesehen werden. Aber erst ihr modulares Zusammenwirken gewährleistet menschliche Erkenntnis, die Fähigkeit des Menschen, Wissensstrukturen aufzubauen. Diese Hypothese veranlaßte Chomsky zur Eingliederung der Sprachwissenschaft in die kognitive Psychologie.

8.5 Zusammenfassung

Kapitel **8** stellt den Versuch dar, dem Leser den *Geist* des Chomskyschen Anliegens zumindest in Ansätzen näherzubringen. Es sei noch ergänzt, daß trotz vorhandener kritischer Stimmen von Anhängern und Gegnern in Zukunft in der Ausarbeitung der Grammatiktheorie nicht mehr hinter die Positionen Chomskys zurückgegangen werden kann. Seine historischen Wurzeln in der US-amerikanischen Linguistik wurden insbesondere in **8.1** und **8.2** thematisiert, alle Teilkapitel haben andererseits aber auch die einschneidenden Neuerungen in den Modellen Chomskys und deren Einbindung in die Geisteswissenschaften generell deutlich gemacht.

An Chomskys eigenem Entwicklungsgang läßt sich deshalb nachvollziehen, wie sich das durch die behavioristische Psychologie geprägte linguistische Denken der Deskriptivisten zu einem durch die kognitive Psychologie geprägten Denken in den jüngsten Modellen der generativen Grammatik gewandelt hat.

8.6 Literaturangaben

Die Publikationen Noam Chomskys sind nicht vollzählig aufgenommen, die Auswahl ist durchaus subjektiv; *ein* Kriterium für die Berücksichtigung war z. B. das Vorhandensein deutscher Übersetzungen.

J. Bechert/D. Clement/W. Thümmel/K. H. Wagner (1970): Einführung in die generative Transformationsgrammatik. München.

E. Bense (1973): Mentalismus in der Sprachtheorie Chomskys. Kronberg.

M. Bierwisch (1983): Semantische und konzeptuelle Repräsentation lexikalischer Einheiten. In: Untersuchungen zur Semantik. Hrsg. R. Růžička/W. Motsch. Berlin.

N. Chomsky (1955): Logical Syntax and Semantics. Their Linguistic Relevance. In: Language 31/1.

N. Chomsky (1956): Three Models for the Description of Language. In: IRE Transactions on Information Theory, vol. I, T-2, 3.

N. Chomsky (1957): Syntactic Structures. s'Gravenhage [deutsch: Strukturen der Syntax. Übersetzung von Klaus-Peter Lange. Ianua linguarum, Series minor 182. The Hague/Paris 1973].

N. Chomsky (1962a): A Transformational Approach to Syntax. In: Third Texas Conference on Problems of Linguistic Analysis in English. Ed. by A. A. Hill. Austin/Texas.

N. Chomsky (1962 b): Explanatory Models in Linguistics. In: E. Nagel/P. Suppes/ A. Tarski (eds.): Logic, Methodology and Philosophy of Science. Stanford.

N. Chomsky/G. A. Miller (1963): Introduction to the Formal Analysis of Natural Languages. In: Handbook of Mathematical Psychology, ed. by R. Duncan Luce, Robert R. Bush and Eugene Galanter. New York [deutsch: Die formale Natur der Sprache. In: E. H. Lenneberg (Hrsg.): Biologische Grundlagen der Sprache. Frankfurt/M. 1972]

N. Chomsky (1964a): Current Issues in Linguistic Theory. The Hague.

N. Chomsky (1964b): Categories and Relations in Syntactic Theory. Cambridge/Mass.

N. Chomsky (1964c): The Logical Basis of Linguistic Theory. In: Proceedings of the Ninth International Congress of Linguists, ed. by H. G. Lunt, Cambridge/Mass. 1962. The Hague.

N. Chomsky (1964d): A Review of B. F. Skinner's „Verbal Behavior". In: J. Fodor/J. Katz (1964).

N. Chomsky (1965a): Aspects of the Theory of Syntax. Cambridge/Mass. [deutsch: Aspekte der Syntax-Theorie. Übersetzung v. E. Lang et al.. Berlin 1970, ³Frankfurt/M. 1983].

N. Chomsky (1965b): On the Notion „Rule of Grammar". In: The Structure of Language, ed. by J. A. Fodor und J. J. Katz. New Jersey.

N. Chomsky (1966a): Topics in the Theory of Generative Grammar. In: Currents Trends in Linguistics, ed. by Thomas A. Sebeok. Vol III: Theoretical Foundations. The Hague/Paris [deutsch: Thesen zur Theorie der generativen Grammatik. Übersetzung v. F. Coulmas u. B. Wiese. Mit einem Interview von H. Parret. Frankfurt/M. 1972].

N. Chomsky (1966b): Cartesian Linguistics. New York [deutsch: Cartesianische Linguistik. Tübingen 1968].

N. Chomsky (1968): Language and Mind. New York [deutsch: Sprache und Geist. Übersetzung v. S. Kanngießer et al. Frankfurt/M. 1973].

N. Chomsky (1970): Remarks on Nominalisation. In: Readings in English Transformational Grammar. Eds. R. A. Jacobs/P. S. Rosenbaum. Waltham/Mass.

N. Chomsky (1972): Deep Structure, Surface Structure, and Semantic Interpretation. In: N. Chomsky: Studies on Semantics in Generative Grammar. The Hague/Paris.

N. Chomsky (1975a): The Logical Structure of Linguistic Theory. The Hague.

N. Chomsky (1975b): Reflections on Language. New York [deutsch: Reflexionen über die Sprache. Frankfurt/M. 1977 = stw 185].

N. Chomsky (1979a): Morphophonemics of Modern Hebrew. Outstanding dissertations in linguistics 12 (bearbeitete Dissertation). New York.

N. Chomsky (1979b): Language and Responsibility. Based on Conversations with Mitsou Ronat. Hassocks [deutsch: Sprache und Verantwortung. Frankfurt u. a. 1981]

N. Chomsky (1980): Rules and Representations. New York [deutsch: Regeln und Repräsentationen. Übersetzung v. H. Leuninger. Frankfurt/M. 1981].

N. Chomsky (1981, ⁷1993): Lectures on Government and Binding. The Pisa Lectures. Dordrecht.

N. Chomsky (1982): Some Concepts and Consequences of the Theory of Government and Binding. Cambridge/Mass.

N. Chomsky (^{3}1990): Barriers. Linguistic Inquiry monograph 13.

N. Chomsky (1992): A Minimalist Program for Linguistic Theory. In: MIT Occasional Papers in Linguistics 1. Cambridge/Mass.

N. Chomsky (1994): Bare Phrase Structure. In: MIT Occasional Papers in Linguistics 5. Cambridge/Mass.

G. Fanselow/S. W. Felix (1984): Noam Chomsky. In: Sprache und Literatur in Wissenschaft und Unterricht 54, 15. Jg., 2. Halbjahr.

G. Fanselow/S. W. Felix (^{2}1990): Sprachtheorie. 1. Grundlagen und Zielsetzungen; 2. Die Rektions- und Bindungstheorie. Tübingen (UTB 1441 + 1442).

Ch. J. Fillmore (1968): The Case for Case. In: Universals in Linguistic Theory. Hrsg. E. Bach/R. T. Harms. New York u. a. [deutsch: Plädoyer für Kasus. In: Kasustheorie. Hrsg. W. Abraham. Frankfurt/M. 1971]

J. Fodor/J. Katz (eds., 1964): The Structure of Language. New York.

G. Helbig (1986): Entwicklung der Sprachwissenschaft seit 1970. Leipzig.

J. J. Katz/P. M. Postal (1964): An Integrated Theory of Linguistic Descriptions. Cambridge/Mass.

E. F. K. Koerner/Matsuji Tajima (1986): Noam Chomsky: A Personal Bibliography, 1951-1986. Amsterdam/Philadelphia.

R. B. Lees (1957): Review of N. Chomsky (1957). In: Language XXXIII.

F. J. Newmeyer (1983): Grammatical Theory: Its Limits and Possibilities. Chicago.

J. A. Ney (1993): On Generativity: The History of a Notion that never was. In: Historiographia Linguistica XX, 2/3.

B. F. Skinner (1957): Verbal Behavior. New York.

H. Weydt (1976): Noam Chomskys Werk: Kritik, Kommentar, Bibliographie. Tübingen.

Ingrid Samel

Einführung in die feministische Sprachwissenschaft

1995, 224 Seiten, DIN A 5, kartoniert,
DM 29,80/öS 239,–/sfr. 32,–, ISBN 3 503 03709 8

Das Buch stellt die feministisch-linguistische Forschung zu „Sprache und Geschlecht" in ihren Grundzügen dar und faßt, erstmals, die beiden Hauptströmungen der feministischen Sprachwissenschaft in einer Einführung zusammen.

Der erste Teil befaßt sich mit der feministischen Kritik an Sprache und Sprachgebrauch und beschreibt, wie mit systemlinguistischen Methoden die Sprache analysiert wird und welche sprachpolitischen Forderungen daraus abgeleitet werden. Der zweite Teil skizziert die Forschung zum sprachlichen Kommunikationsverhalten und verdeutlicht, wie die Gesprächsanalyse geschlechtstypische Gesprächsstile zu bestimmen hilft.

Ingrid Samels Einführung wendet sich an die Studentinnen und Studenten der Sprachwissenschaft und an AnwenderInnen, die dem Grundsatz der Gleichbehandlung gerecht werden wollen — im Gespräch oder in der Formulierung von (Fach-)Texten.

ERICH SCHMIDT VERLAG
Berlin Bielefeld München

KLAUS J. KOHLER

Einführung in die Phonetik des Deutschen

2., neubearbeitete Auflage 1995, 248 Seiten, DIN A 5, kartoniert,
DM 48,–/öS 378,–/sfr. 50,–, ISBN 3 503 03097 2
Grundlagen der Germanistik, Band 20

ULRICH ENGEL

Syntax der deutschen Gegenwartssprache

3., völlig neu bearbeitete Auflage 1994, 316 Seiten, DIN A 5,
kartoniert, DM 39,80/öS 314,–/sfr. 42,–, ISBN 3 503 03094 8
Grundlagen der Germanistik, Band 22

HEINRICH LÖFFLER

Germanistische Soziolinguistik

2., überarbeitete Auflage 1994, 256 Seiten, DIN A 5, kartoniert,
DM 39,80/öS 314,–/sfr. 42,–, ISBN 3 503 03700 4
Grundlagen der Germanistik, Band 28

KLAUS BRINKER

Linguistische Textanalyse

Eine Einführung in Grundbegriffe und Methoden

3., durchgesehene und erweiterte Auflage 1992, 163 Seiten, mehrere
Abbildungen, DIN A 5, kartoniert, DM 29,80/öS 239,–/sfr. 32,–,
ISBN 3 503 03037 9
Grundlagen der Germanistik, Band 29

KLAUS BRINKER/SVEN F. SAGER

Linguistische Gesprächsanalyse

Eine Einführung

2., durchgesehene und ergänzte Auflage 1996, 208 Seiten, DIN A 5,
kartoniert, DM 39,80/öS 295,–/sfr. 39,80, ISBN 3 503 03037 9
Grundlagen der Germanistik, Band 30

ERICH SCHMIDT VERLAG
Berlin Bielefeld München